Arbeitshilfe Religion Grundschule NEU

3./4. Schuljahr

– 3. Teilband –

Im Auftrag der Religionspädagogischen Projektentwicklung in Baden und Württemberg (RPE) herausgegeben von Uwe Hauser und Stefan Hermann

Erarbeitet von Heinz-Günter Kübler

Calwer Verlag Stuttgart

Danksagung

Ein Dank an alle Mitarbeitenden dieser Arbeitshilfe: Hans-Georg Dietrich, Anette Ganß, Uwe Hauser, Anne Heitmann, Peter Kern, Marion Niedermaier, Hartmut Rupp, Freia Schäffner und Daniela Schmid.

Quellennachweise für Texte, Lieder und Bilder sind an Ort und Stelle angebracht.
Leider war es nicht möglich, alle Urheber/innen zu ermitteln. Betroffene Inhaber/innen von urheberrechtlichen Ansprüchen bitten wir, sich beim Verlag zu melden.

Die Bibelzitate entstammen, wie jeweils angegeben, der *Lutherbibel*, revidierter Text 1984, durchgesehene Ausgabe © 1999 Deutsche Bibelgesellschaft, Stuttgart, oder der *Gute Nachricht Bibel*, revidierte Fassung, durchgesehene Ausgabe © 2000 Deutsche Bibelgesellschaft, Stuttgart. Mit »nach« gekennzeichnete biblische Texte sind freie Nacherzählungen einer Bibelstelle.

Abkürzungen

AB	Arbeitsblatt
AHR	Arbeitshilfe Religion Grundschule, Klasse 1–4, Calwer Verlag, Stuttgart 1993–2003
AHR NEU	Arbeitshilfe Religion Grundschule. NEU, Klasse 1–4, Calwer Verlag, Stuttgart 2009ff
EG	Evangelisches Gesangbuch
EG Ba	Evangelisches Gesangbuch für Baden
EG Wü	Evangelisches Gesangbuch für Württemberg
f.	farbig, in Farbe
L	Lehrperson oder Lied
LJ	Liederbuch für die Jugend, Gütersloher Verlagshaus, 22. Auflage
M	Material
OHP	Overheadprojektor
P	Phantasiereise
RU	Religionsunterricht
SuS	Schülerinnen und Schüler
TA	Tafel(anschrieb)
UE	Unterrichtseinheit
UG	Unterrichtsgespräch

Bibliografische Information der Deutschen Bibliothek
Die Deutsche Bibliothek verzeichnet diese Publikation in der Deutschen Nationalbibliografie; detaillierte bibliografische Daten sind im Internet über *http://dnb.ddb.de* abrufbar.

ISBN 978-3-7668-4295-4

Satz und Herstellung: Karin Class, Calwer Verlag
Umschlaggestaltung: Rainer E. Rühl, Alsheim
Zeichnungen: Angelica Guckes, Leinfelden-Echterdingen
Notensatz: Ernst Kortkamp, Maubach
Druck und Verarbeitung: AZ Druck und Datentechnik, Kempten

Internet: www.calwer.com
E-Mail: info@calwer.com

Inhalt

Hinweise zu Aufbau und Anordnung der Arbeitshilfen Religion NEU

Die folgenden Unterrichtsvorschläge für den Standardzeitraum 3/4 orientieren sich an den Erfordernissen eines kompetenzorientierten Unterrichts.

Schwerpunktkompetenz und weitere Kompetenzen

Sie gehen aus von einem Kompetenzbündel und innerhalb desselben von einer oder zwei Schwerpunktkompetenzen (Schwerpunktkompetenzen und andere Kompetenzen). Diese leiten den Aufbau der Unterrichtsbausteine und bestimmen deren thematische Ausrichtung. Die Kompetenzen sind stets nummeriert, so dass rasch deutlich wird, aus welchen Dimensionen (z.B. Dimension 1: Mensch; Dimension 3: Bibel) sie entnommen sind und welche Position sie dort einnehmen (»3.2.« heißt also: 2. Kompetenz in Dimension 3: Bibel). Die Schwerpunktkompetenz(en) sind der Kompetenzaufzählung vorangestellt und fett gedruckt.

Die Überschriften der jeweiligen Einheit

Die jeweilige Überschrift (z.B. »Deine Welt. Meine Welt. Eine Welt – Als Kinder im gemeinsamen Haus der Einen Welt leben«) ist aktivisch und in Richtung Kompetenzen formuliert.

So soll gezeigt werden, dass die vorgelegten Unterrichtseinheiten zwar viel »Input« bieten, aber auf einen »Output« ausgerichtet sind. Das jeweilige Themenfeld (z.B. TF 5 »Kinder leben in der Einen Welt«) findet sich in jeder Unterrichtseinheit unterhalb des Bausteines »Kompetenzen« und ist analog zum Bildungsplan formuliert. An dieser Stelle werden auch konkrete Inhalte der Themenfelder benannt.

Lebensbedeutsamkeit und elementare Fragen

Die Reflexion der Lebensrelevanz soll verdeutlichen, welchen Beitrag der Unterricht mit den ausgewählten Kompetenzen für das persönliche, gesellschaftliche und kirchliche Leben und damit für eine »Lebensführungskompetenz« leisten kann.

Die angeführten elementaren Fragen sind als Fragen zu verstehen, die das Leben bewegen, von den Schülerinnen und Schülern so gestellt werden könnten und sowohl ein individuelles Nachdenken als auch ein dialogisches Gespräch eröffnen können. (Z.B. Wann ist jemand reich und wann arm?) Auch sie weisen auf die Lebensrelevanz der angestrebten Kompetenzen und des sie ermöglichenden Unterrichts.

Blick auf katholische Bildungsstandards

Die Hinweise auf den katholischen Bildungsplan sollen Abstimmungen ermöglichen und die Gelegenheit bieten, gemeinsame Beiträge zu dem jeweiligen Schulcurriculum zu identifizieren.

Leitmedien

Unter den Leitmedien finden sich solche Medien, welche die jeweilige UE durchgängig begleiten können. Alle weiteren Medien finden sich im Verlaufe der UE. Für jede Einheit werden vorausgehende Lernhilfen im Sinne der »advanced organizer« vorgeschlagen, die helfen sollen, die Inhalte gedanklich zu ordnen, so dass sich in den Köpfen der Schülerinnen und Schüler ein roter Faden ausbilden kann.

Sie wollen auch als Anregung verstanden werden, sich eigene Lernhilfen zurechtzulegen.

Lernkarten

Den Einheiten sind Lernkarten beigefügt, die zum Wissensfundament der jeweiligen Einheit beitragen wollen. Sie enthalten auf der Vorderseite eine Frage, auf der beigefügten Rückseite mögliche Antworten. Diese Lernkarten sind nach den Unterrichtsthemen ausgezeichnet und durchgezählt. Im Laufe des Schuljahres sollen sie nacheinander eingebracht und immer wieder wiederholt werden.

Die Abfolge der einzelnen Bausteine

Die folgenden Bausteine folgen stets dem gleichen Aufbau:

- Sie machen Vorschläge für eine Lernstandsdiagnose (»Die Schülerinnen und Schüler können zeigen, was sie schon können und kennen«);
- Sie zeigen Möglichkeiten auf, wie Schülerinnen und Schüler an der Unterrichtsplanung beteiligt werden können und Transparenz hergestellt werden kann (»Die Schülerinnen und Schüler wissen, welche Kompetenzen es zu erwerben gilt, und können ihren Lernweg mitgestalten«);
- Sie operationalisieren die vorangestellten Kompetenzen und bieten eine Fülle von Anregungen, wie solche Kenntnisse, Fähigkeiten und Fertigkeiten angebahnt, aber auch wiederholt werden können. Bewusst werden unterschiedliche Vorschläge gemacht, die verschiedene, auf Eigenaktivität angelegte Lernwege anbieten und deshalb von der Lehrperson ausgewählt werden müssen. Immer wieder lassen sie sich aber auch zu Lernsequenzen

zusammenfügen. Die Hinweise auf Schulbücher und Handreichungen sollen deutlich machen, dass unterrichtliches Material zu den vorgeschlagenen Bausteinen leicht zugänglich ist;

– Sie regen an, am Ende einer Lernsequenz die Ergebnisse zu evaluieren und vor allem die Schülerinnen und Schüler dazu zu motivieren, das Gelernte selbstständig darzustellen (»Die Schülerinnen und Schüler können darstellen, was sie gelernt haben«).

Die abschließenden **Literaturhinweise** weisen knapp auf weitere hilfreiche Materialien und auf vertiefende Erkenntnisse hin (Literatur und Medien zur Unterrichtsgestaltung).

Die angefügten **Arbeitsmaterialien (M)** sollen den vorgeschlagenen Lernweg ermöglichen, können und wollen aber nicht das komplette Material bieten, das im Rahmen einer Unterrichtseinheit benötigt wird. Es ist davon auszugehen, dass die Arbeitshilfen Religion NEU zwar über ein reichhaltiges Materialangebot verfügen, es darüber hinaus aber in den einschlägigen Schulbüchern wie »Spuren lesen«, »Kinder fragen nach dem Leben« und »Vieles ist neu« sowie in den vorhergehenden Auflagen der »Arbeitshilfen Religion 3 und 4« (Stuttgart 1997, 1999 und 2001) eine Fülle ergänzender Materialien gibt.

Symboldidaktik im Religionsunterricht der Grundschule

1. Die Aufgabe

Eine Aufgabe der Religionspädagogik ist es, das Verstehen biblischer Texte zu fördern. Wie kann es zu einem Verständnis kommen, das den Texten angemessen ist und gerade deshalb die heutige Situation zeigt? Verschiedene Formen der sogenannten Bibeldidaktik arbeiten an dieser Aufgabe. Sie versuchen, Wege des Verstehens zu entwickeln, die zum Text hin- und zu unserem Leben zurückführen. Dabei haben sich die Lernvoraussetzungen auf der Seite der Lernenden in den letzten zwanzig Jahren deutlich verändert. Kenntnisse über biblische Texte sind geringer geworden. Die von überwiegend agrarisch beeinflussten Zusammenhängen geprägte Bildwelt der Bibel ist vielen Schülerinnen und Schülern nicht mehr unmittelbar zugänglich. Die Bibel wird damit mehr und mehr zum historischen Buch. Hier setzt die Symboldidaktik an. Sie will den Blick darauf lenken, in welcher Gestalt in den biblischen Texten Erfahrungen zum Ausdruck gebracht wurden, die heute noch ihre Plausibilität haben. Sie verständlich zu machen und dies als die spezifische Art zu verstehen, in der biblische Rede geschieht, ist Aufgabe der Bibeldidaktik. Symboldidaktik ist dabei der Versuch, elementare religiöse Sprachbilder so aufzuschließen, dass ihre Tiefendimension sichtbar wird und gleichzeitig ihre lebenserschließende Kraft an den Tag kommt.

2. Der Begriff der Symboldidaktik

Was aber ist das, ein »Symbol«? Im Grimmschen Märchen vom »Bärenhäuter« wird erzählt, wie ein völlig ungepflegter junger Mann in Liebe zu einem Mädchen entbrennt, die trotz seiner schrecklichen Gestalt erwidert wird. Als Zeichen der dauerhaften Liebe reicht er der Geliebten die Hälfte eines Ringes mit dem Versprechen, wiederzukehren. Als er nach sieben Jahren erlöst von seinem Bann als schöner Mann zurückkehrt, wirft er die Hälfte seines Ringes in einen Becher mit Wein und reicht ihn der Geliebten. Die beiden Hälften passen zusammen und die Geliebte weiß, wer vor ihr steht.

Das »Besondere« (der Ring) repräsentiert im Symbol das »Allgemeine« (die Liebe) – der zerbrochene Ring die zerbrochene Gemeinschaft, der zusammengefügte die dauerhafte Gemeinschaft. Der Ring als endloser Kreis symbolisiert die Dauerhaftigkeit der Liebe.

So ist ein Symbol ein Zeichen, das über seine Besonderheit hinaus auf etwas Allgemeines verweist. Mit dieser Grundeigenschaft bietet sich das Symbol als ideale Sprachform des religiösen Ausdrucks an: Wir können mit unseren menschlichen Zeichen und Symbolen das ausdrücken, was sonst unserem Verständnis verborgen bleibt. Ja, unsere Symbole bringen das Göttliche zum Ausdruck.

Aber: Wie geschieht das?

Der Religionsphilosoph Paul Tillich[1] hat einige Kennzeichen der Symbole in religiösen Zusammenhängen aufgezeigt:

- [ ] **Uneigentlichkeit:** Sie deuten auf etwas Anderes hin (der Ring deutet auf die Liebe).
- [ ] **Anschaulichkeit:** Sie haben Anteil an dem, worauf sie hinweisen (Ringe aus Gold, dauerhaftes Material).
- [ ] **Selbstmächtigkeit:** Sie eröffnen Dimensionen der Wirklichkeit, die auf eine andere Weise nicht zugänglich wären (Gemeinschaft, Liebe, Dauerhaftigkeit).
- [ ] **Anerkanntheit:** Sie werden nicht hergestellt, sondern sind eine Vereinbarung innerhalb einer Sprachgemeinschaft (Ring steht in unserer Gesellschaft für Gemeinschaft).
- [ ] **Ambivalenz:** Sie sind abhängig von der Zeit, in der sie entstehen (auch der Ring als Zeichen für die dauerhafte Liebe könnte einmal nicht mehr verständlich sein, wenn sich Menschen als Zeichen ihrer Liebe keine Ringe mehr an die Finger stecken).

Symbole sind meist elementar. Deshalb können Menschen sie unmittelbar verstehen. Jeder Mensch hat ein »Herz« und kann zumindest erahnen, was es bedeutet, dass ein Mensch ein Herz hat. Symbole eröffnen in aller Regel einen weiten Bedeutungsraum. Gewissermaßen einen Kreis der Deutung, der sie umgibt. Bilder und Symbole eignen sich daher besonders dazu, auf vielfache Weise von Vielen verstanden zu werden.

Auch dies macht sie zu einem hilfreichen Instrument religiöser Sprache. Denn Symbole verweisen auf eine Schicht der Wirklichkeit, die der glatten, einfachen Oberfläche entzogen ist. Natürlich kann eine Liebeserklärung lauten: »Du bist schön«. Aber wie viel mehr

---

1 Paul Tillich, Symbol und Wirklichkeit, Göttingen ²1966, S. 3ff. Des Weiteren: Paul Tillich, Die Frage nach dem Unbedingten. Schriften zur Religionsphilosophie, Gesammelte Werke, Band V., Stuttgart 1964, S. 196ff.

schwingt mit in der Formulierung: »Du bist das Licht, das in mein Leben fällt«.

Hier tun sich zugleich Probleme und Gefahren auf. Natürlich kann aus einem Symbol leicht ein Klischee (»rote Rosen«) oder ein Idol (»Hakenkreuz«) werden. Durch diese Verflachung oder Überhöhung werden Symbole missbraucht.

3. Wozu brauchen wir eine Symboldidaktik?

Symbole verweisen von sich aus auf eine andere Wirklichkeit. Das Brot beim Abendmahl ist nicht einfach nur Brot im Sinne von gebackenem Teig. Es verweist auf die Gemeinschaft (viele Körner – ein Leib). Es verweist auf Gottes neue Welt (Gemeinschaft).

Die sogenannte »dialektische Theologie«, die in den sechziger Jahren als evangelische Unterweisung den religionspädagogischen Diskurs beherrschte, widersprach von ihrem Ansatz her dieser Deutung der Symbole. In ihr stand das Wort Gottes im Mittelpunkt, das sozusagen ansatzlos in unsere Wirklichkeit eindringt. Nicht von der Wirklichkeit (den Symbolen) her sollte in Gottes Wirklichkeit hineingedacht werden, sondern von Gottes unvergleichlichem Wort her in die Lebenswirklichkeit des Menschen hinein. Aus der konkreten Erfahrung des Unterrichts heraus ergab sich dadurch eine große Herausforderung für die Religionspädagogik: Die zunehmende Säkularisierung der Schülerschaft und damit einhergehend eine sich immer mehr reduzierende religiöse Praxis sowie der bereits beschriebene Verlust der kognitiven Voraussetzungen führte zu einem völligen Verlust der Deutungsfähigkeit biblischer Texte. Wie aber sollten Lernende, die der Bibel entfremdet sind und bei denen schon die Grundlagen für ein angemessenes Verständnis fehlen, einen Zugang zu biblischen Texten gewinnen?

4. Wie wird die Konzeption der Symboldidaktik praktisch umgesetzt?

Zwei Modelle stehen nebeneinander:
Für den früheren katholischen Reutlinger Religionspädagogen Hubertus Halbfas verweist das Symbol auf eine Wirklichkeit, die dem Menschen ohne Symbole nicht zugänglich wäre. Symbole sind weder willkürlich gesetzt noch können sie gemacht oder erfunden werden. Sie sprechen jeden Menschen unmittelbar in seinen Gefühlen an und erreichen ihn in der Tiefe seiner Seele[2]. Die Wirklichkeit, von der Halbfas spricht, hat für ihn die Qualität eines eigenen Seins. Bei der unterrichtlichen Behandlung empfiehlt Halbfas, den

Sinn für Symbole bei den Kindern zu generieren: »*Sie [die Einübung] geschieht durch beständigen Umgang mit Symbolen, betrachtend, erzählend, hörend, spielend, handelnd. Entscheidend ist nicht die rationale Auseinandersetzung, sondern ein emotionaler Bezug, die Entwicklung einer Intuition für das Symbol, oder – symbolisch gesagt – das dritte Auge.*«[3]

Halbfas hat diese Sprachlehre des Glaubens zu einem ganzen System ausgebaut, das in der Grundschule zunächst mit den Symbolen *Licht, Herz, Tür* beginnt und bis hin zu *Labyrinth, Baum, Berg* in der vierten Klasse reicht. In der Sekundarstufe klärt er mit den Schülerinnen und Schülern die Unterschiede zwischen Metapher, Symbol, Legende, Mythos, Dogma[4].

Der evangelische Göttinger Religionspädagoge Peter Biehl formuliert die Herausforderung, vor der die Symboldidaktik steht, folgendermaßen: »*Ursprünglich sind die christlichen Symbole verbindlicher Ausdruck einer gemeinsamen Erfahrung und einer geglückten Kommunikation. Haben sie diesen* »*Sitz im Leben*« *gemeinsamen Erlebens, Feierns und Deutens verloren, sind sie auf* »*richtige theologische Sätze*« *reduziert, dann verlieren sie zugleich ihre impliziten didaktischen Möglichkeiten, nämlich spielend Lernen zu* »*eröffnen*«[5]. Er legte 1991 und 1993 eine Symboldidaktik vor, die die zentralen Symbole Hand, Haus, Weg, Brot, Wasser, Kreuz in den Mittelpunkt rückt. Biehl zeichnet dabei zwei Extreme. Das eine Extrem ist, wenn ein Ding nur ein Ding ist. Die andere Grenze stellt das Zeichen dar. Auch hier wird das Symbol wieder zum eindeutigen Zeichen. Symbole sind Größen, die aus einem anschaulichen Symbolträger und dem dadurch Bezeichneten bestehen[6].

Der Bonner Religionspädagoge Michael Meyer-Blanck hinterfragt die Konzepte von Halbfas und Biehl[7]. Er kritisiert den diesen Konzepten zugrundeliegenden Symbolbegriff, der zu sehr davon ausgeht, dass die Wirklichkeit, auf die die Symbole verweisen, vorhanden ist. Denn dass es diese Wirklichkeit gebe, sei eine Setzung derer, die mit Symbolen arbeiten. Symbole sind für Meyer-Blanck – hier erweist er sich als Semiotiker – Zeichen konkreter Menschen, die mit Hilfe von »Codes« kommunizieren. Aufgabe der Symboldidaktik sei es, zu klären, wie die Codes der Lernenden mit den biblischen Codes in Übereinstimmung

2 Halbfas, Das dritte Auge, Düsseldorf 1983, S. 256–258.

3 Halbfas, 1983, S. 128.
4 Halbfas, Der Sprung in den Brunnen, Düsseldorf 1992.
5 Peter Biehl, Symbole geben zu lernen. Bd. 1: Einführung in die Symboldidaktik anhand der Symbole Hand, Haus und Weg, Neukirchen ²1991, S. 11.
6 Biehl, Symbole geben zu lernen. Bd. 2: Zum Beispiel: Brot, Wasser und Kreuz: Beiträge zur Symbol- und Sakramentendidaktik, Neukirchen 1993, S. 56f.
7 Michael Meyer-Blanck, Vom Symbol zum Zeichen. Symboldidaktik und Zeichen, Rheinbach ²2002, S. 27ff.

gebracht werden können. Dabei ist es wichtig, auch Übungsaufgaben zu betrachten, in denen die symbolisch-zeichenhafte Kommunikation in der Bibel verwendet wurde.

5. Was bedeutet das für den Unterricht?

Die Kritik von Meyer-Blanck setzt die Symboldidaktik nicht außer Kraft, weist ihr aber den angemessenen Ort als Sprachvorgang zu. Die Sprache der Bibel ist in weiten Teilen anschaulich. Erzählungen und sprachliche Bilder sind in ihr in reichem Maße vorhanden. Und dennoch tun wir uns schwer, diese Bilder didaktisch zu erschließen. Hier kann das Biehlsche Programm der Reduktion der Symbole weiterhelfen. Hand, Haus, Weg, Brot, Wasser, Kreuz sind Kindern auch ohne große Vorgaben bekannt und bilden einen Grundstock des Verständnisses. Wichtig scheint mir dabei zu sein, dass über allem nüchternen Festhalten an der Tatsache, dass Symbole nicht auf eine wie auch immer geartete Wirklichkeit verweisen, nicht vergessen wird, dass in diesen Bildern ein Mehrwert zum Ausdruck kommt, der in rationalem Diskurs nicht oder nur sehr schwer erschließbar ist.

Wir können in unserer Sprache sagen: »Da ist ein Buch«. Wir meinen damit das konkrete Buch, das uns vor Augen steht. Das ist »univokes Reden«. Das bedeutet: Zwischen dem Wort und dem konkreten Buch besteht ein direktes, eindeutiges Zuordnungsverhältnis. Daneben können wir aber auch doppeldeutig reden.

Wenn wir sagen: »Das ist eine Bank!«, dann bezeichnen wir damit einerseits die Bank, auf die wir uns setzen können und andererseits den Ort, an dem wir Bargeld abheben. Das ist »äquivokes Reden. Wir verwenden das gleiche Wort, aber es hat unterschiedliche Bedeutungen. Daneben gibt es aber noch eine dritte Form zu sprechen: die analoge Rede. Wenn wir von einem geliebten Menschen sagen: »Du bist wie eine Rose«, dann ist die so angesprochene Person natürlich keine Rose. Aber es gibt einige Eigenschaften der Rose, die wir auf ähnliche Weise auch beim geliebten Menschen entdecken können. Er duftet wie die Rose, ist zart wie die Blütenblätter und schön wie die Blüte der Rose. In der Rose entdecken wir Eigenschaften, die wir einem geliebten Menschen zuschreiben.

Religiöse Rede ist immer analoge Rede. Wenn in der Bibel zu lesen ist, Gott sei Vater und Mutter, Licht und Feuer, käme niemand auf die verrückte Idee, zu sagen: »Dieser konkrete Vater ist Gott oder dieses konkrete Feuer ist Gott«. In analoger Rede kommen jedoch Himmel und Erde zusammen, gewinnt das, was von Gott ausgesagt werden soll, das, was von Gott vom Menschen zu sagen ist, Gestalt und das wird ausgedrückt in dafür geeigneten Sprachbildern. Die »Wirklichkeit«, die in den Sprachbildern zum Ausdruck kommt, ist und bleibt unverfügbar – wie Gott selbst. Sie ist auch in keiner Weise aufzuzeigen, bestenfalls kann ihre Konsistenz und Plausibilität dargestellt werden. Mehr kann der Religionsunterricht nicht leisten.

Uwe Hauser

Kirchenpädagogik[1] im Religionsunterricht der Grundschule

1. Bildungsplanbezüge

Alle Bildungspläne für den evangelischen sowie den katholischen Religionsunterricht haben hierzulande den Kirchenraum als Lern-Inhalt entdeckt und aufgenommen. Ziel des Religionsunterrichts in der Grundschule ist es deshalb auch, die Fähigkeit, Merkmale des evangelischen und des katholischen Kirchenraumes benennen, die Räume unterscheiden und ihre jeweiligen Bezüge zur biblisch-christlichen Tradition aufzeigen zu können. Der Altar erzählt ja beispielsweise auch von dem letzten Abendmahl Jesu, das Kreuz von seinem Tod auf Golgatha. Im Hintergrund steht als Leitkompetenz religiöse Teilhabefähigkeit. Die Schülerinnen und Schüler sollen die Fähigkeit entwickeln, mit dem Kirchenraum angemessen umgehen und in eigener Entscheidung auch an dem, was darin geschieht, verständig teilnehmen zu können.

Die Begegnung mit dem evangelischen und dem katholischen Kirchenraum ist zugleich Teil eines interkonfessionellen Lernens. Dieses wird durch die Begegnung mit einer Moschee und einer Synagoge zu einem interreligiösen Lernen. Anzuraten ist die Erschließung dieser Räume um die Begegnung mit dem Friedhof zu erweitern. Die schon breit ausgearbeitete Kirchenpädagogik wird derzeit um eine Moschee-, Synagogen- und Friedhofspädagogik erweitert.[2]

2. Die Bedeutung des Kirchenraumes

Kirchenräume sind nach christlichem Verständnis Stätten der Begegnung mit Gott. Die gerne von Kindern gebrauchte Bezeichnung von Kirchen als »Gotteshaus« deutet darauf hin, dass in den Kirchenraum Gott »einwohnen« will. Die Bibel betont in Abgrenzung zu den Religionen ihrer Umwelt, deren Götter in Tempeln wohnen (Kanaanäer, Babylonier, Ägypter, Griechen, Römer), dass Gott nicht in Häusern wohnen kann, die Menschen errichtet haben. Der Gott, der Himmel und Erde erschaffen hat, ist größer als jedes Gebäude. Sein Wohnort ist über den Himmeln. Doch Gott hat den Menschen versprochen, dass er sich zu Erfahrung bringen will, wo diese sich zu ihm hinwenden (1. Kön 8). Kirchenräume enthalten deshalb Hinweise auf die Gegenwart Gottes. Die geöffnete Bibel auf dem Altar in einer evangelischen Kirche weist auf die Gegenwart Gottes in der Verkündigung der Worte der Heiligen Schrift, zuletzt auf das Wort Gottes, das Jesus Christus selber ist. Der Tabernakel und das ewige Licht im katholischen Kirchenraum weisen auf die Gegenwart Christi in der geweihten Hostie.

Sowohl der evangelische als auch der katholische Kirchenraum weisen mit ihren Symbolen und Bildern auf die Begegnung mit Gott hin und wollen die Menschen im Kirchenraum gleichsam auf diese Begegnung einstimmen. Die Kirchenfenster im Chor einer evangelischen Kirche mit der Darstellung der Weihnachtsgeschichte, der Kreuzigung und Auferstehung weisen auf das Zentrum der Heiligen Schrift. Gott offenbart sich in der Geschichte Jesu Christi. In ihm wird das Wort Fleisch (Joh 1). Die griechischen Buchstaben Alpha und Omega sowie Chi und Rho weisen in die gleiche Richtung und sind zudem Glaubensbekenntnisse in Kurzform. Die Pieta, Maria mit dem toten Jesus auf dem Schoß, oder die Stationen des Kreuzweges deuten im katholischen Kirchenraum auf verschiedene Weise auf den Opfertod Jesu, an dem die Gläubigen in der Eucharistie Anteil gewinnen und so der Gemeinschaft mit Christus teilhaftig werden.

Der Raum kann mit einer Backform verglichen werden. Er will einerseits die Haltung von einzelnen Menschen, andererseits die Gemeinschaft der sich Versammelnden formen und so für die Feier des Gottesdienstes präparieren. Letztlich dient diese Form dazu, dass Menschen und Gott im Gottesdienst miteinander kommunizieren können.

3. Die Bedeutung der Kirchengebäude

Kirchengebäude ummanteln Kirchenräume und dienen damit auf ihre Weise der Begegnung mit Gott. Durch ihre Gestalt weisen sie von außen und schon von Ferne auf ihre besondere Aufgabe. Der weithin sichtbare Turm zeigt in die Höhe und zeichnet gleichsam eine Verbindungslinie von Himmel und Erde. Der Turm sagt den Menschen, die auf ihn schauen:

---

1 Hilfreiche Literatur: Margarete Luise Goecke-Seischab / Jörg Ohlemacher, Kirchen erkunden – Kirchen erschließen, Lahr 1998; Margarete Goecke-Seischab / Frieder Harz, Komm, wir entdecken eine Kirche. Tipps für Kindergarten, Grundschule, Familien, München 2001; Hartmut Rupp (Hg.), Handbuch der Kirchenpädagogik, Stuttgart 2006.
2 Erste Ansätze einer Moscheepädagogik finden sich bei: Ali-Özgür Özdil, Wenn die Moscheen sich öffnen, Münster 2002; Christina Brüll u.a., Synagoge – Kirche – Moschee. Kulträume erfahren und Religionen entdecken, München 2005.

Hier berühren sich Himmel und Erde. Zu den meisten Kirchen geht es ein paar Stufen hinauf, die in den Altarstufen ihre Fortsetzung finden. Das kann man als theologische Botschaft deuten: Wer Gott begegnen will, muss auf einen Berg. Man denke an Mose und Elia.

Vor allem die historischen Kirchengebäude machen durch ihre besondere Gestalt darauf aufmerksam, dass es ihnen um etwas Besonderes geht. Was hier geschieht, ist anders, es unterscheidet sich von dem, was in Wohn- und Geschäftshäusern oder in öffentlichen Gebäuden wie Schulen und Rathäusern geschieht. Hier wird das Leben noch einmal anders gesehen, nämlich von Gott und der Bibel her.

In ihrer äußeren Gestalt wollen die meisten Kirchengebäude das himmlische Jerusalem zum Ausdruck bringen und damit darauf hinweisen, dass Menschen im Gottesdienst einen Vorgeschmack von dem Leben in der Stadt Gottes bekommen (Offb 21,1–5). Die antike Basilika erinnert an eine römische Stadtanlage mit Haupt- und Querstraße. Der romanische Kirchenbau interpretiert die Stadt Gottes als trutzige Burg, die gotische Kathedrale als mittelalterliche Stadt mit Türmen und Türmchen, die barocke Kirche als überschwänglichen himmlischen Thronsaal. Der moderne Kirchenbau löst sich aus dieser Tradition und entwirft das Kirchengebäude als künstlerische Skulptur, die zum Nachdenken anregen will, vor allem aber Raum für die Begegnung mit Transzendenz geben will.[3]

4. Kirchenpädagogik

Die Kirchenpädagogik hat sich als eigenständiger Bereich der Religionspädagogik Ende der achtziger Jahre des 20. Jahrhunderts aus der Arbeit mit Kindern in evangelischen Kirchen Norddeutschlands entwickelt. Ausgangspunkt war die Erfahrung, dass der Kirchenraum für viele Kinder fremd geworden ist. Wozu dieser Raum dient und wie man sich darin angemessen bewegt, war nicht mehr recht bekannt. Solch eine Fremdheit erweckt jedoch auch Neugier und macht den wenig bekannten Raum attraktiv.[4]

Anliegen der Kirchenpädagogik ist es, dass es zu einer Begegnung zwischen Kirchenraum und den lernenden Personen kommt. In dieser Begegnung sollen sowohl der Kirchenraum als auch eigene Empfindungen, Gedanken, Erlebnisse, Sehnsüchte, Fragen wechselseitig wahrgenommen, gedeutet und verstanden werden. Dazu soll der Kirchenraum mit allen Sinnen und in unterschiedlichen Formen wahrgenommen, möglichst vielfältig gedeutet und probeweise in Gebrauch genommen werden.

Kirchenpädagogik unterscheidet sich von einer klassischen Kirchenführung, in der eine Person erzählt und andere zuhören. Es gilt vielmehr, den Kirchenraum durch Sehen, Hören, Tasten, Schreiten, Stehen, Liegen, Schweigen und Sprechen wahrzunehmen, Details wie Orgel, Sakristei, Kirchturm, Beichtstuhl, Kanzel vielfältig zu erkunden, Bilder und Symbole darstellend oder zeichnend zu erschließen, auf spielerisch-ernsthafte Weise zu predigen, zu beten, zu singen, zu meditieren, zu tanzen oder zu beichten sowie über die eigenen Erfahrungen, die persönlichen Fragen und die eigenen Deutungen miteinander ins Gespräch zu kommen. Hier hat dann auch das Theologisieren seinen Platz. Die These ist, dass der unterschiedliche Gebrauch des Raumes auch zu unterschiedlichen Wahrnehmungen führt und deshalb auch verschiedenartige Erlebnisse auslöst, die wiederum zu Fragen und zu eigenen Deutungsversuchen führen.

Kirchenpädagogik kann als Teilbereich einer performativen Religionsdidaktik angesehen werden. Sie gebraucht Formen religiöser Praxis wie z.B. Predigt, Gebet, Tanz, Meditation als Lernwege, um den Kirchenraum als religiösen Inhalt zu erschließen.

Kirchenpädagogik richtet sich je nach Anlage auf unterschiedliche Ziele. Sie zielt einmal auf Alphabetisierung des Kirchenraumes. Leitfrage ist dann: »Verstehst du auch, was du da siehst?« Sie zielt sodann auf individuelles spirituelles Erleben durch das Erproben im Raum aufgehobener kleiner geistlicher Formen wie die Meditation des Kreuzweges, das Singen eines Kirchenliedes, die Andacht zu einem Kirchenfenster, die Tauferinnerung an der Taufstätte. Schließlich zielt Kirchenpädagogik auf das Vertrautwerden mit dem Raum der gottesdienstlichen Gemeinde. Die Ziele sind je nach Adressat zu bestimmen.

5. Methoden der Kirchenpädagogik

Ein wichtiges Prinzip der Kirchenpädagogik ist, dass Schülerinnen und Schüler Subjekte ihres Lernens sind. Es geht darum, dass sie selber wahrnehmen, entdecken und erkunden, selber Fragen und Deutungen entwickeln, also den Kirchenraum eigenständig wahrnehmen, deuten und verstehen. Die Kirchenpädagogik hat deshalb in Aufnahme des reichen Methodenrepertoires der Grundschuldidaktik und der Lernformen der Museumspädagogik eine Fülle kirchenpädagogi-

3 Einen Überblick gibt Werner Roemer, Abbild des Himmels. Zur Theologie des Kirchengebäudes, Kevelaer 2001; Eckhard Bieger u.a. (Hg.), Schnittpunkt zwischen Himmel und Erde. Kirche als Erfahrungsraum des Glauben, Kevelaer 1998.

4 Einen systematischen Überblick über die Kirchenpädagogik gibt die Habilitationsschrift von Holger Dörnemann, Kirchenpädagogik. Ein religionsdidaktisches Prinzip. Grundannahmen – Methoden – Zielsetzungen, Berlin 2011.

scher Methoden entwickelt.[5] Die Erfahrung zeigt, dass der konkrete Kirchenraum auch immer wieder neue Methoden entdecken lässt.

Für die Erschließung eines Kirchenraumes im Religionsunterricht der Grundschule legt sich ein drei- bzw. vierphasiges Vorgehen nahe:

(1) Zunächst die Vorbereitung in der Schule durch Rekonstruktion des Vorwissens, die Einübung von Liedern und die Festlegung von Regeln.
(2) Dann die Begegnung mit einer nahe gelegenen Kirche.
(3) Wenn möglich ein Vergleich mit dem Kirchenraum einer anderen Konfession mit der Suche nach Gemeinsamkeiten und Unterschieden.
(4) Schließlich die Nachbereitung in der Schule vor allem mit Aufgaben zur Wiederholung und Übung (z.B. Rekonstruktion des Kirchenraumes mit Bauhölzern oder als Zeichnung; die Anlage eines Lexikons; der Vergleich der erschlossenen Kirche mit Bildern anderer Kirchen; die Entwicklung von Quizfragen zum Kirchenraum etc.).

Die im Zentrum stehende Begegnung mit einem Kirchenraum kann auf ganz verschiedene Weisen erfolgen, die zu einer Art Liturgie zusammengefügt, aber auch je nach Situation ausgewählt werden können.[6] Empfohlen wird eine Bewegung von außen nach innen und von innen nach außen. Ein paar Anregungen seien gegeben:

(1) *Das Kirchengebäude von außen*

– Das Kirchengebäude betasten. Wie fühlt sich die Kirche an?
– Besonderheiten entdecken: Was ist für mich komisch?
– Türen, Fenster, Türmchen zählen, Strecken mit Schritten messen.
– Das Gebäude deuten: »Die Kirche sieht aus wie …«
– Dem Gebäude Worte geben: »Was ruft die Kirche in die Umgebung?«
– Spiel: »Ich sehe was, was du nicht siehst.«

(2) *Der Übergang von außen nach innen*

– Überlegen, wie es vermutlich innen aussieht.
– Vorbereitungslieder singen.[7]
– Einen Tempel-Psalm im Wechsel sprechen, z.B. Psalm 27 (aus einem Psalmbüchlein für Kinder).
– Regeln formulieren, wie man sich in der Kirche (nicht) benehmen sollte.
– Zu zweit in einer Kette einziehen, sich vor dem Altar verbeugen und sich anschließend um den Altar versammeln.

(3) *Den Innenraum erschließen*

– Einen Platz suchen, an dem man sich Gott am nächsten fühlt. Anschließend die Plätze vorstellen und erläutern.
– Gegenstände dem Raum zuordnen (z.B. kleine Bibel, Kreuz, Fläschchen mit Wasser, Stück Brot, Geldstück, Kerze, Engelfigur, Holzblume, Orgelpfeife, Spielzeug, kleiner Becher, Stück Teppich, kleine Decke etc.).[8]
– Die Decke im Liegen betrachten. Was sehe ich?
– Im Raum Details suchen, die sich jeweils auf einem Foto finden (z.B. Fuß des Osterleuchters, Figur an der Kanzel, Teil eines Fensterbildes etc.).
– Den Raum mit Körpermaßen vermessen (Fuß, Elle, Spanne, Klafter = ausgestreckte Arme). Wie viele Kinder braucht es, um die Säule zu umfassen?
– Details fotografieren: Jedes Kind wird in einen Fotoapparat verwandelt, sucht sich dann ein Motiv, fotografiert es, in dem es die Augen öffnet und schließt, und entwickelt dann das Bild auf einer DIN A6-Karte. Nach dem Fotografieren zeigen und erzählen alle, was sie fotografiert haben, und interpretieren das Phänomen.
– Sich in die Mitte stellen, die Augen schließen, mit ausgestreckten Armen und Händen die Höhe und die Breite des Raumes spüren.
– Hören, was man hört, wenn alle schweigen.
– Mit der Nase herausfinden, wie es in dem Raum riecht.
– Kärtchen mit Fragezeichen und mit Ausrufezeichen verteilen. Die Kinder gehen gemeinsam durch den Raum und legen das Ausrufezeichen dorthin, wo sie gut Bescheid wissen, und das Fragezeichen dorthin, wo sie eine Frage haben bzw. nicht wissen, was das ist. Anschließend werden die Fragen geklärt. Die Kinder, die Bescheid wissen, helfen den anderen.
– Eine Heiligenfigur suchen und diese als Standbild nachstellen. Die anderen erraten, welche Figur gemeint ist. Warum steht diese Figur hier? Warum nimmt sie diese Haltung ein?

---

5 Peter Hitzelberger, Wo der Glaube eine Wohnung hat. Mit Kindern den Kirchenraum entdecken, Leinfelden-Echterdingen / Stuttgart 2008; Michael Landgraf, Kirche erkunden. Haus aus Steinen – Haus aus Menschen. Einführung – Materialien – Kreativideen, Reihe ReliBausteine primar, Stuttgart / Speyer 2009.

6 Dieser Ablauf hat sich bewährt und findet sich in verschiedenen Veröffentlichungen vgl. Hartmut Rupp, Mit Kindern Kirchen erschließen, in: Matthias Spenn u.a., Handbuch Arbeit mit Kindern – Evangelische Perspektiven, Gütersloh 2007, S. 368–375; Ursula Ruoff / Hartmut Rupp, Kirchenerschließung mit Kindern, in: Hartmut Rupp (Hg.), Handbuch der Kirchenpädagogik, Stuttgart 2006, S. 245–249; Deutscher Katecheten-Verein, Kirchenräume (neu) entdecken, München 2010.

7 Vgl. Landgraf Anm. 5.
8 Hilfestellung bietet Friedemann Fichtl, Der Teufel sitzt im Chorgestühl, Eschbach 2002.

- Die Kirche erkunden mit Hilfe eines Kinder-Kirchenführers.[9]
- Die Kinder vor die Kirche schicken und darin etwas verändern. Anschließend finden die Kinder heraus, was sich verändert hat.

(4) *Geistliche Vertiefungen*

- Am Taufstein einander von der eigenen und der Taufe Jesu erzählen, sich mit Taufwasser bekreuzigen oder eine Kerze an der Osterkerze als Zeichen für die Taufkerze anzünden.
- Von der Kanzel eine Lieblingsgeschichte aus der Kinderbibel vorlesen und sagen, was einem daran gefällt.

---

9 Kinder-Kirchenführer gibt es für viele Kirchen. Sie legen verschiedene Stationen im Kirchenraum fest, an dem es etwas Wichtiges zu entdecken gibt. Der Kirchenführer besteht im Grunde aus verschiedenen Arbeitsbögen, die jeweils an einer Station zu bearbeiten sind.

- Im Pilgerschritt mit Musik (zum Beispiel Kanon von Johann Pachelbel) in Art einer Polonaise durch den Raum schreiten (drei Schritte nach vorne, ein Schritt zurück im Wiegeschritt).
- Sich um den Altar versammeln und die Geschichte vom letzten Abendmahl erzählen. Gespräch über die Frage, was man mit Judas machen sollte.
- Vor der Ausgangstür den Segen empfangen.

(5) *Auszug*

- Kanon singen »Ausgang und Eingang« (EG 175 / LJ 119) und dazu aus der Kirche ausziehen.
- Einander erzählen, was einem am besten gefallen hat.
- Über den Kirchenraum ein »Elfchen« schreiben.

Hartmut Rupp

Mit Martin Luther entdecken, dass wir vor Gott keine Angst zu haben brauchen und wir uns Gottes Freundlichkeit und Liebe nicht erst verdienen müssen

Schwerpunktkompetenz
und weitere Kompetenzen

Die Schülerinnen und Schüler
- **kennen Erzählungen von einer Person (Martin Luther), die in besonderer Weise ihren Glauben gelebt und damit die Kirche mitgestaltet hat (6.6).**
- wissen, dass sie und andere Menschen Stärken und Schwächen haben, dass Leistung und Freude, Leid und Tod, Schuld und Vergebung zum menschlichen Leben gehören (1.1).
- wissen, dass die Bibel für Christinnen und Christen die Heilige Schrift ist, aus der in jedem Gottesdienst vorgelesen wird (3.3).
- entdecken, dass in vielen biblischen Texten Erfahrungen mit Gott erzählt werden (Gott befreit, begleitet, versöhnt, stärkt, tröstet, »begeistert«, …) (4.1).
- bringen ihre existenziellen Grundfragen in altersgemäßer Weise mit Gott in Verbindung (4.2).
- wissen, dass biblische Geschichten dazu helfen, das eigene Leben zu verstehen und zu gestalten (3.4).
- kennen Heilungsgeschichten, Gleichnisse und Wunder (5.2).
- kennen die evangelische und die katholische Kirche am Ort und wissen von einzelnen Gemeindegliedern mit ihren besonderen Aufgaben (6.3).
- können über die eigene konfessionelle Zugehörigkeit Auskunft geben (7.1).

Themenfeld 5:
- Jesus Christus setzt Zeichen – Gottes neue Welt. Menschen lassen sich durch Jesus Christus in die Nachfolge rufen.
- … wie Martin Luther, der in der Bibel Worte von Gottes Güte entdeckt.

Im persönlichen Lebenskontext von Kindern und Jugendlichen

Zur Lebensbedeutsamkeit

Da bei den Kindern weder geschichtliche Vorkenntnisse vorausgesetzt werden können noch in der Regel ein gewisses geschichtliches Denken bereits angebahnt ist, soll die historische Persönlichkeit des Reformators Luther über den Menschen Martin Luther und seine Lebens- und Glaubensfragen erschlossen werden. Auch ein Wissen über konfessionelle Unterschiede kann nicht mehr als selbstverständlich vorausgesetzt werden.

Im Bild des strafenden Richtergottes erscheint Gott Martin Luther als unerbittlicher Richter, der jede Verfehlung ahndet. Vor diesem überfordernden Leistungsgott muss Luther immer dann Angst haben, wenn er die Leistung im religiösen und moralischen Bereich nicht erreicht.

Kinder von heute fragen sich wohl kaum: Wie bekomme ich einen gnädigen Gott? Im Unterschied zu Martin Luther richten Kinder ihre Hoffnung kaum mehr auf den »gnädigen Gott«. Dass der es mit den Menschen gut meint, ist für die meisten von ihnen eine selbstverständliche Voraussetzung. Viel wichtiger ist es ihnen, einen »gnädigen« Klassenkameraden zu haben, damit man nicht gemobbt oder verletzt wird. Luther fragte sich: Was muss ich tun, um bei Gott gut anzukommen? Menschen heutzutage fragen sich: Was muss ich tun, um bei den Eltern, den Geschwistern, bei Freunden und bei anderen für mich bedeutsamen Menschen gut anzukommen?

Luther geißelte sich und erlegte sich Bußen auf. Menschen heutzutage hungern sich krank, arbeiten sich müde bis zum Burnout oder Herzinfarkt. Und doch suchen alle nur das eine: Anerkennung und zwar in den Dimensionen: Aufmerksamkeit von anderen, positive Bewertung durch andere und Selbstanerkennung. Die entscheidende Analogie zur Gnade Gottes ist die Erfahrung mitmenschlicher Zuwendung und Liebe: Im Angenommen-Werden, in Freundschaft, in der Gemeinschaft einer Gruppe, in Verzeihen und Versöhnung. Dabei zeigt sich die paradoxe Situation: Auf Zuwendung und Liebe gibt es kein Recht und keinen einklagbaren Anspruch, so wenig wie sie sich verdienen oder erzwingen lassen. Dennoch sind sie für gelingendes Leben unverzichtbar, sind Menschen in ihrem tiefsten Wesen auf sie angewiesen.

Die Frage nach der Anerkennung und die Sorge um die eigene Wertschätzung gehört wohl zum Menschsein dazu und ist auch heute ein Grundmotiv menschlichen Handelns. Wo Kinder an ihrer eigenen Lebensgeschichte nachvollziehen können, dass sie durch die Zuwendung anderer freier, reicher, erfüllter werden, ja möglicherweise erst zu sich selbst kommen, lässt sich ein Bewusstsein dafür anbahnen, dass sie den letzten Grund und Sinn ihres Daseins nicht selbst schaffen, sondern nur von einem anderen empfangen können.

Das persönliche Thema Luthers »Wer und wie ist Gott für mich?«, sein Verlangen und seine intensive Suche nach dem gnädigen Gott – seine Rechtfertigungsnot – soll zu den Fragen der Kinder »Magst du mich auch, wenn ich nicht gut genug bin? Kann ich Fehler begehen, ungehorsam und widersetzlich sein und trotzdem spüren, dass ich geliebt und angenommen bin?« in Beziehung gesetzt werden.

Aufgrund narzisstischer Kränkungen und den damit verbundenen Selbstzweifeln, das Schwanken zwischen Größenfantasien und Nichtigkeitsängsten, tritt an die Stelle des Schuldbewusstseins die Scham, den eigenen und fremden Ansprüchen nicht zu genügen. Schülerinnen und Schüler bemühen sich um Leistungen, erleben aber immer wieder, dass vieles misslingt. Sie sind traurig und verzweifelt darüber, nicht alles zu können, was sie gerne können möchten oder auch können sollten, es aber einfach nicht schaffen. Dementsprechend wächst die Sehnsucht nach Anerkennung und Wertschätzung sowie der tiefe Wunsch, als Person nicht mit seinen Eigenschaften und Taten gleichgesetzt zu werden und unabhängig davon geachtet und geliebt zu sein.

Was tun bereits Kinder und Jugendliche alles, um in der Gruppe Gleichaltriger anerkannt zu sein? Vor allem ist Kindern die Frage wichtig, ob es Menschen gibt, die sie so annehmen, wie sie sind. Es ist eine grundlegende Erfahrung, unbedingt geliebt zu werden. Angesichts einer tiefen Angst vor Ablehnung, davor, nicht anerkannt zu werden, und den damit korrespondierenden Gefühlen von Unzulänglichkeit und Unsicherheit brauchen Kinder Begegnungen und Erfahrungen einer bedingungslosen Annahme und Liebe. Sie brauchen jemanden, der sagt: »Für mich bist du o.k. Für mich sprechen deine Schwächen nicht gegen dich. Auch deine Fehler, deine Unvollkommenheit, dein Versagen, dein Schuldigwerden – all das spricht nicht gegen dich als Person. Dein Scheitern, dein Versagen und deine Schuld behalten nicht das letzte Wort. Du bist mir recht so, wie du bist – weil ich dich liebe, weil du mir kostbar bist!«

Ich darf darauf vertrauen: Da ist jemand, der kann etwas mit mir anfangen. Da ist jemand, der schenkt mir Würde und Wert. Da ist jemand, der es mit mir aushält, mit all dem, was vielleicht besser unausgesprochen bleibt, obwohl es doch zu uns gehört. – Du bist Gott recht so, wie du bist. Diese Liebe Gottes muss nicht erst erworben werden, sondern ist uns bereits geschenkt. Ohne dass wir dafür etwas tun oder bezahlen müssten!

Die Erfahrung, von Gott bedingungslos angenommen zu sein, und das Vertrauen auf diese Erfahrung befähigt den Menschen – fragmentarisch – zum Tun guter Werke, die befreit sind von der Nebenabsicht, damit das eigene Heil bewirken zu wollen, und fördert das Vertrauen in einen gütigen, menschenfreundlichen, ohne Vorleistungen liebenden Gott. Vielleicht kommt hier der christliche Rechtfertigungsglaube sogar noch stärker zum Zuge als in der Zusage der Schuldvergebung.

Im gesellschaftlichen (kulturellen, historischen) Kontext

Jede Zeit macht sich von dem durch die Evangelisten geschilderten Weltgericht und den damit verbundenen mythischen Jenseits-Vorstellungen ihre eigenen Bilder – Bilder der Angst, aber auch der Hoffnung. Zur Zeit Luthers lebte man gemeinhin mit der Vorstellung, sich die Liebe Gottes durch eigene gute Werke erarbeiten zu müssen. Ein Vater, der hart strafte, prägte das Gottesbild vom zornigen Gott. Die Menschen der damaligen Zeit fürchteten sich vor Hunger, Krieg, Pest und vor Gottes Strafgericht.

Wir leben heute in einer Gesellschaft, die sich nach dem Motto »Leistest du was, so bist du was!« organisiert, in der der Einzelne Anerkennung und Akzeptanz über Leistung erfährt und in der jeder dem Leistungsdiktat (z.B. Schönheit, Intelligenz, Erfolg, Fitness, Geld, ...) unterworfen ist.

Der Sorge um die eigene Wertschätzung stehen die Bemühungen, Leistungen und der Erfolg bzw. auch Misserfolg gegenüber.

Kinder und Jugendliche vermissen heute oft eine von Bedingungen unabhängige Anerkennung durch andere. Im Kontext moderner Gesellschaften, in denen in der Regel ökonomische Werte hoch bedeutsam sind, wird soziale Anerkennung vorrangig nach Leistungsmaßstäben vergeben. Wer viel leistet, erzielt eine hohe Anerkennung, wer nur wenig leistet, wird in der Leistungsgesellschaft marginalisiert.

Derartige Marginalisierungs- oder gar Ausgrenzungserfahrungen führen gerade bei jungen Menschen, die aus einem eher bildungsfernen Milieu stammen, zu erheblichen Defiziten beim eigenen Selbstwertgefühl.

Der Zuspruch der Rechtfertigungslehre dagegen lautet: »Als mein geliebtes Geschöpf, das sein Vertrauen auf mich setzt, bist du mir recht, so wie du bist, unabhängig von allen Leistungen und von dem, was du dir schon geleistet hast«. Nicht zuletzt stellt die Botschaft von der Gnade Gottes ein kritisch-befreiendes Gegenkonzept dar zum Imperativ der Selbstverwirklichung und Leistung sowie zur unausgesprochenen Überzeugung, dass Wert nur diejenigen haben, die auch etwas leisten.

Der Glaube an den barmherzigen Gott, wie er in Jesus Christus sichtbar geworden ist, spricht dem Einzelnen eine unverlierbare Würde zu, die in der Beziehung zu jenem Gott gründet, der die Liebe ist. Er verheißt denen, die sich »verrannt« haben, einen neuen Anfang und stellt in Aussicht, dass niemand all das auslöffeln muss, was er sich eingebrockt hat. Er stellt den Anderen als Mitgeschöpf und Ebenbild Gottes vor Augen. Er spricht jedem Einzelnen eine unbedingte Anerkennung zu, die zwar immer mit der Beziehung zu anderen zu tun hat, aber letztlich außerhalb dieser gründen muss, da Anerkennung zwischen Menschen misslingen kann und deshalb auf einen »verallgemeinerten Anderen« angewiesen ist. Eine christologisch reflektierte Religionsdidaktik ist heraus- und aufgefordert, dem ökonomischen Kampf um Anerkennung das Vertrauen in die unbedingte Zuwendung Gottes zum Menschen entgegenzusetzen. Als Vorbild dazu kann das Gleichnis vom barmherzigen Vater dienen. Der Vater in diesem Gleichnis akzeptiert seinen gesellschaftlich gescheiterten Sohn, ohne von ihm irgendwelche Gegenleistungen zu verlangen.

Im Kontext kirchlicher Tradition

Mit der Person Martin Luthers sind reformatorische Grundideen verflochten: Die Freiheit eines Christenmenschen und das Priestertum aller Gläubigen sind Stichworte, die weitreichende Folgen für die Theologie, für die Allgemeinbildung und für das soziale Leben hatten.

Im Mittelalter war die Angst der Menschen vor einem willkürlich strafenden Richtergott groß. Gott galt als Schöpfer der Welt und Wächter über das Gute in ihr. Er war gut, allmächtig und gerecht. Wer den in der Bibel formulierten Geboten Gottes Folge leistete, konnte erwarten, jenseits der Freuden und Mühen des irdischen Lebens mit ewiger Seligkeit belohnt zu werden. Wer gegen die Gebote verstieß, musste hingegen mit Strafe rechnen – z.B. mit einer Reinigungszeit im Fegefeuer. Gott galt als gerecht, weil er jedem das gab, was er für seinen Ungehorsam oder Gehorsam verdient hatte: Dem einen Lohn durch Seligkeit, dem anderen Strafe durch Höllenqualen. Martin Luther war klar, dass er vor Gott eigentlich nie gerecht werden konnte, wie viel Gutes auch immer er tun würde. Egal, was Menschen tun – sie werden niemals gerecht.

Am 31. Oktober 1517 veröffentlichte Martin Luther 95 Thesen gegen den Missbrauch des Ablasses. Das eigentliche Ziel Luthers war es, die katholische Kirche zu erneuern.

Der »Thesenanschlag« Luthers gilt als Beginn der Reformation. Luthers Thesen lösten eine weltweite Bewegung aus, welche die Menschen nicht nur in Deutschland, sondern auch in Europa und Nordamerika nachhaltig beeinflusste und die weltweit Spuren hinterließ. Am 31. Oktober 2017 jährt sich der Thesenanschlag zum 500. Mal.

Die Veröffentlichung der 95 Thesen, in denen Luther, die Missstände der katholischen Kirche kritisierte, führte zum Beginn der Reformationsbewegung und letztlich zur Spaltung der Kirche. Nicht durch gute Werke, Fürbitten der Heiligen und sakramentale Vermittlung durch geweihte Priester erlangt der Mensch sein Seelenheil, sondern es wird ihm allein aufgrund seines Glaubens (*sola fide*) von Gott aus reiner Gnade (*sola gratia*) geschenkt. An die Stelle der amtskirchlichen Lehrautorität tritt allein die Heilige Schrift (*sola sciptura*), die sich selbst auslege (*sui ipsius interpres*).

Die Reformation führte zur Wiederentdeckung der religiösen Individualität: Es kommt auf die eigene persönliche Überzeugung an. Anstatt sich mit einer Übernahme dessen, was die Kirche lehrt und glaubt, zufriedenzugeben, fordert sie vom Einzelnen, sich den christlichen Glauben im eigenen Herzen und Gewissen zu Eigen zu machen.

Die Grundfrage der Rechtfertigung ist die Anerkennung, ihre Grunderfahrung, die des Angenommenseins. Die Liebe Gottes ist bedingungslos, sie hängt nicht von dem ab, was Menschen wissen, können, leisten, …: Gott als Richter, lässt dem Menschen als (schuldigem) Angeklagten den (unverdienten) Freispruch zuteilwerden. Nach Artikel 4 der Confessio Augustana erfahren wir Menschen Vergebung der Sünde und Gerechtigkeit vor Gott aus Gnade. Jesu Liebe ist uns geschenkt, aber seine Gnade ist, wie Dietrich Bonhoeffer betonte, keine »billige Gnade«.

Der Mensch wird von Gott gerechtfertigt, er darf darauf vertrauen, von Gott geliebt zu sein. Nicht der Mensch verdient sich die Liebe Gottes, Gottes Liebe ist sein Geschenk an die Menschen. Gott schafft ohne das Zutun des Menschen eine neue Beziehung zwischen ihm und den Menschen.

Die Reformation führte zur Konfessionalisierung des abendländischen Christentums. Das Christentum hat seine Gestalt nicht mehr in einer universalen Kirche, sondern in unterschiedlichen, prinzipiell gleichberechtigten Glaubensfamilien. Historisch nicht korrekt ist die Deutung der Reformation als Glaubensspaltung. Die Zeitgenossen empfanden die Kirche damals als tief zerrissen: Die Orthodoxie hatte sich schon 1054 von Rom losgesagt, es gab große Spannungen und Konflikte in der römischen Kirche, zwischen Weltklerus und Ordensklerus, zwischen den verschiedenen Orden und vor allem zwischen Rom und vielen Bistümern. Mit der Reformation verbanden viele die Hoffnung auf eine neue Einheit. Die Reformation prägte neben Kirche und Theologie auch Musik und Kunst, Wirtschaft und Soziales, Sprache und Recht. Die Reformation war auch eine Bildungsbewegung. Jeder sollte die Bibel selbst lesen können und die »Basics« des christlichen Glaubens selbst verstanden haben. Dazu dienten auch die zahlreichen Katechismen der Reformationszeit, allen voran der Kleine Katechismus Luthers, das wohl einflussreichste Glaubenslernbuch der Kirchengeschichte.

Zur Heranbildung von Christenmenschen, die in weltlichen Fragen Verantwortung übernahmen, sollte es an jedem Ort Schulen geben. Erstmals wurden auch die Mädchen in das Bildungsprogramm einbezogen. In den protestantischen Ländern zog dieser reformatorische Bildungsaufbruch die Einführung der allgemeinen Schulpflicht nach sich, die dann Allgemeingut in der westlichen Welt werden sollte.

Elementare Fragen   Warum bin ich evangelisch und du katholisch? Warum gibt es zwei verschiedene Kirchen (zwei unterschiedliche Konfessionen)? / Wie war es wohl damals, ein Mönch zu sein und im Kloster zu leben? / Wovon bin ich ganz fest überzeugt? Wofür stehe ich ein? Wofür kämpfe ich? / Wer bin ich und was bin ich wert? Wem bin ich etwas wert? Wer akzeptiert mich, wenn ich Fehler mache, wenn ich versage? Wer akzeptiert mich so, wie ich bin? / Wie kann ich anderen und Gott gefallen? Bin ich anderen / Gott gut genug? Bin ich für andere/ Gott, so wie ich bin, auch annehmbar? Bin ich weniger gut und annehmbar als andere? / Kann mich Gott so annehmen, wie ich bin? Können die anderen / kann Gott mich trotz meiner Schwächen und Fehler auch wirklich lieb haben? Wie kann ich Gott mit all meinen Fehlern je recht sein? / Liebt Gott wirklich alle Menschen? Auch mich? / Was muss ich alles tun, um Gott zu gefallen? Was muss ich alles tun, um in der Gruppe Gleichaltriger anerkannt zu sein? / Wie stehe ich vor Gott und den anderen da? Kann ich es Gott / den anderen recht machen? / Nimmt Gott mich an, so wie ich bin? Mag mich Gott, so wie ich bin? / Mag Gott mich auch, wenn ich böse bin? / Warum gibt es das Böse? Wer kann uns vom Bösen frei machen? / Warum werden Menschen immer wieder schuldig? Wie kann so etwas geschehen? / Was passiert da in und mit den Menschen, wenn sie schuldig werden? / Was ist eigentlich Schuld? Wie gehen Menschen mit ihrer eigenen und mit fremder Schuld um? / Um Entschuldigung bitten – wie macht man das? / Warum ist Verzeihen so schwierig? Wer oder was kann dabei helfen? / Wer verzeiht mir meine Fehler? Vergibt Gott mir meine Schuld? Wie vergibt Gott Schuld? / Einander vergeben und sich versöhnen – wie geht das? Was geschieht da? / Wie kann ich Gott gefallen? Was sieht Gott? Schimpft Gott? Droht Gott? – Muss ich vor Gott Angst haben? Was bedeutet Gott »fürchten«? / Ob Gott mir meine Fehler verzeiht? Werde ich für meine Fehler von Gott bestraft? / Ist es Gottes Wille, Geld für (meine) Sünden zu bezahlen? / Gibt es den Himmel und die Hölle? – Wie sind Himmel, Hölle und Fegefeuer zu denken? Wer ist dort? / Wer kommt in den Himmel, wer kommt in die Hölle? Kommen auch böse Menschen in den Himmel?

Blick auf katholische Bildungsstandards

Die Schülerinnen und Schüler

- können an Lebensgeschichten darstellen, dass Menschen sich weiterentwickeln (1.4).
- … Gott liebt Menschen vorbehaltlos (4.1).
- können an konkreten Beispielen Gemeinsamkeiten und Besonderheiten der katholischen und evangelischen Konfession benennen (6.5).
- können von der Heiligen Schrift erzählen (7.1).
- können ihre Gaben und Stärken sowie ihre Grenzen und Schwächen wahrnehmen und darüber sprechen (1.1).
- können die Erfahrung, dass Gott in seiner Güte den Menschen nahe ist, in Bildern, Liedern und Gebeten zum Ausdruck bringen (1.3).
- können an Beispielen erläutern, wie Kinder in anderen Ländern (und Zeiten) leben (2.1).
- können in eigenen Worten von Menschen erzählen, in deren Leben deutlich wurde, dass Gottes Geist Leben schafft, Mut macht, Gemeinschaft stiftet und Veränderungen bewirkt (4.3).

Leitmedien

- Mehrfach inszenierte mittelalterliche Marktplatz-Szene
- Requisiten und Gewänder: Die Basis ist ein einfarbiger günstiger Stoff, aus dem Überwürfe hergestellt werden: Gürtel, Stricke, Schärpen, Krone, Kragen, Stoffstücke, Kopfbedeckungen, …
- Unterschiedliche Bilder von Gott, z.B.: zorniger, strafender Gott und gütiger, vergebender Gott (s. **M 16b**)
- Erstellung eines kleinen Heftes / Buches zur Vita Martin Luthers mit Bildern, Sprüchen und (Lied-)Texten
- Zeitgeschichtliche Bilder: z.B. Holzschnitte (Höllen- und Fegefeuer-Bilder), Bibelillustrationen in: AHR 2001. 4. Schuljahr, 2. Halbband, oder Elvira Feil-Götz / Dieter Petri / Jörg Thierfelder: »Martin Luther und seine Zeit« – Materialien für die Grundschule, Calwer Materialien
- Film »Höllenangst und Seelenheil« (15 Min.); www.planet-schule.de/sf/php/02_sen01. php?sendung=4113; (s. Literatur- und Medienliste)
- Luther-Lieder: Nun komm, der Heiden Heiland; Vom Himmel hoch, da komm ich her; Gelobet seist du, Jesu Christ; Nun freut euch, liebe Christen g'mein, Ein feste Burg ist unser Gott; …
- Andere Lieder: Immer und überall; Ich lobe meinen Gott, der aus der Tiefe mich holt; Herr, wir bitten, komm und segne uns; Du bist da, wo Menschen leben; Er hält die ganze Welt; …
- Inventar einer katholischen und einer evangelischen Kirche im Vergleich
- Luther-Bibel, Bibel-Nachdruck, Gutenberg-Video
- Bildkarte von Deutschland, um die Lebensstationen Luthers zu verfolgen (Eisleben, Erfurt, Wittenberg …)

- DVD-complett: »Wer schlug die Thesen an die Tür?« Martin Luther und die Reformation, Stuttgart 2008, 27 Minuten.
- DVD educativ: Luther, Spielfilm, Deutschland 2003, 123 Min, in Auszügen.
- DVD: Wer früher stirbt, ist länger tot, Bayrischer Filmpreis 2006 (s. **M 8a/b**).
- DVD: Nutzloser Hund, 7 Min, 2011 (auch in YouTube zu finden).

Die Schülerinnen und Schüler können zeigen, was sie schon können und kennen.	■ Die Lehrperson präsentiert in der Kreismitte verschiedene Satzstreifen (evtl. auch in Form von Hinweisschildern): Martin-Luther-Straße; Martin-Luther-Haus; Martin-Luther-Platz, Martin-Luther-Kirche und eine Lutherbibel. Die SuS erzählen, was sie schon von Martin Luther gehört haben. ■ In die Kreismitte legt die Lehrkraft drei Bilder von Martin Luther – als Mönch, als Junker Jörg, als der gesetzte Reformator – sowie eine Abbildung der Wartburg, eine Abbildung von Katharina von Bora (siehe **M 2**) und eine Lutherübersetzung des Alten Testaments sowie ein Bild von der Lutherstadt Wittenberg (http://de.wikipedia.org/wiki/Martin_Luther). Die genannten Bilder und Gegenstände werden im Sitzkreis präsentiert. Jedes Kind wählt ein Bild oder einen Gegenstand aus, sagt, was es daran anspricht, was es darüber schon weiß und was es dazu noch wissen möchte. ■ Die SuS erzählen das Gleichnis vom Gütigen Vater und den beiden Söhnen (Lk 15) und / oder die Geschichte vom Zöllner Zachäus. Sie denken darüber nach, wie Gott mit Schuld umgeht. Was kommt in den beiden biblischen Geschichten zum Ausdruck? (Z.B.: Gott verzeiht uns, weil er uns lieb hat. Gott schenkt uns immer wieder einen Neuanfang.)

Die Schülerinnen und Schüler wissen, welche Kompetenzen es zu erwerben gilt, und können ihren Lernweg mitgestalten.	● Zeichnung einer Kirche mit zwei Kirchtürmen (**M 1a**): Die Frage »Gibt es eine oder zwei Kirchen?« diskutieren. Eventuell: »Wie kam es zu dieser Situation?« ● Gestaltung einer Zeitleiste an der Tafel: Geburt Jesu, die Zahl »1500« mit der Wortkarte »evangelisch« und die Jahreszahl »2014«. Die Frage thematisieren: »Wie ist das Wort ›evangelisch‹ im Zusammenhang mit der Kirche entstanden?«. ■ Bild von Martin Luther (vgl. **M 2**) und Präsentation einer Landkarte, eines Zeitstrahles bzw. eines Steckbriefs, auf dem die wichtigsten Lebensstationen Luthers eingetragen sind. Informationen zum Lebenslauf Luthers finden sich auf der Internetseite www.luther.de/leben. ■ Mit Hilfe ausgewählter Materialien (s. Literaturliste) sammeln, erarbeiten und präsentieren die SuS Informationen zu folgenden Schwerpunkten: 1. Das Leben der einfachen Leute im Mittelalter; 2. Erziehung und Schule zur Zeit des Mittelalters; 3. Angst, Verzweiflung und Trost: Welchen Bedrohungen war das Leben der Menschen im Mittelalter ausgesetzt? ■ Präsentation eines Beziehungsdiagramms (an der Tafel oder als Bodenbild) von Personen, die Luther eher nahe standen oder die sich in Gegnerschaft zu Luther befanden. ■ Die SuS erzählen zu den ausgewählten Begriffskarten »Angst, Schuld, Gott, Fegefeuer, Gericht, Gute Werke, Ablass, Gnade, …« und nennen mögliche damit verbundene Fragen und Probleme der Menschen im Mittelalter.

Zeit und Lebensgefühl der Menschen im Mittelalter

- Musik der Zeit (z.B. Tanzlieder) anhören und einen mittelalterlichen Tanz einüben und gestalten. Die Kinder raten, aus welcher Zeit die Musik und der Tanz sein könnten.
- Forscherfrage: Wie lebten die Menschen im (späten) Mittelalter? Was war vor 500 Jahren alles anders? Die SuS betrachten ihr Klassenzimmer und überlegen, was es damals alles noch nicht gab, und beschreiben die Unterschiede von damals und heute, z.B. keinen elektrischen Strom, keine Waschmaschine, keine Autos, keine Medikamente, kein Smartphone, keine Computer, keine Rundfunk- und Fernsehgeräte ... Die Menschen hatten Angst vor Krankheiten, Tod, Krieg und Hungersnot, die sie als Strafe Gottes ansahen.
- Zeitliche Einordnung des Mittelalters – veranschaulicht mit einer Schnur, einer Zeitleiste, ...
- Zu mittelalterlicher Musik eine mittelalterliche Marktszene inszenieren (Marktszene I): Die SuS bieten mit lauter Stimme an verschiedenen Marktständen ihre Waren feil – z.B. Stoffe, Felle, Lederwaren, Tonwaren, Kerzen, Fladenbrot, Gewürze, Holzbank ... – bzw. kaufen die angebotenen Waren ein, nachdem sie um die Ware und den Preis verhandelt und gefeilscht haben; oder sie betteln, geben Almosen, je nach der von den SuS gewählten Rolle, z.B. – Marktbesucher/in, Marktfrau, Schreiner, Bäcker, Bürger, Kinder, Bettler, Lahmer, Gaukler, Polizist, Schreiber, Waffenschmied, Hufschmied ...
- Die SuS feiern ein mittelalterliches (Klassen-)Fest mit Musik, Essen und Trinken, spielen mit Steinen oder Murmeln und gestalten Hüpf- oder Ballspiele.

Die Schülerinnen und Schüler können aus dem Leben von Martin und Katharina erzählen und darstellen, wie Kinder vor 500 Jahren gelebt haben. Sie wissen, dass die Menschen zur Zeit Luthers hart arbeiten mussten, oft sehr arm waren und große Angst vor Krankheit und Tod hatten.

Wie Martin und andere Kinder seiner Zeit gelebt haben – Martin als Kind und Schüler

- Was zu einem Kinderleben heute dazugehört. Die SuS erzählen von unterschiedlichen Lebensbedingungen von Kindern hier und anderswo.
- Zeitreise ins Mittelalter (**M 1b**). Nach dem Erleben der Zeitreise erzählen die SuS, was sie über Martin und seine Zeit erfahren haben.
- Bilder von Hans, Margarethe und Martin Luther (**M 2**) betrachten und erste Eindrücke schildern.
- Bildbetrachtung »Unterricht im Mittelalter« (**M 3a**). Die SuS entdecken im Bild vom Unterricht in der Lateinschule in Oberursel (1592) unterschiedliche Dinge, z.B. Rute, verschiedene Schülergruppen unterschiedlichen Alters, Lehrer u.a. Sie vergleichen die auf dem Bild dargestellte Art und Weise des Unterrichts mit ihrem eigenen Unterricht.
- Erzählimpuls (Text **M 3a**): L erzählt, wie Martin und alle anderen Kinder damals unterrichtet wurden. Die SuS überlegen, wie Martin diesen Unterricht wohl erlebt hat.
- Die SuS gestalten Bilder von Martins Kinderzeit und erzählen anhand der Bilder, was Martin als Kind wohl alles erlebt hat, z.B.: Martin geht zur Schule, lernt Lesen, Schreiben, Rechnen und Latein, seine Eltern und Lehrer sind sehr streng und strafen ihn hart, Martin hat Angst vor einem zornigen und strafenden Gott, ...
- Arbeit an Lernstationen: 1. Martin Luthers Zuhause; 2. Kinderspiele; 3. In der Familie; 4. Erfindung des Buchdrucks (Initialen, Druckerwerkstatt); 5. Gespräch mit Martin; 6. In der Schule (Materialhinweis: Elvira Feil-Götz / Dieter Petri / Jörg Thierfelder: »Martin Luther und seine Zeit – Materialien für die Grundschule«, Calwer Materialien, sowie die Internetseite: http://www.luther.de/leben).

Von den Ängsten und Hoffnungen der Menschen früher und heute

- Manchmal haben Menschen Angst. Fotoimpuls »Angst« (**M 3b**). Die SuS wählen ein Angstbild und formulieren Angstsätze, die sie auf Papierstreifen schreiben und um das Angstbild legen. Danach notieren sie Wünsche, die dieser Mensch auf ihrem Bild haben könnte.
  Psalmverse der Angst (**M 4**): Die SuS malen oder schreiben etwas zu ihrem gewählten Angst-Psalmvers, z.B. Gedanken und Gefühle des Psalmbeters und mögliche Gründe dafür, warum der Psalmbeter einen solchen Angstsatz als Gebet gesprochen hat.
- Die SuS werden von der Lehrperson angeregt und ermutigt, sich an eine Situation in ihrem Leben zu erinnern, in der sie große Angst hatten (z.B. Angst, es anderen – Eltern,

Die SuS können von Luthers Anfechtungen, seiner Angst vor den Strafen Gottes und der Hölle erzählen. Sie werden sich eigener Ängste bewusst und wissen, dass Himmel und Hölle als Bilder von schönem und schwerem Leben verstanden werden können.

Geschwistern, Freunden, … – nicht recht zu machen, Angst, hinter den Erwartungen der anderen zurück zu bleiben, zu versagen, den Anforderungen nicht zu genügen, nicht gut genug zu sein, nicht in Ordnung zu sein und bestraft zu werden). Sie überlegen, wie sie ihre Angst überwunden haben und was ihnen dabei geholfen hat, aber auch, was ihnen dabei noch gefehlt hat. Folgende Satzimpulse können die SuS dabei unterstützen, ihr Angsterleben zu versprachlichen: »Manchmal habe ich Angst, … Wenn ich Angst habe, denke ich, … Wenn ich Angst habe, spüre ich, … Wenn ich Angst habe, dann hilft mir …«

- Aufschreiben, was uns Angst macht, und diese Dinge im Gebet vor Gott bringen.
- Warum Martin und Katharina große Angst vor Gottes Strafen und vor der Hölle hatten: Erzähl- und Bildimpuls: Die Lehrperson erzählt davon, dass ein bestimmendes Lebensgefühl jener Zeit, in der Martin und andere Kinder gelebt haben, die Angst war. Sie lädt die SuS zur Bildbetrachtung »Die vier apokalyptischen Reiter« von Albrecht Dürer (**M 5**) ein.
- Lehrer-Info: Ein Vater, der hart straft, prägt das Gottesbild von einem zornigen Gott. Die Kinder wurden damals sehr streng erzogen. Die Menschen der damaligen Zeit fürchteten sich vor Hunger, Krieg und Pest sowie vor Gottes Strafgericht.
- Im Gespräch erarbeiten die SuS die im Bild mit den vier Reitern dargestellten Angstbedrohungen der Menschen des Spätmittelalters: 1. Reiter: Hunger (abgemagertes Pferd), 2. Reiter: Gottes Strafgericht (nach oben gerichtete Waage der Gerechtigkeit), 3. Reiter: Krieg (Schwerter) und 4. Reiter: Pest (Pfeil und Bogen als Sinnbild für Unvorhersehbares, wie z.B. Krankheiten [Pest] und Katastrophen). Die SuS überlegen, wie ein von Angst, Hunger, Strafe, Krieg und Krankheit geprägtes Leben im Mittelalter wohl ausgesehen haben könnte.
- Die SuS sehen den Videoclip: Höllenangst und Seelenheil (mp3) (15 Min.). Zum Herunterladen unter http://www.planet-schule.de/sf/php/02_sen01.php?sendung=4113. Sie gestalten die Nöte und Ängste der Menschen im Mittelalter in Bild und Text (Sprech- und Gefühlsblasen) auf einem Plakat.
- Die Lehrkraft präsentiert die folgenden möglichen Angstsätze Martins als Satzstreifen, z.B. 1. Ich kann es Gott nie recht machen. 2. Ich werde es nie schaffen, keine Fehler zu machen. 3. Ich bin vor Gott nicht gut genug. 4. Was denkt Gott nur über mich? 5. Gott bestraft mich für alles, was ich falsch mache. 5. Ich habe Angst vor Gott, dem strengen und strafenden Richter. Die SuS wählen sich einen Angstsatz Martins aus und schreiben einen inneren Monolog zu dem gewählten Satz.

Himmel und Hölle als Bilder vom schönen und schweren Leben
- Vorstellungen von Himmel und Hölle: L präsentiert die beiden Wortkarten »Himmel« und »Hölle«. Nachdem die SuS erste Assoziationen zu den beiden Begriffen geäußert haben, bietet L den SuS verschiedene kreative Gestaltungsaufgaben an: 1. Bilder zu den Begriffen malen; 2. Die beiden Begriffe verklanglichen (Orff-Instrumente, Gitarre [Dur-/Moll-Akkorde]); 3. Die beiden Begriffe mit Tüchern, Legematerialien und Symbolen gestalten; 4. In einem verdeckten Korb Gegenstände ertasten und einem der beiden Begriffe jeweils zuordnen; 5. Standbilder zu den beiden Begriffen bauen, wie »Himmel« aussieht (z.B. Freunde, sich umarmen, trösten, unterstützen) und wie »Hölle« aussieht (z.B. Streit, Tränen, Verzweiflung, Angst, Gewalt, Ohnmacht, Trauer, Passivität …). Die SuS präsentieren ihre »Kunstwerke«, gestalten eine Ausstellung mit ihren Werken und suchen nach Gemeinsamkeiten, aber auch Unterschieden in ihren Werken.
- Theologisieren I: L präsentiert die beiden Wortkarten »Leben« und »Hölle«. Sie streicht die Wortkarte Hölle mit einem dicken Filzstift doppelt durch – die Hölle wird abgeschafft! L lässt die SuS darüber nachdenken, ob sie damit – d.h. mit einem Leben ohne »Höllenerfahrungen«– einverstanden sind oder eher nicht. Die SuS begründen ihre Position.
Theologisieren II: L wiederholt denselben Vorgang mit den Wortkarten »Leben« und »Himmel«, streicht die Wortkarte Himmel mit einem dicken Filzstift doppelt durch – es gibt keinen Himmel mehr! Sie lässt die SuS darüber nachdenken, ob sie damit – mit einem Leben ohne »Himmelserfahrungen«– einverstanden sind oder eher nicht. Die SuS begründen ihre Position.

- Tanz und Segen: Die SuS singen das Lied »Der Himmel geht über allen auf« (LJ 364) und tanzen dazu im Pilgerschritt (drei Schritte vor, einen Schritt zurück, Wiegeschritt). Die Lehrkraft und die SuS salben sich – das Salböl wird in der Kreuzform auf die Hand oder die Stirn aufgetragen – und sprechen sich gegenseitig Segensworte zu, z.B.: »Der Herr sei mit dir mit seinem Heiligen Geist; Der Herr segne und behüte dich, …«

Von Lohn und Strafe, von Schuld und Vergebung

- Was Martin und die anderen Kinder damals über den Himmel und die Hölle gelernt haben.
  Mittelalterliche Marktszene II: Ein Wanderprediger kommt auf den mittelalterlichen Markt. Er läuft an den Marktständen vorbei, sieht den Bäcker, die Magd, den Bettler, den Hufschmied, … (die erste Marktszene wird erneut aufgegriffen und erinnert), bleibt in der Mitte des Marktes stehen und spricht auf einem Stuhl stehend und eingeleitet von einem Trommelwirbel zu den auf dem Markt versammelten Menschen: Die Rede Tetzels (siehe **M 19a**) wird von der Lehrkraft oder von einem Schüler laut und mit entsprechender Gestik und Mimik vorgetragen.
- In der Kreismitte wird ein schwarzes Tuch ausgebreitet. Es folgt eine Erzählung vom kleinen Martin, der einmal, weil er eine Nuss stehlen wollte und dabei vom Vater erwischt wurde, so von seinem Vater geschlagen (»gestäubt«) wurde, dass er sich längere Zeit nicht mehr in die Nähe seines Vaters traute. Nachdem der kleine Martin an diesem Tag lange vor Kummer und Schmerzen geweint hatte, lag er abends in seinem Bett und betete vor dem Einschlafen zu Gott: »Lieber Gott, …« Die SuS formulieren das Gebet des kleinen Martin.
- Mit Hilfe der Satzanfänge »Der kleine Martin hat Angst vor … Die Menschen damals fürchten sich vor …« formulieren die SuS die Ängste der Menschen im Mittelalter (wie z.B. vom Vater geschlagen und von Gott bestraft zu werden, Angst vor Krankheiten, Kriegen, Hunger, …). Sie erzeugen mit der Handtrommel einen Trommelwirbel nach jeder genannten Angst. Nach jedem Trommelwirbel wird die Handtrommel an das nächste Kind weitergereicht.
- Die SuS sprechen über den möglichen Zusammenhang zwischen einem hart strafenden Vater und dem Bild von Gott als zornigem und strafendem Gott. Mögliches Fazit: Die zum Teil sehr harten Strafen der Eltern und Lehrer im Mittelalter prägten das Gottesbild eines zornigen und strafenden Gottes.
- Denk- und Sprechimpuls: »Muss ich mich noch mehr anstrengen, um anderen zu gefallen?« Die SuS erzählen über eigene Erfahrungen mit der Angst, den Ansprüchen der anderen – Mutter, Vater, Geschwister, Verwandte, Mitschüler, Freunde – nie ganz entsprechen zu können.
- Theologisieren: Was muss ich tun, um Gott zu gefallen, um es Gott recht zu machen? Die SuS suchen nach möglichen Antworten auf diese Fragen Martins.

Angst vor Christus als Gottes Weltenrichter

- Ein (Spielzeug-)Schwert bzw. eine Schwertdarstellung in die Mitte legen. Die SuS finden »Schwertworte« wie z.B.: »Das Schwert tötet. Das Schwert zerstört und vernichtet Leben, … ist eine gefährliche Waffe, …« und schreiben sie auf graue Zettel. Sie legen diese zum Gegenstand Schwert.
- Bildbetrachtung: »Ein Engel wiegt die Seelen« (**M 6a** unterer Teil) und »Christus als Gottes Weltenrichter« (**M 6a** gesamtes Bild): Die SuS beschreiben, vergleichen und deuten die beiden Bilder, z.B.: Die Menschen werden gewogen. Sie sind entweder leicht oder schwer. Jesus thront darüber auf der Weltkugel und zeigt das Ergebnis an.
  Die Menschen im Mittelalter haben Angst vor dem Jüngsten Gericht, das nach dem Tod darüber entscheidet, wie gut sie gelebt haben. Die Waage bestimmt, ob sie in den Himmel oder die Hölle kommen.
  Die SuS äußern ihre Gedanken und Gefühle zum Symbolbild der »Waage der Gerechtigkeit«.
  Frage- und Gesprächsimpuls: Warum machte Martin dieses Bild wohl Angst?

- Die SuS vergleichen das Bild mit der Erzählung »Das verlorene Schäflein aus der Weihnachtskrippe« (**M 6b**), beschreiben Gemeinsamkeiten zwischen dem Bild und der Erzählung.

Angst vor der Hölle – Bilder vom schweren Leben

- Denk- und Sprechimpuls: Was geschieht eigentlich, wenn wir sterben? Was stellt ihr euch vor?
- Theologisieren zu den drei Bedeutungen vom Himmel (vgl. auch im Englischen: sky and heaven): Himmel ist: *über den Wolken / nach dem Tod / wo Gott ist – in Gottes neuer Welt.*
  Die Lehrkraft präsentiert die drei Bedeutungen vom Himmel auf DIN A3-Blättern an verschiedenen Positionen im Klassenzimmer. Die SuS begegnen bei einem Rundgang den verschiedenen Bedeutungen vom Himmel, positionieren sich bei ihrer »Favoriten-Bedeutung« und kommen mit ihren Mitschüler/innen ins Gespräch darüber, was mit der jeweiligen »Himmel-Bedeutung« gemeint ist und warum sie diese gewählt haben. Im Kreisgespräch erläutern die SuS anschließend ihre Position den anderen Kindern.
- Placemat-Methode (vgl. www.kooperatives-lernen.de/dc/CL/index.html): Die SuS arbeiten zu viert an einem Plakat, das in fünf Felder aufgeteilt ist. Jeder SuS schreibt und / oder malt in sein Feld hinein, was er über die Hölle weiß und wie er sich diese vorstellt. In das fünfte Feld des Plakates, das sich in dessen Mitte befindet, schreiben die SuS das in der Gruppe Gemeinsame über die Hölle hinein.
- Rabbinische Erzählung »Von den langen Löffeln« (**M 7**). L erzählt die Geschichte und die SuS stellen zu den beiden Szenen der Geschichte Standbilder oder spielen die beiden Szenen mit den passenden nonverbalen und verbalen Beiträgen der am Tisch Versammelten. Zwei Blitzlicht-Runden mit vorgegebenem Satzanfang: »Himmel ist, wenn …; Hölle ist, wenn …« Die SuS ergänzen die beiden Satzanfänge, vergleichen ihre Sätze mit den beiden folgenden Sätzen: »Himmel ist dauerhaft friedvolles und mitgefühlvolles Miteinander«. »Hölle ist friedloses Gegeneinander oder mitgefühlloses Nebeneinander«. Alternativ: »Hölle ist ein Bild für das schwere Leben, das Menschen einander bereiten bzw. zumuten.«
  Die SuS gestalten jeweils ein Schriftbild mit den Begriffen Himmel und Hölle. Die SuS geben der Geschichte eine eigene Überschrift und begründen, warum sie die alternative Überschrift »Die zwei Möglichkeiten« für die Geschichte passend oder weniger passend finden.
  Mögliches Fazit der SuS: Himmel und Hölle sind Bilder vom schönen und schweren Leben: Himmel und Hölle sind keine Orte, sondern ein Ausdruck dafür, wie es einem gehen kann. Wo das Gute, das Leben in Beziehungen, die Liebe gelingt, ist der Himmel; Wo das Böse, der Tod, die Zerstörung, der Durcheinander-Bringer (Versucher, Verführer) Macht über uns Menschen gewinnt, ist die Hölle. Doch alles ist und bleibt letztlich in Gottes Hand.
- Vorstellungen vom Jüngsten Gericht aus dem Film: »Wer früher stirbt, ist länger tot«. Wenn der Film mit den SuS ganz angesehen wird, kann das Arbeitsblatt **M 8a** anschließend in Gruppen bearbeitet werden (oder es kann vorweg als Beobachtungsauftrag ausgeteilt werden). Lehrer-Informationen zum Film finden sich in **M 8b**.
  Alternativ: Planet-Schule-Sendung: »Höllenangst und Seelenheil«. 15-minütiger Videoclip auch zum Herunterladen unter www.planet-schule.de/sf/php/02_sen01.php? sendung=4113. Ausgehend von der Reise eines Pilgers beschreibt der Film das Weltbild der Menschen im Mittelalter. Das diesseitige, irdische Leben gilt lediglich als Durchgangsstadium ins Jenseits. Aus dem Inhalt: Mittelalterliche Kirchenbauten, Leben im Kloster, Ablasshandel; mit Begleitmaterial und Arbeitsblättern.
- Die SuS betrachten das Bild »In Gottes Händen« von Sieger Köder (in: AHR NEU. 3./4. Schuljahr, 1. Teilband, S. 210) und singen »Himmelslieder«, z.B. »Weißt du, wo der Himmel ist?« (LJ 623) oder »Der Himmel geht über allen auf«(LJ 364).
- Die SuS bringen ihre Himmelsvorstellungen als Bilder vom Himmel zu Papier und schreiben kurze Kommentare bzw. Erläuterungen zu ihren Bildern hinzu.

- Psalmen gegen die Angst – Psalmverse des Vertrauens (**M 9**) entdecken. Die SuS wählen einen Vers aus und sprechen ihn sich gegenseitig zu, z.B. »Gott tröstet dich in der Angst!«
- Ritual gegen die Angst: Gott / Jesus die Angst übergeben. Die SuS werden gebeten, eine Angst, die ihnen zu schaffen macht, auf einen Zettel zu schreiben. In der Mitte stehen eine große Jesuskerze und Teelichter nach Zahl der SuS, zudem ein Gefäß für die Zettel und der Jesusspruch: »Kommt zu mir alle, die ihr mit Angst beladen seid, ich will euch froh machen«. Die SuS können beim großen Licht ihre Angstzettel ablegen und gegen ein kleines Licht für den Rückweg eintauschen.

Schuld liegt einem schwer auf dem Herzen

- Bildimpuls: »Kind mit einem schweren Rucksack« (**M 10a**). Die SuS beschreiben zunächst, was sie auf dem Bild sehen, z.B. kleines Kind – große Last, und deuten den Rucksack als ein Bild für Last und Belastung, da jeder Mensch etwas Belastendes (als sein »Päckchen« in seinem Rucksack) trägt, etwas, das manchmal sehr schwer zu (er-) tragen ist.

  In einem zweiten Schritt überlegen sie, was das Kind tun könnte, um nicht solch eine schwere Last alleine tragen zu müssen, z.B. etwas aus dem Rucksack herausnehmen, jemandem etwas von der Last abgeben, den Rucksack einfach abnehmen … und was das sein könnte, das wir am liebsten los werden möchten? Z.B. Angst, Sorgen, Streit, Krankheit, Traurigkeit, Einsamkeit, Armut, Leid …?

  Jeder Schüler / jede Schülerin äußert seine / ihre Wünsche für die eigene Familie, Freundschaft, Klassensituation, … und formuliert diese als Gebet.
- Satzimpuls: »Es liegt ein Stein auf meinem Herzen«. Die SuS äußern, was man in solch einer Situation denkt, fühlt und sich wünscht. Es wird im UG thematisiert, ob dieser Stein auch als ein Bild für die eigene Schuld, für all das, was ich falsch gemacht habe, gesehen werden kann.

  L heftet nun auf den Rucksack des Kindes auf dem Bild das Begriffskärtchen »Schuld«. Die SuS können nun den »Schuld-Rucksack« als Bild dafür verstehen, dass Menschen immer wieder schwer an ihrer eigener Schuld(-enlast) tragen, wie an einem schweren Rucksack.
- Die SuS bringen die beiden Gefühle »schuldbeladen« – »von Schuld befreit« körperlich / pantomimisch zum Ausdruck.

Die Schülerinnen und Schüler wissen, dass Schuld die Beziehung zwischen Menschen belasten kann, dass Menschen der Vergebung bedürfen und dass Gott den Menschen seine verzeihende Liebe anbietet, die von Schuld befreit und einen Neuanfang ermöglicht.

Schuld, was ist das eigentlich?

- L präsentiert drei Beispiele für das Schuldigwerden von Menschen (**M 10b**). 1. Wenn jemand das Geld nicht bezahlt, das eine Sache kostet, dann hat er eine Schuld. 2. Wenn ein anderer Mensch mich braucht, mein Lachen, ein gutes Wort von mir oder meine Hilfe, und ich gebe sie ihm nicht, bleibe ich ihm etwas schuldig. 3. Immer wieder sage ich etwas, was ich eigentlich nicht sagen will, und manchmal tue ich etwas, das andere verletzt. Die SuS ergänzen weitere Beispiele für das Schuldigwerden von Menschen und stellen ihre Beispiele ggf. in Standbildern oder in kurzen Spielszenen vor.

  Im sich anschließenden Gespräch wird thematisiert, dass Schuld zu den menschlichen Grunderfahrungen gehört.
- Die SuS bringen ihre Erfahrungen des Verletztwerdens und des Verletzens anderer mit Gegenständen, wie z.B. Steinen, Fesseln, Seilen, Dornenzweigen, Stacheldraht, einem schwarzen Tuch …, zum Ausdruck und gestalten mit diesen zum Ausdruck gebrachten Erfahrungen ein gemeinsames Bodenbild zum Thema »schuldbeladen«.
- Theologisieren mit Kindern: Auf Karten werden den SuS die folgenden Satzanfänge angeboten: *Menschen können … / Das Böse kann … / Der Versucher (Teufel) kann … / Gott kann …*

  Die Satzanfänge werden von den SuS unter der Fragestellung, was wir diesen Personen jeweils zutrauen, ergänzt. Die Satzanfänge können gemeinsam im Plenum oder auch arbeitsteilig in Kleingruppen bearbeitet und auf Plakaten präsentiert und erläutert werden.

Die möglichen Unterschiede der Satzergänzungen, die von den SuS als Erwartungen jeweils dem Teufel (dem Versucher, dem Bösen), Gott und den Menschen zugeschrieben wurden, werden benannt und miteinander diskutiert. In einem nächsten Schritt präsentiert L einen Textimpuls, der dieselben Satzanfänge beinhaltet: »Der Teufel (Versucher) kann Scheiß bauen, Gott kann nur lieben. Nur Menschen können alles: Scheiß und Liebe« (aus: Inger Hermann, Halt's Maul …, s. Literaturhinweise). Auch dieser Impuls kann schritt- und satzweise den SuS angeboten werden. Abschließend und ergänzend erzählt oder liest L den Text: »Wir Menschen können alles: Scheiß und Liebe« von Inger Hermann (**M 11**) vor. Die SuS stellen die Unterrichtsszene nach, indem sie das Gespräch zwischen den Schülern Otto, Mario und Dragomir nachspielen. Sie ordnen deren Aussagen den Spalten einer Tabelle – Teufel (Versucher), Gott, Mensch – entsprechend zu.

»Du bist schuld – nein du!« Schuldig werden – und dann?

- Schuld ist wie …: Bildworte für Schuld entdecken, z.B.: eine schwere Last, eine Mauer, ein Irrgarten, aus dem man nicht herausfindet, eine zerstörte Brücke, ein Gefängnis mit hohen Mauern, ein Herz aus Stein, …, und eines dieser Bildworte graphisch gestalten. Die SuS schreiben Denk- und Sprechblasen hinzu und erzählen zu ihrem Bildwort.
- Theologisieren mit Kindern: Was ist »schwere Schuld«, was ist »leichte Schuld«? (Wie) Kann man das unterscheiden?
- Das bereits gestaltete Bodenbild »schuldbeladen« (Steine, Fessel, Dornenzweige, Stacheldraht, schwarzes Tuch, …) zu einem Bodenbild »schuldbefreit« (Steine entfernen oder umgruppieren, Feder, Blume, Herz, Kerze, helle und bunte [Chiffon-]Tücher, …) umgestalten.
- DVD »Finderlohn« – Film zu Schuld und Vergebung. Inhalt: Drei Mädchen im Grundschulalter finden im Klassenraum den Geldbeutel ihres Lehrers. Sie entnehmen das Bargeld und geben es für Süßigkeiten aus. Der weggeworfene Geldbeutel wandert dann mit dem übrigen Inhalt – Ausweis, Fahrkarte, EC-Karte u.a. – durch Berlin und wird von weiteren Personen ausgeplündert. Erst als die Kioskinhaberin, eine Bekannte des Lehrers, die drei Mädchen zur Umkehr bewegt, machen die Kinder sich auf, die Tat zu gestehen.

Und vergib uns unsere Schuld: Schuldvergebung und Versöhnung

- Theologisieren mit Kindern: Wie werde ich wieder frei von Schuld, schuld(en)frei, entschuldigt? Wer nimmt den Stein von meinem Herzen, wem kann ich meine Schuld abgeben! L erzählt die Legende »Gott macht uns ein starkes Angebot« (in: AHR NEU. 3./4. Schuljahr, 2. Teilband, M 17e, S. 156). Die SuS überlegen, was sie gerne Gott abgeben möchten und was Gott mit all dem macht, was wir ihm bringen. Sie gestalten ein Bild, das zum Ausdruck bringt, wie sie sich vor der Abgabe und nach der Abgabe ihrer Schuld selbst sehen und fühlen.
- Die SuS bedenken eigene Fehler, beschriften Schuldsteine oder Schuldscheine damit und legen ihre Schuldsteine am Kreuz mit den Worten ab: »Wir geben all das, was uns belastet, an Gott ab, um spürbar schuldlos, frei von Schuld zu werden. Mit dieser Aktion geben die SuS ihre Schuld einem, der sie kennt und von dem sie wissen dürfen, dass er sie trotz allem, was jemals passiert (ist), liebt. Mögliches Fazit der SuS: Ich bin von Gott angenommen, trotz meiner Fehler und Schuld. Gott hat mich trotz allem – trotz meines Versagens – lieb. Gott streicht meine Schuld durch. Gott verzeiht mir! Ich kann wieder neu anfangen!
- Die SuS bringen das Gefühl »von Schuld befreit« körperlich / pantomimisch zum Ausdruck.
- Einen Psalm schreiben mit Hilfe der folgenden Satzanfänge: »Gott, manchmal werde ich verletzt … Auch ich verhalte mich nicht immer richtig … Du aber, Gott, …« (s. **M 10b**).
- Erzählimpuls: L erzählt, wie Petrus Jesus verleugnet und Jesus Petrus von seiner Schuld befreit, so dass er wieder neu beginnen kann (Joh 21,15ff; Mk 14,66ff).
  Die SuS überlegen miteinander, wie sie die biblische Szene (Palast und Lagerfeuer, Soldaten und Mägde, Petrus und Jesus, der den Petrus anschaut, …) als Bild gestalten können und malen ihre Bilder. Sie stellen ihre Bilder vor und erzählen, was ihnen an ihrem Bild besonders wichtig ist.

- Impuls: Petrus ist von einer Magd des Hohepriesters als Anhänger Jesu erkannt worden. Die SuS stellen Vermutungen über die Antwort von Petrus an, indem sie Sätze äußern, die er gesagt haben könnte, z.B. »Ich kenne Jesus nicht, … Ich bin Jesus nie begegnet, … Ich habe mit ihm nichts zu schaffen, …«
  Die SuS singen das Lied »Petrus, lauf nicht weg!« (U. Gohl in: »Jesus erzählt von mir und dir«) und schreiben auf Sprechblasen mögliche Gedanken, Gefühle und Selbstvorwürfe des Petrus, nachdem er den Hahn krähen hörte, z.B.: »Als es wirklich darauf ankam, habe ich Jesus im Stich gelassen. Ich bin ein Versager, ich habe Angst, dass nun Jesus …«
- Impuls: Petrus und Jesus begegnen sich wenige Tage später. Die SuS formulieren das Gespräch und inszenieren es mit verteilten Rollen. Die SuS formulieren die Erfahrung des Petrus mit Jesus in einem Satz, z.B.: Jesus hat mich trotzdem – trotz meines Versagens – lieb! Gott streicht meine Schuld durch. Gott verzeiht mir! Ich kann wieder neu beginnen!
- Bist du, Gott, wieder gut mit mir? Das Vaterunser beten – »Vergib uns unsere Schuld«.
- Die SuS beten: »Jesus, du zeigst uns, wie wir mit Schuld umgehen können: Du nimmst Menschen an und wendest dich ihnen zu. Jesus, zeig auch mir, was ich tun kann, wenn ich andere Menschen verletzt habe oder wenn ich um Verzeihung gebeten werde.«
- Gesprächsimpuls: Verzeihen und Versöhnen – was ist das und wie geht das?
- Vergleiche formulieren: Sich entschuldigen ist wie …; Um Verzeihung bitten, das ist wie …; Sich versöhnen ist wie … – Zeichen und Gesten der Versöhnung entdecken, gestalten und reflektieren.
- Die SuS singen das Lied »So ist Versöhnung …« (www.youtube.com/watch?v=qb9 Ksc38xVw) von Jürgen Werth und malen zu ausgewählten Sprachbildern einzelner Liedverse ein Versöhnungsbild.
- »Alles wird wieder gut!« Wie wir einander vergeben können: Sich entschuldigen für eine Tat, die einem leid tut. Verschiedene Formen des Sich-Entschuldigens durchspielen und ein »Entschuldigungsritual« in der Klasse einführen.
- Handlungsimpuls: Nimm dir für die nächsten Tage vor, dich bei jemandem zu entschuldigen oder eine Entschuldigung anzunehmen, je nachdem, was sich ergibt.
  Spüre deinen Gedanken und Gefühlen dabei nach und erzähle davon – wenn du magst – in der nächsten Unterrichtsstunde.
- Theologisieren mit Kindern: Wird alles wieder gut? 1. Lässt sich alles wiedergutmachen vor Gott und vor den Menschen? 2. Kommen auch sehr böse Menschen in den Himmel?
- Zum Text von Psalm 103,8.13 und / oder zu Mt 5,45b eine Versöhnungskerze gestalten.
- Mit Geschichten, Bibeltexten (z.B. Jes 66,13: »Ich will dich trösten, so wie eine Mutter tröstet« und Jes 25,8: »Gott wird alle Tränen abwischen«), Psalmen (z.B. Ps 23,4: »Und wenn ich auch wanderte im finsteren Tal, du bist bei mir«), Liedern und Gebeten, (z.B. aus dem Vaterunser »und vergib uns unsere Schuld«) ein kleines Büchlein zum Thema »Schuldig werden – Vergebung und Versöhnung erfahren« gestalten.

- Lieder: »Laudate omnes gentes« (LJ 126 / EG 181.6); »Ubi caritas« (LJ 421).
- Folie: Ein Gewitterbild mit Tonbeispiel zeigen: Die SuS äußern sich zu Gefahren und Ängsten bei Gewittern, Blitzen, Donner, Hagel … und malen »Blitzbilder«.

Martin überlebt ein schweres Gewitter und verspricht etwas …
- Lehrer-Erzählung mit Legematerial (dunkles Tuch, Gewitter, Blitze, Kloster …): Martin ist inzwischen erwachsen geworden und studiert in Erfurt. Nach vier Jahren Studium besteht er seine Abschlussprüfung und ist nun Magister, das heißt »Meister«. Nach dem Willen seines Vaters soll er noch weiter studieren und Rechtsgelehrter werden. Doch zuvor besucht Martin seine Eltern in Mansfeld. Er geht dort über den Marktplatz, kommt an den einzelnen Marktständen vorbei, sieht den Bäcker, die Magd, den Bettler, den Hufschmied, … (die Marktszene wird wieder aufgegriffen und erinnert), hört dem Wanderprediger zu und denkt über die Worte des Wanderpredigers nach. Dann verlässt er den Markt und die Stadt und macht sich wieder auf den Weg nach Erfurt. Unterwegs gerät er plötzlich in ein heftiges Gewitter und wird beinahe vom Blitz erschlagen! In sei-

Die Schülerinnen und Schüler wissen, dass Martin Luther ins Kloster geht und sich abmüht, um Gott zu gefallen und seine Angst vor Gott zu verlieren. Sie können die Lösungsversuche Luthers und anderer, sich Gottes Liebe, Gnade und Vergebung zu verdienen, darstellen und die Untauglichkeit der gewählten Wege begründen.

ner Angst und Not ruft er die Heilige Anna an und verspricht, Mönch zu werden, wenn er das Gewitter überlebt.

- In einem Tagebucheintrag halten die SuS als Martin fest, wie er das Gewitter erlebt hat: Er bringt darin seine Gedanken und Gefühle schriftlich zum Ausdruck, gestaltet das Erlebnis in einem Bild und erläutert, warum er jetzt Mönch werden möchte.
  Alternativ: Die SuS schreiben ein Gebet, das Martin während des Gewitters spricht.
- Das Martin-Dilemma: Martin überlebt das schwere Gewitter wie durch ein Wunder. Muss Martin sein Versprechen, das er Gott gegeben hat, nun auch halten? Martin muss sich entscheiden! Arbeit mit drei Stühlen: Ich-Stuhl (Martin), Ja-Stuhl (Argumente, für das Einhalten des Versprechens) und Nein-Stuhl (Argumente, die dagegen sprechen). Auf dem Ich-Stuhl trifft Martin nach dem beschriebenen »Doppeln« und der dabei gehörten Argumente für und gegen das Halten seines Versprechens eine Entscheidung.
- Die SuS gestalten eine Spielszene, in der ein Streitgespräch Martins mit seinen Eltern dargestellt wird. Streitpunkt ist Martins Entscheidung, ins Kloster zu gehen. Die Eltern betreten die Bühne. Martins Mutter eröffnet das Gespräch mit ihrem Sohn z.B. folgendermaßen: »Bist du noch zu retten? Du kannst doch nicht einfach das Studium aufgeben! Dein Vater und ich haben uns jeden Taler vom Mund abgespart, um dir eine bessere Zukunft zu ermöglichen. Richter ist doch ein schöner und sicherer Beruf. Was sollen denn die Leute dazu sagen: Unser Sohn will ins Kloster!«
  Eine Gruppe von SuS erklärt als Martin den Eltern seine Entscheidung. Eine andere Gruppe von SuS versucht als Vater von Martin seinen Sohn von der Entscheidung abzubringen.
- Als Ergebnissicherung ergänzen die SuS den Lückentext »Martin trifft eine wichtige Entscheidung« (**M 12**).

Martin geht ins Kloster, er will es Gott recht machen: Das Leben im Kloster

- Erzähl-Impuls: Als Martin Luther bei einem Gewitter im Jahre 1505 fast vom Blitz getroffen wurde, versprach er, ins Kloster zu gehen und Mönch zu werden, wenn er das Gewitter überleben würde. Kurze Zeit später tritt er in Erfurt in ein Kloster ein.
- Forscherfrage: Wie lebt man als Mönch im Kloster? Wie sah wohl das neue Leben von Martin im Kloster aus?
  - DVD »Willi will's wissen«: Warum werden manche Männer Mönche?
    Inhalt: Der Film zeigt auf anschauliche Weise das Leben im Kloster und knüpft an Fragen an, die auch für Martin Luther eine Rolle gespielt haben mögen: 1. Warum entscheiden sich Menschen, in ein Kloster zu gehen? 2. Wie sieht die Mönchskleidung aus und welche Bedeutung hat sie? 3. An welche Regeln halten sich Mönche? 4. Wie und mit welchen Aufgaben verbringen Mönche ihren Tag?
    Anhand des Films informieren sich die SuS in arbeitsteiliger Gruppenarbeit über das Leben im Kloster: 1. Tagesablauf im Kloster, 2. Tätigkeiten eines Mönchs, 3. Regeln im Kloster, 4. Motivation, Mönch zu werden, 5. Aufbau der Klosteranlage.
    Sie gestalten in der Gruppe ein Plakat zu ihrem Thema und stellen es in einem gespielten Interview oder einer Spielszene dar.
  - Alternativ: Erzählimpuls: »Jeder Mönch hatte ein Zimmer, eine kühle und sehr kleine Zelle, in der ein kleines Fenster etwas Licht herein ließ. In der Zelle standen nur ein Holzbett, ein Stuhl und ein Tisch. Die Regeln waren sehr streng. Siebenmal am Tag trafen sich die Mönche zum Gebet. Die Mönche durften nicht lachen und zu bestimmten Zeiten mussten sie schweigen und fasten. Jeder Mönch musste für das Kloster arbeiten, in der Stadt betteln und das erbettelte Geld im Kloster abgeben.«
- Exkursion »Besuch im Kloster«: Die SuS besuchen ein heutiges Kloster. Sie informieren sich vor Ort über dessen Geschichte, erkunden die Anlage und die Funktion der Gebäude, führen mit den Mönchen / Nonnen Gespräche über das Leben im Kloster sowie über die Gründe und Bedingungen für den Eintritt ins Kloster. Anschließend erstellen sie eine Präsentation für die Klasse und führen diese vor. Für die Vorbereitung des Klosterbesuches empfiehlt sich eine Checkliste (Lage des Klosters, An- und Abfahrt, Kosten, Telefonnummern, Begleitmaterial, Gesprächstermin u.a.) und gemeinsam vorbereitete

Interview-Fragen. Außerdem sollten im Vorfeld Aufgaben benannt werden, die während oder im Anschluss an den Besuch bearbeitet werden. Beispielsweise:
1. Zeichnet einen Klosterplan und beschriftet die Räume. 2. Macht Fotos und gestaltet damit eine Ausstellung. 3. Baut die Klosteranlage nach (mit Bauklötzen oder anderem Material). 4. Führt ein Interview mit einem Mönch oder einer Nonne. 5. Stellt das Interview nach bzw. spielt es szenisch vor. 6. Beschreibt den Tageslauf eines Mönchs, einer Nonne. 7. Führt ein Klassengespräch darüber, ob ihr gerne im Kloster leben möchtet – warum, warum nicht? Sprecht über die Vor- und Nachteile des Klosterlebens.

- Die SuS probieren aus, wie das funktioniert, mit einer Feder zu schreiben. Sie schreiben wie die Mönche zu mittelalterlichen Gesängen einen biblischen Text ab und gestalten diesen als Schmuckblatt.
- Heftgestaltung: Die SuS malen ein Kloster und Martin in Mönchskutte als Klosterbruder.
- Gesprächsimpuls: »Das schaff ich nie im Leben!« – Kennt ihr das? Wie ist das, wenn man etwas nicht schafft?
- Erzählimpuls: »Oh je! Ist Gott denn gar nie mit mir zufrieden? – Im Kloster überlegt Martin, wie er es schaffen kann und was er dafür tun muss, dass er Gott recht ist, dass Gott ihn mag und er seine Angst vor Gott verliert.«
  Die SuS schreiben auf, was Martin im Kloster alles tun könnte, um Gott zu gefallen, z.B. sich Mühe geben, so zu leben, dass er keine Fehler macht, alle Klosterregeln einhalten, gute Werke tun, hart arbeiten, beichten, fasten, beten, Bibel lesen – alles, um Gott gnädig zu stimmen.
- Die SuS überlegen, ob Martin es durch sein Leben im Kloster wohl geschafft hat, Gott zu gefallen und in den Augen Gottes »gerecht« zu sein. Sie formulieren mögliche Einsichten Martins, z.B.: »Ich kann mich noch so anstrengen, um Gott zu gefallen, aber ich schaffe es nicht! Immer wieder mache ich etwas, was nicht gut ist. Niemand ist gut genug. Keiner kann es allein aus eigener Kraft schaffen. Ich kann mir die Liebe Gottes nicht erarbeiten …«

- Eingesperrt sein – befreit werden: Fangspiel: Wer befreit mich aus dem Kreis?
- Körperübung: Haltungen des Offenseins und des Verschlossenseins zeigen.
  Impuls und UG: Welche Erlebnisse können uns öffnen, welche verschließen uns? Befreiung erleben – eine Tür geht auf: (Verstandes- und Herzens-)Türen, die sich manchmal ganz plötzlich in uns öffnen können.
- Die SuS malen in einem Bild Angst und Befreiung.
- Denk- und Sprechimpuls: Wer befreit wurde, möchte auch andere befreien.

Die Schülerinnen und Schüler können von Luthers Befreiung aus der Gottesangst – der Angst, vor Gott nicht gut genug zu sein, – erzählen. Die Schülerinnen und Schüler wissen, dass sie und die anderen Menschen mit ihren Schwächen und Fehlern von Gott angenommen sind.

Martin denkt über Gott nach und entdeckt, dass Gott ganz anders ist, als er es gelernt und bisher gedacht und auch geglaubt hat.

- Impuls: Es gibt jemanden, der dich lieb hat. Die SuS äußern zu dieser Aussage ihre ersten Assoziationen und nennen Personen, von denen sie geliebt werden oder sich wünschen, geliebt zu werden, z.B. von der Mutter, dem Bruder, der Oma, …, von Gott, Jesus, … Sie finden weitere Ausdrücke, die mit »geliebt werden« zusammenhängen, und bringen diese mit entsprechender Gestik und Mimik zum Ausdruck.
- Bildergeschichte »Niemand liebt dich« (**M 13a**): Die SuS betrachten die Bilder 1 bis 4 der Bildergeschichte von Walter Kostner. Sie beschreiben, was mit dem Mädchen beim Nachdenken über die Aussage, dass niemand es liebt, auf den Bildern 2 bis 4 passiert (z.B. es wird immer kleiner, schrumpft, versinkt fast im Boden, …). Sie erklären, warum sich das Mädchen so verändert, z.B. weil es nun glaubt, dass es tatsächlich niemand lieb hat. Sie beschreiben aus der Sicht des Mädchens, wie es ihm geht, wenn niemand es lieb hat, wie es über sich selbst denkt (z.B. Ich bin es nicht wert, von jemandem geliebt zu werden) und wie es sich fühlt (z.B. traurig, einsam, alleingelassen, nicht liebenswert, …). Sie nennen Gründe dafür, warum es so wichtig ist, dass jedes Kind und jeder Mensch von jemandem geliebt wird.

Nach dem Betrachten der Bilder 5 bis 8 nennen die SuS mögliche Gründe dafür, warum der Clown auf Bild 5 die Aussage von »Niemand liebt dich!« in »Jemand liebt dich!« verändert. (Zum Beispiel, weil das Mädchen so traurig ist, weil die Aussage so nicht stimmt, weil jeder Liebe braucht und auch verdient, …) und warum das Mädchen auf den Bildern 6 bis 8 von Bild zu Bild wieder größer wird, (z.B. weil Liebe größer macht und wachsen lässt, …).

Alle SuS erhalten ein rotes Tonpapierherz, schreiben auf die Vorderseite ihren Namen und auf die Rückseite, die Namen von Personen, von denen sie gemocht und geliebt werden.

Abschließend geben die SuS den Bildern 1 bis 8 passende Überschriften, erzählen die Bildergeschichte.

- Gesprächsimpuls: Was muss ich tun, um dich als Freund bzw. als Freundin zu gewinnen? Z.B. dir Geschenke machen, es dir recht machen, lieb und nett zu dir sein, … Oder: Nichts, weil du mich magst, so wie ich bin!

- Bild- und Textimpuls: Die SuS betrachten die Zeichnung (**M 13b**) und äußern ihre ersten Gedanken dazu. L präsentiert dann die Sentenz: »Liebe mich, wenn ich es am wenigsten verdiene, denn dann brauche ich es am meisten.« Theologisieren mit Kindern: Wie kann mich jemand gerade dann lieben, wenn ich es am wenigsten verdiene? Muss ich mir die Liebe anderer immer erst verdienen? Anschließend können Bild und Text verglichen werden.

- Arbeit mit dem Bilderbuch »Du bist einmalig« von Max Lucado (s. Literaturhinweise) (vgl. **M 14a**).
  Lehrer-Info: Das Buch von Max Lucado »Du bist einmalig« erzählt die Geschichte der Wemmicks, einem Volk von Holzpuppen. Ihr Leben ist davon bestimmt, dass sie einander Sterne oder graue Punkte verleihen: Ihre Stars, die Schönen, Klugen und Geschickten, erhalten Sterne für ihre Leistungen, während die wenig oder gar nicht Erfolgreichen sich mit grauen Punkten begnügen müssen. Zu ihnen gehört Punchinello; er hat mehr graue Punkte, als er verkraften kann. Erst als eines Tages ein Wemmick-Mädchen namens Lucia seine Neugier weckt, scheint sich etwas zu verändern. Sie hat weder graue Punkte noch Sterne an sich. Die Aufkleber halten einfach nicht. Lucia erzählt Punchinello von Eli, dem Holzschnitzer. Er hat alle Wemmicks gemacht und die Gespräche mit ihm haben Lucia geholfen. Dort hat sie erfahren, dass nicht alle Urteile ihrer Mitwelt essenziell für sie sein müssen. Wirklich wichtig ist ihr etwas anderes geworden …
  In der Auseinandersetzung mit dem Buch können die SuS erste Einsichten in die Rechtfertigungslehre gewinnen, von der Vorstellung einer Rechtfertigung ohne eigene Leistung.

- L stellt zwei Figuren gegenüber: eine schöne, geschmückt mit vielen Sternen und eine weniger schöne, mit vielen grauen Punkten geschmückt. (Alternativ können Abbildungen aus dem genannten Bilderbuch gezeigt werden.) Die SuS beschreiben die beiden Figuren und äußern Vermutungen, warum diese so unterschiedlich aussehen.

- L führt in die Geschichte ein (vgl. **M 14a**) und erzählt den Kindern mithilfe der Bilder des Buches davon, wann und weshalb die Holzpuppen sich einander entweder goldene Sterne oder graue Punkte anheften. Die SuS äußern in ersten Reaktionen ihre Gedanken und Gefühle dazu, z.B.: »Das ist aber unfair« oder »Punchinello hat die vielen grauen Punkte (nicht) verdient«, … Erstes Fazit: Weil Punchinello nicht so gut aussieht, nicht so klug ist, nicht so geschickt ist und nicht so viel kann wie die anderen, bekommt er immer wieder graue Punkte als Aufkleber angeheftet.

- Impuls: Wie fühlt sich Punchinello mit seinen vielen hässlichen grauen Punkten und wie denkt er über sich selbst und die anderen? Z.B.: »Ich fühle mich durch die grauen Punkte sehr unwohl, mein ganzes Denken und Fühlen hängt von den grauen Punkten und den goldenen Sternen ab, die ich ja nie bekomme.« Die SuS gestalten Denk- und Fühlblasen, schreiben die möglichen Gedanken und Gefühle von Punchinello hinein und legen diese zur Figur des Punchinello.

- Die SuS überlegen, was sie als Punchinello tun könnten, um die vielen hässlichen grauen Punkte los zu werden, z.B. sich anstrengen, tolle Dinge tun etc., und schätzen die Erfolgsaussichten für Punchinello bei diesem Vorhaben ein, z.B.: Wenn Punchinello sich nur richtig viel Mühe gibt, dann schafft er das auch. Oder: Das schafft er nie, weil …

- Erzählimpuls: Als Punchinello Lucia trifft, die keine goldenen Sterne, aber auch keine grauen Punkte trägt, weil dies für sie nicht wichtig ist, erhält er von ihr den Rat, Eli, den Schöpfer aller Holzpuppen, zu besuchen. Eli sagt zu Punchinello, dass er einmalig sei und dass er ihm wichtig sei, weil er ihn gemacht habe! Er sagt, dass es wichtiger sei, was er, Eli, denke als alle anderen Wemmicks. Punchinello dürfe seiner Liebe vertrauen.

- Die SuS überlegen, warum bei Punchinello nach der Begegnung mit Eli und dem, was Eli ihm sagt (»Du musst dich vor mir nicht verteidigen. Mir ist das egal, was die anderen denken. Wer sind sie denn, dass sie Punkte verteilen? Wichtig ist, was ich denke. Ich denke, dass du einmalig bist!«), der erste graue Punkt abfällt und was Punchinello braucht, damit auch die restlichen Punkte noch von ihm abfallen können.

- Abschließend und auch vertiefend kann der Text und einige Bilder aus dem Bilderbuch als Videoclip www.youtube.com/watch?v=zYSpn2IMix0den; den SuS gezeigt werden.

- Phantasiearbeit und kreatives Schreiben: Die SuS erinnern sich in einer Phantasiereise (**M 14b**) an Sätze und Worte, die ihnen gut bzw. nicht so gut getan haben, spüren den damit verbundenen Gedanken und Gefühlen nach und schreiben Gott ihre Sorgen, Fragen und Hoffnungen auf. Sie können auch einer Person, die sie verletzt hat, einen Brief schreiben.

- Die SuS singen das Lied: »Wenn einer sagt, ich mag dich du!« (LJ 624).

Martin entdeckt die Liebe Gottes und lernt, Gott neu zu sehen

- Namen für Gott pantomimisch darstellen, erraten und als Bilder gestalten: L erzählt die Geschichte von den ›neuen‹ Namen Gottes (**M 15a**). Die SuS stellen die fünf ›neuen‹ Namen Gottes – 1. Sonne, 2. Wasser, 3. Erde, 4. Luft, 5. Ein in den Armen gewiegtes Kind sowie ihre eigenen ›neuen‹ Namen für Gott pantomimisch dar. Sie wählen den für sie schönsten ›neuen‹ Namen Gottes aus, begründen ihre Wahl und malen zu diesem Gottesnamen ein für sie passendes Bild.

- Erzählimpuls und Bodenbildgestaltung: In seinem Turm auf der Wartburg verbringt Martin schlaflose Nächte – ihm gehen viele Gedanken durch den Kopf und er fragt sich, was er (alles) tun muss, damit er es Gott recht macht. Tag und Nacht liest Martin in der Bibel und macht eines Tages im Brief des Paulus an die Römer eine erstaunliche Entdeckung:
    – Auf einem eher dunklen Tuch in der Kreismitte wird eine Bibel platziert, in der vier nummerierte Kärtchen mit jeweils einer Aussage über Gott eingelegt sind (**M 16a**). Hinzu werden zwei gegensätzliche Gottesbilder (**M 16b**, oben), die noch nicht aufgedeckt sind, gelegt. Die Kärtchen 1 und 2 (von **M 16a**) können auf schwarzes Tonpapier in Tränenform geklebt werden. Sie enthalten Aussagen, die auf einen strafenden Gott zielen. Die Kärtchen 3 und 4 (**M 16a**) können rot und in Herzform gestaltet sein und enthalten Bibelstellen, die einen gnädigen Gott beschreiben.
    – Zunächst werden die beiden schwarzen Kärtchen in Tränenform der Bibel entnommen und vorgelesen.
    – Kärtchen 1: Was ich auch tue, Gott kann ich es nie ganz recht machen; Gott wartet nur darauf, dass ich einen Fehler mache, um mich dann zu bestrafen. Vielleicht kann ich ja durch besondere Anstrengungen Gottes Zorn und Strafe mildern?
    Kärtchen 2: Mit meinen Schwächen und Fehlern kann mich Gott nicht wirklich mögen. Ich muss ein besserer Mensch werden. Gott vergibt mir meine Fehler nur, wenn ich Gutes dafür tue. Ich muss mir die Liebe Gottes erst verdienen.
    – Die Lehrperson deckt die Karikatur eines strafenden Gottes (aus **M 16b**) auf und die SuS erzählen, was sie über die Bibelverse und das Bild von Gott denken.
    – Die SuS gestalten das begonnene Bodenbild (dunkles Tuch, Bibel, Textkärtchen, Bild von Gott) mit ihnen angebotenen Legematerialien (z.B. dürre Äste, dunkle Steine, Herbstblätter, Geldmünzen, Schuldscheine, geschlossene Kette, menschliche Figur oder Smiley, …) und begründen ihre Wahl.
    – Dann werden die roten Kärtchen in Herzform (3 und 4) vorgelesen: Kärtchen 3 (nach Römer 3,24): Gott mag mich so, wie ich bin! Gott nimmt mich so an, wie ich bin, ohne

Wenn und Aber. Ich darf darauf vertrauen, dass ich in Gottes Augen gut und liebenswert bin, trotz aller Schwächen und Fehler. Zu Gott kann ich immer kommen, auch wenn ich etwas falsch gemacht habe. Gott hat mich unendlich und bedingungslos lieb. Gott ist ein liebender Gott, der es gut mit mir meint.

Kärtchen 4 (nach Joh 3,17): Gott ist gütig und vergibt mir! Ich werde – so wie ich bin – von Gott geliebt! Ich muss kein anderer sein, sondern darf mich so annehmen, wie ich bin. Ich muss mir Gottes Liebe nicht erst verdienen. Bei Gott bekomme ich das, was ich brauche, geschenkt / gratis.

- – Schreibwerkstatt »Briefwechsel«: Die SuS lesen einen fiktiven Brief von Martin an seinen Freund Micha (**M 16c**), in welchem er klagt, dass er nicht weiß, wie er es je schaffen soll, dass er für Gott, so wie er ist, mit all seinen Fehlern und Schwächen, recht ist. Die SuS antworten als Micha ihrem Freund Martin auf seine im Brief gestellten Fragen. In ihren Antworten auf Martins Fragen können die SuS den einen oder anderen Gedanken aus **M 16c**, der sie überzeugt, aufnehmen und in ihrer Argumentation anwenden.
- – L kann die Aussagen auf den Kärtchen 3 und 4 in der Du-Formulierung auch als persönliches Segenswort den Kindern zusprechen, z.B.: »Melanie, so wie du bist, bist du Gott recht und wirst du von Gott geliebt! Matthias, Gott meint es gut mit dir, er begleitet und beschützt dich.« Die SuS gestalten mit einem Segenswort, das ihnen am besten gefällt und / oder gut getan hat und einem für sie zum Wort passenden Bild eine Spruch- / Segens-Karte in ihrem Heft.

- Mit den SuS wird nun gemeinsam überlegt, ob das Bild eines strafenden Gottes zu den Aussagen der Kärtchen 3 und 4 noch passt. Die Kinder überlegen, wie Gott nun passend zu den Aussagen der Kärtchen 3 und 4 bildlich gestaltet werden könnte, z.B. mit einem großen und knallroten Herz, als liebender und vergebender Vater u.ä.
- Das dunkle Tuch in der Mitte wird entfernt und das Bild eines gnädigen Gottes (s. **M 16b**, oben rechts) aufgedeckt. Zwischen der Bibel und dem Bild wird eine Kerze entzündet. L fordert nun die SuS auf, das Bodenbild mit passenden Tüchern und Legematerialien (z.B. bunte Steine, geöffnete Kette, goldene Ringe und / oder Perlen, grüne Zweige, Herz, Kreuz, menschliche Figur oder Smiley …) neu zu gestalten und die Wahl ihrer Tücher bzw. Materialien zu begründen.
- Die SuS übertragen ihre Erkenntnisse auf Martin Luther, der Gleiches entdeckt hat. Aus ihren mittelalterlichen Rollen der Marktplatzspielszenen heraus formulieren nun die SuS diese Entdeckung Martins von einem gnädigen Gott in ihren eigenen Worten als Zusage- und Hoffnungssätze auf gelben Tonpapierstreifen, z.B.: 1. Gott mag mich so, wie ich bin, und ohne Wenn und Aber. 2. Gott liebt mich auch mit meinen Schwächen und Fehlern. 3. Bei Gott darf ich auch Fehler machen, Gott liebt mich trotzdem. 4. Ich bin Gott recht, so wie ich bin. 5. Gott vergibt mir immer. 6. Vor Gott brauche ich keine Angst zu haben. Sie legen dann die gelben Satzstreifen mit den Zusage- und Hoffnungssätzen als Sonnen-Strahlen in das neu gestaltete Bodenbild hinein.
- Schreibwerkstatt: In einem Brief an Martin schreiben und malen die SuS, wie sie selbst Gott sehen und denken, und nehmen Stellung zu Martins veränderter Sicht Gottes.
- Die SuS singen und ggf. tanzen das Lied: »Gottes Wort ist wie Licht in der Nacht« (**M 16d**).
- Die SuS beziehen die Unterschiedlichkeit der beiden Gottesbilder auf die beiden Formen einer unbedingten und bedingten Zuwendung (**M 17a**). Sie können anschließend diesen beiden Formen der Zuwendung entsprechende Beispielsätze zuordnen, a) unbedingt: z.B.: »Wie eine Mutter ihr Kind bedingungslos liebt, liebt uns Gott, ohne dass wir uns diese Liebe erst verdienen müssen. Wie die Liebe der Eltern, ist die Liebe Gottes geschenkt. b) Bedingt: z.B.: Meinem Onkel bin ich nur recht, wenn ich …Von Luthers Entdeckung miteinander singen: »Ein feste Burg ist unser Gott« (EG 362) und / oder »Gottes Wort ist wie Licht in der Nacht« (**M 16d**) und / oder »Nun freut euch, lieben Christen g'mein« (EG 341).
- Martin lernt, Gott neu zu sehen: Gott ist ganz anders, als Martin es in der Kirche gelernt hat: Mit Hilfe der Satzkarten aus **M 17b** formulieren die SuS, was Martin durch das

Lesen der verschiedenen Bibelstellen entdeckt und erkannt hat: Gott ist nicht strafend oder rachsüchtig, sondern barmherzig und gnädig. Er vergibt uns, wenn wir etwas falsch gemacht haben. Vor Gott brauche ich keine Angst zu haben! Gott hat mich lieb und sagt »Ja« zu mir. Ich bin Gott recht so, wie ich bin. Gott mag jeden von uns so, wie er ist. Gottes Liebe und Freundlichkeit brauchen wir uns nicht erst zu verdienen! Gott schenkt uns seine Liebe. Gottes Liebe ist gratis. Gottes Liebe ist uns gewiss, keiner kann sie uns wegnehmen … Die SuS suchen sich den für sie wichtigsten Satz aus und gestalten dazu ein Bodenbild.

- Theologisieren mit Kindern zu der Aussage Martin Luthers: »Gott hasst die Sünde und liebt den Sünder«.
- Theologisieren mit Kindern zur Entdeckung Martins anhand folgender Grafik, die schrittweise aufgebaut werden kann (das mittlere Feld zuletzt):

| **Mensch:** Was kann der Mensch und was kann er nicht? ………………… | **Gott** baut die Brücke, nicht der Mensch! | **Gott:** Was kann und tut Gott? ………………… |

Mögliches Fazit: Menschen verhalten sich nicht immer den Geboten Gottes entsprechend. Sie tun immer wieder Dinge, die dem widersprechen, was Gott von uns Menschen erwartet und was gut für uns ist. Dadurch entsteht eine Trennung zwischen Mensch und Gott. Die Trennung zwischen Gott und den Menschen kann allein durch Gott aufgehoben werden. Die Liebe, Gnade und Vergebung Gottes kann nicht durch eigene Werke erworben werden, sie wird uns geschenkt. Wie die Liebe der Eltern ist die Liebe Gottes geschenkt. Gott will nichts für sich. Er will alles für uns. Er will, dass unser Leben gelingt.

- Strukturlegen mit Wortkarten zu Gnade und Strafe: Die SuS überlegen und formulieren mithilfe der »Strukturlegetechnik«, was es bedeutet, dass Gott zu einem Menschen gnädig ist; also genau das, was sich Martin Luther immer von Gott gewünscht hat:
  - Die SuS erhalten verschiedene Wortkarten (**M 18a** ausgeschnitten), die zu den theologischen Begriffen »Strafe« und »Gnade« passen. Diese ordnen sie in Kleingruppen den Begriffen Strafe oder Gnade zu. Je besser eine Wortkarte zu einem der beiden Begriffe passt, umso näher kann sie zu diesem Begriff gelegt werden; je weniger eine Wortkarte zum Begriff zu passen scheint, umso weiter entfernt davon kann sie dann abgelegt werden. Abschließend überprüfen die SuS die gewählten Zuordnungen der Wortkarten zu den beiden Begriffen, ändern diese gegebenenfalls und begründen ihre veränderte Zuordnung. Sie denken darüber nach, welche Wortkarten weshalb ganz nahe beim Begriff Gnade abgelegt wurden und warum sie besonders geeignet sind, die Gnade Gottes zu beschreiben, zu charakterisieren und zu veranschaulichen.
  - In einem zweiten Schritt wählen die SuS aus der Zusammenstellung »Bibelverse über die Gnade Gottes« (**M 18b**) drei Verse aus, die für sie am besten zu Luthers Entdeckung von einem gnädigen Gott passen, und begründen ihre Auswahl.
- Gestaltungsaufgabe: Ergänzend zum Strukturlegen gestalten die SuS den theologischen Begriff der Gnade Gottes künstlerisch.
- Erzähl- und Schreibimpuls zu Lukas 19 »Vom gütigen Vater«: Du bist der Sohn, der sich entschließt, wieder heimzukehren. Vor deiner Rückkehr schreibst du einen Brief an deinen Vater und erzählst, was du bisher alles erlebt hast. Du erklärst, warum du nun wieder nach Hause kommen möchtest und was du bei deiner Rückkehr von deinem Vater erwartest, erhoffst, befürchtest, …
  Die SuS malen ein Bild von einer offenen Tür. In die Tür hinein schreiben sie: »Die Tür zum Vater ist offen« und formulieren gemeinsam eine Zusammenfassung der Erzählung, z.B.: Gott streicht unsere Schuld durch! Wir sind – wie der Sohn im Gleichnis – von Gott angenommen und geliebt.
- Impulsfilm »Die Geschichte vom nutzlosen Hund Guiness« (5 min 30) unter www.youtube.com/watch?v=QtzCoyx8cMQ; als mögliche Ergänzung und Vertiefung zu Mar-

tins Entdeckung eines liebenden und gnädigen Gottes: Ein irischer Bauer macht sich Gedanken über seinen »nutzlosen Hund«. Statt Schafe zu hüten, läuft er vor ihnen weg und verschläft den Rest des Tages. Der Bauer akzeptiert seinen Hund, so wie er ist, und wendet sich ihm liebevoll und geduldig zu.

Mögliche Auswertungsfragen zum Film: Wie würdet ihr den Hund Guiness beschreiben? Was tut er und was nicht? Was kann der Hund alles nicht? Kann er auch etwas? Wovor hat der Hund eigentlich Angst? Wie tritt der Bauer auf? Was erwartet der Bauer von seinem Hund? Wie passen der Bauer und sein Hund Guiness eigentlich zusammen? Mag der Bauer seinen Hund? Welchen Titel würdest du dem Film geben?

Als Leitidee des Films wird das bedingungslose Angenommensein des Hundes herausgearbeitet – du bist mir recht so, wie du bist – und auf den Menschen übertragen: Leben ist niemals »nutzlos«, denn es trägt seinen Sinn in sich selbst. Es ist von Gott gewollt und geliebt!

- Lied: »Immer und überall« (Vom Anfang bis zum Ende) (in: AHR NEU 1./2. Schuljahr, 1. Halbbband, L 1, S. 201).
- Gebet: Luthers Morgen- und / oder Abendsegen (EG Wü S. 1202 / S. 1218, EG Ba 808.1–2 / 814.1).

Die Schülerinnen und Schüler wissen, dass Martin Luther – ermutigt durch seinen neuen Glauben – den Ablasshandel kritisiert, auch seine Mitmenschen von ihrer Gottesangst befreien und die Kirche ändern (reformieren) möchte, dann aber vom Reichstag als Ketzer verurteilt wird.

Martins Protestsätze gegen den Ablass; »Reformationstag« am 31. Oktober 1517!

- Lied: »Ich lobe meinen Gott, der aus der Tiefe mich holt« (LJ 560 / EG Wü 611).
- Erzählimpuls: Die Menschen zur Zeit Martin Luthers glaubten, dass sie nach ihrem Tod für ihre Fehler bestraft würden und in die Hölle kämen. Wenn man aber einen Ablassbrief kaufte, wurde einem versprochen, dass … – doch hört es nun selbst: (**M 19a** wird vorgelesen.)
- Szenisches Spiel: Die SuS spielen die mittelalterliche Marktplatzszene »Der Tetzel kommt«. Dazu erhalten sie **M 19a** und stellen dar, wie Johann Tetzel in die Stadt kommt und das Volk zusammenläuft, nachdem ein Stadtbote die Ankunft Tetzels laut ausgerufen hat. Ein Schüler übernimmt die Rolle des Tetzel. Dieser kommt auf den mittelalterlichen Markt und läuft trommelnd an den Marktständen vorbei. Er sieht den Bäcker, die Magd, den Bettler, den Hufschmied, … (die Marktszene wird wieder aufgegriffen und erinnert), bleibt in der Mitte des Marktes stehen, steigt auf einen Stuhl, wartet bis alle Markthändler und -besucher sich um seinen Stuhl versammelt haben und verliest mit lauter Stimme und von einem Trommelwirbel begleitet den Text aus Tetzels Ablasspredigt (**M 19a**). Während seiner Rede rufen die Zuhörenden: »Oh weh, was soll das werden! Was will der Tetzel von uns«!

  Nach der Rede wird ein dunkles Tuch in die Mitte gelegt. Die SuS formulieren Sorgen und Angstsätze aus den Perspektiven der Menschen im Mittelalter, die Tetzels Rede gehört haben, z.B.: »Das kann ich mir doch gar nicht leisten. Soll ich nun etwas zu essen kaufen für meine Kinder oder das Geld lieber für einen Ablass ausgeben?« Jeder Satz wird von der Lehrperson mit einem Schlag auf einem Tamburin bekräftigt.

  Tetzel schließt dann seinen Auftritt mit den Worten »Wenn das Geld im Kasten klingt, die Seele aus dem Feuer springt« und der Aufforderung an die Menschen auf dem Markt, sich von ihren Sünden freizukaufen. Anschließend sammelt er das Geld ein (Material: Geldscheine). Viele stimmen den Worten Tetzels zu, gehen zu Tetzel und geben ihm Geld. Andere sind von den Worten Tetzels enttäuscht oder darüber wütend, wenden sich ab und geben ihm auch kein Geld.
- Filmsequenz »Tetzel auf dem Marktplatz« und »Ablasspredigt« aus dem »Luther«-Film.
- Streit um den Ablass: Du hast die Rede Tetzels auf dem Markt gehört und schreibst Martin eine SMS über den Auftritt Tetzels und was er in seiner Rede über den Ablass gesagt hat. Martin antwortet dir sofort. Wie reagiert er wohl? (Er beschwert sich heftig über den Verkauf der Ablassbriefe).
- Rollen-Impuls: Du bist Martin. Du bist über die Aussagen Tetzels und seiner Aufforderung, sich von aller Schuld freizukaufen, empört und überlegst dir, was du gegen Tetzels Predigt und Ablasshandel tun kannst, (z.B. auf den Markt gehen und eine Gegen-Rede zu Tetzel halten, einen Beschwerdebrief gegen Ablasspredigt und -handel an den Landesfürsten schreiben).

- »Ich kaufe keinen Ablassbrief, weil …«: Die SuS inszenieren dann Luthers Protestrede gegen Tetzel und seine Ablassbriefe.
  »Ich kaufe einen Ablassbrief, weil …«: Parallel hierzu schreiben andere SuS Verteidigungs-Reden für den Verkauf von Ablassbriefen, die sie in der Klasse vortragen.
  Eine Diskussion der beiden Gruppen mit den gegensätzlichen Positionen kann sich den dargebotenen Reden anschließen.
- Spielszene gestalten: Auf dem Marktplatz begegnen sich Martin Luther, ein Verkäufer von Ablassbriefen und einzelne Marktbesucher. Sie kommen miteinander ins Gespräch. Ein Marktbesucher, der Luther recht gibt, sagt: Kein Mensch kann durch eigene Kraft und durch Einhaltung der Gebote Gott recht sein (Röm 3,20). Ein anderer erklärt: »Gott liebt jeden Menschen – *bedingungslos*.«
- Martins Argumente (Thesen, Protestsätze) gegen den Ablasshandel: Auf einem in der Kreismitte liegenden Plakat tragen die SuS Gegen-Behauptungen zur Rede Tetzels ein, wie z.B.: »Vergebung kann man nicht kaufen; Gottes Liebe kann und muss man nicht kaufen; Gottes Liebe ist ein Geschenk; Gott liebt mich, auch wenn ich Fehler mache; weil Gottes Sohn am Kreuz gestorben ist, ist alles schon bezahlt; Gott will nichts für sich, aber alles für uns. Jeder, dem seine Schuld leid tut, ist mit Gott wieder versöhnt; Tetzel ist nicht Gott; …« und vergleichen ihre Argumente mit den Thesen aus der Rede Luthers (**M 19b**).

Martin vor dem Reichstag in Worms 1521
- Lieder: »Laudate omnes gentes« (LJ 126 / EG181.6); »Ubi caritas« (LJ 421). UG: Wenn mir etwas sehr wichtig ist, kämpfe ich darum: sich für ein Recht / gegen ein Unrecht einsetzen.
- Die SuS formulieren mögliche Protestsätze Luthers gegen den Ablasshandel auf einem Plakat.
- Wichtige Nachrichten übermitteln und veröffentlichen – früher und heute: Martin möchte, dass nicht nur die Menschen in Wittenberg, sondern möglichst viele Menschen in ganz Deutschland, von seinen Protestsätzen erfahren. Die SuS überlegen, wie er das *heute* erreichen könnte (Internet, E-Mail, Zeitung, Fernsehen, Rundfunk …) und wie *damals* (Boten reisen in die großen Städte Deutschlands, überbringen die Botschaft den Bürgermeistern verbunden mit der Bitte, dass diese in einer Bürgerversammlung vor den Rathäusern bzw. auf den Marktplätzen die Botschaft Luthers ihren Bürgern zur Kenntnis geben; es werden Flugblätter gedruckt und verbreitet).
- Szenisches Spiel: In einem Vier-Ecken- und Städte-Arrangement verteilen sich die meisten SuS gleichmäßig auf die Städte, z.B. Köln, Regensburg, Worms und Freiburg. Dazu gibt es Botschafter zu Pferd, die nach tagelangen Ritten die Städte erreichen und die Gegenbehauptungen Luthers den Stadtbewohnern vortragen. Diese klatschen und jubeln ihnen zu, bevor ein anderer Botschafter die nächste Stadt aufsucht und der Vorgang sich noch drei Mal wiederholt.
- Erzähl-Impuls: Martins neue Sicht Gottes als gnädiger, gütiger und barmherziger Gott ermutigt ihn zum Kampf gegen den Ablass: Er schreibt 95 Protestsätze gegen den Ablass und schlägt diese an die Kirchentür in Wittenberg an (**M 20**).
  Die SuS sprechen in Kleingruppen über die vier Protestsätze Luthers. Sie überlegen sich, in welchen Punkten die katholische und / oder die evangelische Kirche sich heute ändern müssten, formulieren und schreiben eigene Protestsätze und tragen diese Protestsätze der Klasse vor.
- Erzähl- und Sprechimpuls: Viele Menschen freuten sich über Luthers Predigten. Aber nicht alle. Wer ärgerte sich wohl über Luthers Predigten? – Die SuS überlegen, wie die Machthaber, denen Martin das Geschäft verdirbt, die das Geld aus dem Ablasshandel dringend benötigen, ja es schon fest eingeplant haben, auf Martins Gegenbehauptungen wohl reagieren (→ Luther muss weg, er hetzt die Leute auf, er muss außer Landes, er sollte angeklagt und vor Gericht gestellt werden, …).
- Szenisches Spiel: Die Gegner Luthers (z.B. ein Abgesandter des Papstes, ein Freund Tetzels, hohe Kirchenfürsten u.a.), die seine Botschaft in den Städten gehört haben, treffen sich an einem geheimen Ort, um zu überlegen und zu entscheiden, was mit Luther geschehen soll.

Martin widerruft nicht!

- Die SuS formulieren ein Einladungsschreiben an Martin Luther zum Reichstag nach Worms. Sie überlegen zuvor gemeinsam in der Klasse, welche Form (Anrede, Siegel, Absender, Datum, Anschrift) und welche Inhalte (Betreff, Vorwürfe der Gegner Luthers, Zielsetzung der Anhörung) dieses Schreiben haben sollte.
- Bild- und Erzählimpuls: Die SuS betrachten das Gemälde von Anton von Werner »Luther auf dem Reichstag zu Worms 1521« (**M 21a**) oder das Historiengemälde von Paul Thumann »Luther in Worms« (**M 21b**). Sie entdecken Personen und Personengruppen, z.B. Martin Luther, einen Gesandten des Papstes, den Kaiser, Fürsten, Anhänger und Gegner Luthers, und gestalten Denk- und Sprechblasen für diese Personen. Sie schreiben dort hinein, was die Personen bzw. Personengruppen im Bild wohl denken, fühlen und sagen könnten, z.B.: »Das ist doch eine Frechheit, was der Luther da behauptet, er zweifelt die Autorität der Kirche an, wir sollten ihn zum Schweigen bringen, er wiegelt sonst noch das Volk auf, er hat sowieso schon zu viele Anhänger, …«
- Stuhl-Arrangement: Die Reichstagssituation wird nachgespielt: Luthers Protestsätze werden in die Mitte gelegt (**M 20**, auf DIN A3 kopiert). Ein Schüler sitzt als Martin vor der Klasse auf einem Stuhl. Alle weiteren Stühle im Klassenzimmer werden verkehrt herum zu einem Kreis um Martin gestellt. Martin wird dann gefragt, ob es sich um seine Sätze handelt und ob er etwas von seinen Protestsätzen widerrufen wolle. Einzelne Schüler treten vor und lesen die Forderungen der Gegner Luthers (Gelehrte, Fürsten, Kaiser Karl V.) mit vorbereiteten Textkarten vor, z.B.: »1. Martin Luther, wir verlangen, dass du mit deinen Predigten aufhörst, die nur Unruhe stiften. 2. Wenn du unseren Ablasshandel nicht mehr störst, lassen wir dich auch in Ruhe. 3. Martin Luther, sprich uns nach: Ihr habt recht, was ich predige ist falsch.«
- Erzählimpuls: Martin bittet um Bedenkzeit. Der Papst in Rom, der Kaiser und einige deutsche Fürsten gehen davon aus, dass Martin alles zurücknimmt, was er gesagt und geschrieben hat.
- Drei-Stuhl-Methode / Doppeln: »Hier stehe ich und kann nicht anders«: Verschiedene SuS antworten auf die Forderungen der Gegner an Luthers Stelle, indem sie die Positionen des Ja-Stuhles (z.B. »Ich widerrufe, weil …«) und des Nein-Stuhles, (z.B. »Ich widerrufe nicht, denn, … es steht alles so in der Bibel, wie ich es sage. Kein Papst und keine Mehrheit können mich überzeugen. Ich folge allein der Bibel und meinem Gewissen vor Gott …«) übernehmen und laut aussprechen. Martin sitzt auf dem mittleren Stuhl. Er hört sich die Pro- und Contra-Argumente an, fasst dann die Vor- und Nachteile der beiden Positionen zusammen und erklärt nach reiflicher Überlegung der Versammlung seine begründete Entscheidung, z.B.: »Ich bleibe bei meiner Entscheidung, weil …; Solange mir …«
- Alternativ zum Agieren aus dem Stuhl-Arrangement kann das folgende Rollenangebot gemacht werden: Du bist Martin. Martin, was denkst und fühlst du, wenn du die Forderungen deiner Gegner hörst, und was wirst du darauf antworten? (Z.B.: »Solange mir keiner das Predigen verbietet oder das Gegenteil beweist, bleibe ich dabei! Kein Papst und keine Mehrheit können mich überzeugen. Ich folge allein der Bibel und meinem Gewissen vor Gott. Soll ich denn immer nur den Mund halten, gegen meine Überzeugung handeln und es nur den großen und mächtigen Herren recht machen?«)
- Ergänzend: Filmausschnitt – Szene 12 aus dem Film »Luther« (s. Medienhinweise).
- In der Rolle des Kaisers lesen die SuS im Wechsel und mit kräftiger Stimme auf Kärtchen vorbereitete Texte zur Verurteilung und Ächtung Luthers durch den Kaiser aus dem Wormser Edikt vor: »Niemand darf dem Luther zu trinken oder zu essen geben! Niemand darf ihn beherbergen! Alle seine Bücher sollen verbrannt werden! Jeder darf ihn straflos gefangen nehmen, ja ihn sogar töten! Ich erkläre Luther für vogelfrei!«

Martin wird aus der Gemeinschaft der Kirche ausgeschlossen.

- Anfang 1521 wird Martin Luther aus der Kirche ausgeschlossen.
  Erzählimpuls und Inszenierung: Ein Bote des Papstes überbringt Martin Luther die päpstliche Bannbulle, ein Schreiben, mit dem Luther aus der Kirche ausgeschlossen

Mit Martin Luther entdecken, dass wir vor Gott keine Angst zu haben brauchen

wird. In der Rolle des Martin zerreißt ein Schüler die Bannbulle und will soeben die Versammlung – den Kreis und den Klassenraum – verlassen, als er von zwei Schülern ergriffen und aus dem Kreis der Versammelten als Verurteilter abgeführt wird. Die Lehrperson begleitet die Szene mit folgenden Worten: »Für Martin Luther ist kein Platz mehr in der (römisch-katholischen) Kirche«, und mit einer Drohgebärde an Martin gewandt: »Martin Luther, hinaus und hinweg mit dir!«

- Martins Schriften werden von Papst Leo X. verboten und sollen vernichtet werden. Die SuS überlegen, was sie als Martin und als seine Anhänger tun können, um die gedruckten Schriften weiter unter das Volk zu bringen, ohne dass sie beschlagnahmt werden. Sie formulieren einen Drei-Punkte-Plan.

- Singen: »Laudate omnes gentes« (LJ 126 / EG181.6); »Ubi caritas« (LJ 421)
- Jedes Kind überlegt für sich: Wo fühle ich mich sicher, wenn es gefährlich wird.
- Bilder von Geborgenheit malen und ausgewählten Psalmversen der Geborgenheit zuordnen.

Von einem starken Freund beschützt werden

- Die SuS überlegen als Freunde Luthers, wie man Luther nach der verhängten Reichsacht helfen könnte, und schreiben ihre Vorschläge in einem Brief an Fürst Friedrich den Weisen auf, z.B.: Martin Luther sollte sich verstecken, untertauchen, außer Landes gehen, …
- Erzähl- und Spielimpuls »vogelfrei«: Auf dem Rückweg vom Reichstag zu Worms lieferte sich Martins Kutsche mit einer vermeintlichen Räuberkutsche ein knappes Kopf-an-Kopf-Rennen. Später stellte sich heraus, dass die »Räuber« von Kurfürst Friedrich dem Weisen beauftragt waren, eine Entführung vorzutäuschen, damit der »vogelfreie« Luther nicht umgebracht würde. Doch der Kutscher von Martin Luther wusste das nicht und fuhr um sein Leben …
  Die SuS antizipieren den weiteren Handlungsverlauf, je nachdem, welche Kutsche das Kopf-an-Kopf-Rennen gewinnt. Sie stellen die möglichen Ausgänge und deren Folgen für Martin Luther in kurzen Spielszenen dar.
- Alternativ: Spiel »vogelfrei«: Der Überfall auf Luther und Luthers Entführung auf die Wartburg werden nachgespielt: Martin verlässt alleine die Stadt (die Kreismitte), außerhalb der Kreismitte kauern am Rand versteckt fünf bis zehn SuS: Als Martin diese erreicht, stürzen sie sich auf Martin, überwältigen ihn, nehmen ihn gefangen und führen ihn ab.
- Gesprächsimpuls und Ergebnissicherung: »Wie geht Martins Leben nach dem Anschlag seiner 95 Protestsätze und seiner Verbrennung der Bannbulle weiter?« Die SuS fassen zusammen, was sie gelernt haben. Dann ordnen sie die Textabschnitte in **M 22** nach ihrer zeitlichen Reihenfolge und kleben sie ins Heft.

Martin lebt und arbeitet als Junker Jörg auf der Wartburg

- Martin lebt nun als »Junker Jörg« auf der Wartburg. Die SuS betrachten Bilder zur Wartburg (**M 23**) (weitere Bilder: http://www.schulportal-thueringen.de/web/guest/media/detail?tspi=1925) erzählen davon, was es alles auf einer Burg zu sehen gibt und wie es sich wohl dort leben lässt.
- Lied: »Ich lobe meinen Gott, der aus der Tiefe mich holt« (EG 611 Wü / EG 585 Ba).
- Geheimbotschaft: Die Lehrperson stellt einen Korb, der mit Obst oder Süßigkeiten gefüllt ist, gut sichtbar für die Kinder auf das Lehrerpult und bietet den Kindern in einer fremden Sprache an, sich aus dem Korb ein Stück Obst bzw. eine Süßigkeit zu nehmen. Da die Kinder die Lehrperson aber nicht verstehen, können sie das attraktive Angebot auch nicht annehmen. L erklärt anschließend den Kindern, was sie ihnen gesagt hat und welches Angebot sie ihnen damit gemacht hat. Nachdem die erste Empörung der Kinder sich gelegt hat, denken sie über den Sinn der Übung nach: Man kann ein Angebot nur annehmen, wenn man es auch versteht! Auch die »Frohe Botschaft«, das Angebot der Liebe Gottes, muss man verstehen. Am besten ist, wenn man diese Botschaft, das »Evangelium« in der Bibel selbst lesen kann!

Die Schülerinnen und Schüler wissen, dass Martin Luther auf der Wartburg die Bibel ins Deutsche übersetzt hat, damit das ganze Volk die Bibel selbst lesen und verstehen kann. Sie können erklären, wie Luthers neue Ideen zu einer neuen Kirche (Konfession) geführt haben.

- Anschließend können die SuS das Angebot der Früchte / Süßigkeiten dann doch noch wahrnehmen.
- Eine Kiste mit unterschiedlichen Bibelausgaben, auch mit einer hebräischen Bibel und einem griechischen Neuen Testament und möglichst auch mit einer Faksimile-Ausgabe, wird von den Kindern ausgepackt und erforscht. Neben den Vollbibeln sind auch Kinderbibeln dabei. Die SuS entdecken die Texte mit alten Handschriften, staunen über die Kunstfertigkeit, stellen aber auch fest, dass sie einige Texte gar nicht lesen können. L liest einen Vers aus der Bibel in lateinischer Sprache vor, die SuS verstehen nur »Hokus Pokus«.
- Einen Forderungskatalog erstellen: Stelle dir vor, du besuchst einen Gottesdienst, in dem der Pfarrer in einer fremden Sprache predigt. Du verstehst nichts! – Wie fühlst du dich? Anschließend möchtest du in der Bibel den Predigttext nachlesen, doch du musst feststellen, dass auch die Bibel in dieser fremden Sprache gedruckt ist. Formuliere ein Schreiben an den Pfarrer, die Kirchenleitung oder die Bibelgesellschaft, mit Forderungen, die helfen können, diese Situation zu ändern.

Martin übersetzt die Bibel, die in hebräischer, griechischer und lateinischer Sprache aufgeschrieben war, ins Deutsche

- Forscher-Aufgabe: Warum war es für Luther so wichtig, die Bibel ins Deutsche zu übersetzen? Mögliches Fazit der SuS: Alle Menschen in Deutschland sollen selbst in der Bibel von Gottes Liebe lesen können und auch verstehen, was sie da lesen. Die SuS vergleichen wie Martin in seinem Studierzimmer auf der Wartburg den Gleichnistext vom »Gütigen Vater« (Lk 15,11–32) in deutscher, hebräischer und griechischer Sprache. Sie übersetzen dann den Bibeltext von der Kindersegnung (Mk 10,13–16) in ihren eigenen Dialekt (ins Schwäbische oder ins Badische) und lesen sich ihre Textfassungen gegenseitig vor.
- Die SuS überlegen, wie Martin Luther es erreichen kann, dass nun möglichst viele Menschen die Bibel in deutscher Sprache bekommen. Sie müssen auch die Möglichkeit erhalten, lesen zu lernen, damit sie die Bibel selbst lesen können. Die SuS stellen einen »Drei-Punkte-Plan« dazu auf.
- Um eine PR-Aktion für die neue Lutherbibel zu starten, gestalten die SuS Werbeflugblätter, Werbeplakate, Flyer …, in denen zum Ausdruck gebracht wird, warum es wichtig ist, eine eigene Bibel zu besitzen. Abschließend werden die Plakate im Klassenzimmer ausgestellt, betrachtet, gewürdigt, vorgestellt und auf Nachfrage erläutert.
- Erzähl- und Gestaltungsimpuls: Johannes Gutenberg erfand kurz vor dem Beginn der Reformation den Buchdruck. Dies war einer der wesentlichen Gründe dafür, dass Luthers Bibelübersetzung so erfolgreich war. Sie konnte gedruckt werden und brauchte nicht mehr per Hand abgeschrieben zu werden. So konnte die Bibel in großer Zahl vervielfältigt und verteilt werden. Dennoch war auch das Gießen und Setzen der Buchstaben ein aufwändiges Geschäft.
  Die SuS wählen sich einen Bibelvers aus, den sie drucken möchten, schnitzen alle dafür benötigten Buchstaben aus Kartoffeln aus und bedrucken damit ein Luther-Poster oder ein Luther-Shirt.

Evangelische und katholische Christen – Ökumene

- Bildbetrachtung und Erzählimpuls: Die SuS betrachten die beiden Bilder vom Innenraum einer evangelischen und einer katholischen Kirche (in der **UE »Kirche«, M 8a, S. 130**). Trotz getrennter Konfessionen gibt es viele verbindende Gemeinsamkeiten des Glaubens: Christen glauben an den dreieinigen Gott und an das Evangelium (die geschenkte Gnade Gottes), sie sprechen das gleiche Glaubensbekenntnis. Die SuS schreiben die in den beiden Bildern erkennbaren Gemeinsamkeiten (wie z.B. Bibel, Altar, Taufbecken, Gemeinschaft, Jesus Christus: Kreuz und Auferstehung, …) neben die Bilder der beiden Kirchenräume. Im UG wird die gemeinsame Aufgabe evangelischer und katholischer Christen ergänzt: Sich für den Erhalt der Schöpfung, für Frieden und Gerechtigkeit einzusetzen.
- Wie Martin Veränderungswünsche für die Kirche vor Ort formulieren, vortragen und begründen: Die SuS überlegen sich in Kleingruppen, was sie in ihrer Kirchengemeinde gerne erneuern möchten und formulieren ihre Veränderungswünsche auf Moderations-

karten. In einem Gespräch mit der Gemeindpfarrerin (oder ggf. auch im Rahmen einer Kirchengemeinderatssitzung) können sie ihre Wünsche vortragen und im Gespräch erläutern.

- Lied singen: »Herr, gib mir Mut zum Brücken bauen« (LJ 552 / EG Wü 649) oder: »Lasst uns miteinander« (LJ 403).
- Die SuS gestalten ein Poster zum Thema »Martin Luther – evangelisch – katholisch«.
- Einen gemeinsamen ökumenischen Gottesdienst oder eine ökumenische Feier in der Klasse vorbereiten und miteinander feiern.

- Erzählimpuls: Katharina von Bora ist Nonne. Als sie von Luthers Ideen hört, möchte sie nicht länger im Kloster bleiben. Sie flieht mit anderen Nonnen aus dem Kloster. Sie begegnet Martin Luther. Nach einiger Zeit heiraten Katharina und Martin. Als »Käthe Luther« führt sie einen großen Haushalt.
- UG: Wappen sind seit dem Mittelalter Symbole für eine Person oder eine Familie. Sie können Wichtiges über die jeweiligen Personen ausdrücken.
  Überlege: Martin Luther möchte das, was ihm wichtig ist, in einem Wappen darstellen. Wie sähe das Wappen wohl aus? Welche Bilder und Zeichen würde Martin wohl verwenden? (Z.B. die Bibel, ein Kloster, eine Burg, seinen und Katharinas Ehering ...) Zeichne ein Wappen für Martin Luther!
- L verteilt vorbereitete Karten, auf denen jeweils nur ein Element der Lutherrose zu sehen ist: schwarzes Kreuz, rotes Herz, weiße Rose, goldener Ring. Die SuS schreiben ihre Gedanken und Gefühle, die sie zum dargestellten Bildelement haben, auf. Die Karten werden eingesammelt, sortiert und unter den Begriffen für die einzelnen Elemente an der TA befestigt und vorgelesen.
- Die SuS erhalten eine Kopie der Lutherrose (**M 24**) und erkennen die einzelnen Elemente im Wappen von Martin Luther wieder. (Farbige Version im Anhang S. 223).
- Nachdem die Bedeutung der Symbole und der Farben (schwarzes Kreuz – Jesu Tod; rotes Herz – Liebe Gottes; weiße Rose – weiß als Farbe für Gottes Geist, der Reinheit und als Farbe der Engel; blauer Zwischenraum – Himmel; goldener Ring – Gold ist die Farbe Gottes) in ihrer Bedeutung geklärt ist, ordnen die SuS Farben und Symbole einander zu und malen ihre Kopie des Wappens entsprechend aus. (Farbige Version im Anhang S. 223).
- Die SuS schnitzen das Wappen der Lutherrose in einen Kürbis hinein. Die SuS können auch ein Lutherrosen-Licht bzw. eine Luther-Laterne gestalten, indem sie Lutherrosen auf helles Pergamentpapier malen.
- Die SuS gestalten für sich selbst ein eigenes Wappen, bestehend aus vier Vierteln: 1. und 2.: Initialen ihres Namens, 3.: gute Eigenschaft / Fähigkeit, 4.: Leitspruch oder Zukunftswunsch. Die Wappen werden gegenseitig vorgestellt und als Wappenwand oder Wappencollage gestaltet.
- Lied: »Herr, wir bitten, komm und segne uns« (LJ 392 / EG Ba 610 / EG Wü 565).
- Die SuS erstellen eine Reiseroute mit den Wegstationen Martin Luthers: Sie gestalten Martin-Luther-Fußspuren, beschriften sie als Wegstationen und schreiben dazu eine »Ansichtskarte«, auf der sie die Bedeutung dieser Station aus der Sicht Martins formulieren.
- SuS-Statements über Martin Luther: »Das gefällt mir an Martin Luther, ...« Z.B.: ..., dass er so mutig war, Dinge, die nicht in Ordnung waren, anzusprechen; ..., dass er den Mut hatte, das zu sagen, woran er wirklich glaubte und auch woran nicht; ..., dass Martin die Freiheit und die Kraft hatte, für die von ihm erkannte Wahrheit vor jedermann, auch vor mächtigen Gegnern, einzustehen; ...
  »Das gefällt mir an Martin Luther nicht so gut, ...« Z.B.: ..., dass er so Vieles kritisiert hat; ...
- Einen Projekttag zur Reformation in der Klasse oder in der Schule miteinander gestalten: Ein mittelalterlicher Ausrufer im entsprechenden Gewand, begleitet von Trommeln und Trompeten verkündet unüberhörbar den Beginn des Tages. Dann finden verschiedene Projektaktivitäten statt, z.B.: Die SuS bauen eine Wartburg, basteln Burgfräuleinhüte, Steckenpferde und Schilder mit der Lutherrose, lösen ein Lutherquiz und führen

Die Schülerinnen und Schüler können die Elemente der Lutherrose – Herz, Kreuz, Rose, Hintergrund, Ring – benennen, kreativ gestalten und die Bedeutung der Elemente und ihrer Farben darstellen.

eine Lutherlieder-Hitparade durch. Über folgende Lutherhits wird abgestimmt: Vom Himmel hoch, da komm ich her; Nun komm, der Heiden Heiland; Gelobet seist du, Jesu Christ; Ein feste Burg ist unser Gott; …

Die Schülerinnen und Schüler können darstellen, was neu gelernt wurde.	<ul><li>L legt in die Kreismitte folgende Bilder und Gegenstände: Martin Luther als Mönch, als Junker Jörg und als Reformator; ein Bild von Katharina von Bora; eine Abbildung der Wartburg, eine Bibel, ein Gesangbuch, eine Mönchskutte, ein kurzes Lutherzitat, ein Bild der Schlosskirche zu Wittenberg, eine »Bann-Bulle«, ein Papstbild, einen Ablassbrief, das Cover eines Lutherfilms und die Lutherrose. Jeder wählt ein Bild oder einen Gegenstand aus und erzählt, was sie / er dazu weiß, insbesondere was der Gegenstand / das Bild mit Martin Luther zu tun hat.</li><li>Die SuS können das Lebensgefühl der Menschen im Mittelalter sowie deren Lebensverhältnisse mit Hilfe der Wortkarten »Armut«, »Angst vor Krankheit und Gefahr«, »schwere Arbeit«, »Angst vor einem strafenden Gott, dem Gericht und der Hölle« beschreiben.</li><li>Die SuS können die wichtigsten Orte im Leben Luthers (Eisleben, Mansfeld, Erfurt, Wittenberg, Worms, die Wartburg in Eisenach) auf einer Landkarte lokalisieren und anhand einer Station, z.B. Martin in Erfurt im Kloster, über deren Bedeutung für das Leben und den Glauben Martins sprechen.</li><li>Entsprechend der Lebensstationen Martins (Geburt, Schule, Studium, Gewittererlebnis, Kloster, Universität, 95 Thesen, Reichstag in Worms, Wartburg, Eheschließung, Tod) erhalten einige SuS eine Bild- oder Stationskarte und stellen sie vor. Sind alle Karten präsentiert, stellen sich diese SuS in der Reihenfolge der Lebensstationen Martins auf. Die übrigen SuS können im Bedarfsfall Regieanweisungen geben oder anschließend korrigieren.</li><li>Die SuS können das Beziehungsgeflecht von Personen, die Martin nahe standen (Katharina von Bora, Friedrich der Weise, …) oder sich in Gegnerschaft zu Martin befanden (z.B. Kaiser, Papst, Tetzel …) in einem Boden- oder Tafelbild entsprechend der Nähe bzw. Distanz zu Martin gestalten und erläutern.</li><li>Die SuS können eine biblische Geschichte (z.B. Lk 15,11–32 oder Lk 19,1–10) nacherzählen, die von der Liebe Gottes zu den Menschen handelt.</li><li>Die SuS können die Bedeutung zentraler Begriffe wie z.B. »Angst, Schuld, Fegefeuer, Gericht Gottes, gute Werke, Ablass, Gnade, …« in eigenen Worten, in einem Standbild oder in einer kurzen Spielszene darstellen und das im Mittelalter vorherrschende Gottesbild beschreiben.</li><li>Die SuS können Martins gewandeltes Gottesbild beschreiben und auf eine biblische Geschichte beziehen.</li><li>Die SuS können von der Entstehung der Evangelischen Kirche durch Martin Luthers Wirken erzählen.</li><li>Die SuS können darstellen, was ihnen an Luther gefällt und was ihnen weniger gefällt und was davon für sie persönlich wichtig ist.</li></ul>
Literatur und Medien zur Unterrichtsgestaltung	**Fachliteratur** <ul><li>Barth, Hans-Martin: Die Theologie Martin Luthers. Eine kritische Würdigung, Gütersloher Verlagshaus, Gütersloh 2009</li><li>Dieterich, Veit-Jakobus: Martin Luther: Sein Leben und seine Zeit, dtv, München 2008</li><li>Feldmann, Christian: Martin Luther, Rowohlt Verlag, Reinbek 2009</li><li>Hermann, Inger: »Halt's Maul, jetzt kommt der Segen«, Calwer Verlag, Stuttgart [10]2011</li><li>Kaufmann, Thomas: Martin Luther, C.H. Beck Wissen, München [2]2010</li><li>Martin Luther: Der Mensch vor Gott. Lateinisch-deutsche Studienausgabe, Hg. von Wilfried Härle, Evangelische Verlagsanstalt, Leipzig 2006</li><li>Scharffenorth, Gerta: Den Glauben ins Leben ziehen … – Studien zu Luthers Theologie, LIT Verlag, Reihe: Entwürfe zur christlichen Gesellschaftswissenschaft, Band 27, Münster [2]2013</li></ul>

- Schilling, Heinz: Martin Luther – Rebell in einer Zeit des Umbruchs. Eine Biographie, C.H. Beck München 2013
- Schorlemmer, Friedrich: Hier steh ich – Martin Luther, Aufbau Verlag, Berlin 2003
- Zitelmann, Arnulf: »Widerrufen kann ich nicht«. Die Lebensgeschichte des Martin Luther, Beltz & Gelberg, Weinheim 1999

Unterrichtsmaterialien

- Grundschule Religion: Martin Luther. Nr. 17, 3/2011
- Feil-Götz, Elvira / Petri, Dieter / Thierfelder, Jörg: Martin Luther und seine Zeit – Materialien für die Grundschule, Calwer Verlag, Stuttgart 1999
- Freudenberger-Lötz, Petra: Kraftstrahl von Gott; Sündenvergebung – ein Thema für die Grundschule, in: entwurf 4/2004, S. 15
- Koerrenz, Marita: Der Mensch Martin Luther – Eine Unterrichtseinheit für die Grundschule, Vandenhoeck & Ruprecht, Göttingen 2011
- Küstenmacher, Werner Tiki: Tikis Evangelisch-Katholisch-Buch, Calwer Verlag, Stuttgart ²2013
- Landgraf, Michael: Reformation. ReliBausteine sekundar, Calwer Verlag, Stuttgart 2008
- Lutherfilm zur ChurchNight: www.youtube.com/watch?v=B7hTlzrtVRY&feature=youtu.be
- Schwarz, Angela / Kalmbach, Sybille (Hg.): Arbeitshilfe ChurchNight: hell.wach.evangelisch Reformation 31.10, ejw, Stuttgart 2009. Ideen für ChurchNight-Veranstaltungen: Die Arbeitshilfe bietet einen übersichtlichen, kurzen Aufriss und Grundinformationen. Texte, Materialien, Details und Fotos sind auf die CD-ROM ausgelagert.
- Steinwede, Dietrich: Martin Luther. Leben und Wirken des Reformators, Patmos, Düsseldorf 2006

Bilderbücher zu Martin Luther

- Brandt, Susanne / Lefin, Petra: Die Geschichte von Martin Luther. Das Bildkartenset für unser Erzähltheater (Kamishibai) zur Luther-Dekade. Don Bosco Verlag, München 2013
- Junker, Elke / Horst, Stefan: Martin Luther. Kaufmann Verlag, Lahr 2007
- Küstenmacher, Werner Tiki: Der Anschlag in Wittenberg und andere rätselhafte Rate-Bilder rund um Luthers Reformation, Claudius-Verlag, München ⁶2012
- Lucado, Max: Du bist einmalig, Hänssler-Verlag, Holzgerlingen ⁴2005
  Jeden Tag tun die Wemmicks, das kleine Völkchen von Holzpuppen, dasselbe; sie stecken einander goldene Sternchen oder graue Punkte an. Die Schönen – die mit glattem Holz und strahlenden Farben – bekommen immer Sternchen. Auch die Begabten. Die anderen aber, die nicht so viel können oder deren Farbe schon abblättert, erhalten hässliche graue Punkte. So wie Punchinello. In dieser herzerwärmenden Geschichte von Max Lucado, hilft der Holzschnitzer Eli Punchinello zu erkennen, wie einmalig er ist – ganz egal, was die anderen Wemmicks von ihm denken. Dieses Wissen ist für Kinder (und auch für Erwachsene) wichtig: Egal, wie die Welt sie sieht, Gott liebt jedes von ihnen genau so, wie es ist.
- Neumann, Frank: Von Martin Luther den Kindern erzählt, Butzon & Bercker, Kevelaer 2008

Quiz und Spiele

- EKD-Quiz »Martin Luther. Stationen eines Lebens«: www.ekd.de/luther/start.html
- Das Martin-Luther-Quiz: www.kidsweb.de/quis/luther_quiz/luther_quiz.html
- »Martin Luthers Abenteuer« ein neues Spielangebot auf www.kirche-entdecken.de; Ein Luther-Spiel für PC und Smartphone. Das Spiel ist mit Mitteln der EKD gefördert und richtet sich im Rahmen der Lutherdekade an Kinder im Grundschulalter. Damit das Spiel nicht nur am heimischen PC funktioniert, wird für die Nutzung mit mobilen Endgeräten auch eine kostenlose App (iOS/Android) zur Verfügung gestellt.
- Rieper, Anke: Luther-Spiele. 33 Aktionen rund um den Reformator, Neukirchener Aussaat, Neukirchen-Vluyn 2012

- Steinhöfel, Dietlind / Hess, Stefan: Luther-Quiz 99 Fragen und Antworten zu Martin Luther und der Reformation, Kaufmann Verlag, Lahr ²2008

Internetseiten
- http://de.wikipedia.org/wiki/Martin_Luther
- www.luther.de; www.luther2017.de; www.wittenberg.de;
- www.heiligenlexikon.de/BiographienM/Martin_Luther.html;
- www.hallo-luther.de Die Website bietet eine Informations- und Ideensammlung rund um Martin Luther und den Reformationstag. Unter www.evlka.de/halloluther/content. php3?contentTypeID=199 finden sich Informationen, wie man auf einen weiteren, passwortgeschützten Bereich gelangt.
- www.lutherbonbon.de Lutherseite für Kinder: Diese Website rund um Martin Luther und den Reformationstag bietet vielfältige Informationen, Spiele sowie Luther-Artikel zum kostenpflichtigen Bestellen.
- www.lehrer-online.de/luther.php Unterrichtseinheit zum Thema Martin Luther / Reformationstag für die Klassen 4 bis 6 mit acht Lernstationen, an denen das Thema multimedial und kreativ erarbeitet wird.
- www.planet-schule.de/stadt-im-mittelalter Lernsoftware zur Stadt im späten Mittelalter; auch als DVD erhältlich.
- www.schulportal-thueringen.de/web/guest/media/detail?tspi=1925 Bildersammlung zur Wartburg (20 Bilder) des Thüringer Schulportals.
- www.theology.de/theologie/fachbereiche/kirchengeschichte/reformation.php

Filme
- DVD »Finderlohn«. 19 Min., Kurzspielfilm, Deutschland 2008
  Film zum Thema Schuld und Vergebung. Inhalt: Drei Mädchen im Grundschulalter finden im Klassenraum den Geldbeutel ihres Lehrers. Sie entnehmen das Bargeld und geben es für Süßigkeiten aus. Der weggeworfene Geldbeutel wandert dann mit dem übrigen Inhalt – Ausweis, Fahrkarte, EC-Karte u.a. – durch Berlin und wird von weiteren Personen ausgeplündert. Erst als die Kioskinhaberin, eine Bekannte des Lehrers, die drei Mädchen zur Umkehr bewegt, machen die Kinder sich auf, die Tat zu gestehen.
- DVD »Willi will's wissen«: Warum werden manche Männer Mönche?, 25 Min., Deutschland 2006
  Die Filme der Reihe »Willi will's wissen« zeichnen sich aus durch eine gute Mischung von sachlicher Information, lockerer Aufarbeitung und sympathischer Identifikationsfiguren. Willi geht ins Kloster, um zu erfahren, wie der Alltag eines Mönchs aussieht.
- DVD-complett: Wer schlug die Thesen an die Tür? Martin Luther und die Reformation. Dokumentarfilm von Christiane Streckfuß aus der Reihe »Willis VIPs«. 27 Min., Deutschland 2008, FSK: Lehrmittelfreigabe. Empfohlen ab 8 Jahren
  Hauptbestandteil der DVD ist ein halbstündiger Film, der im Rahmen der Kindersendung »Willis VIP's« vom Bayrischen Rundfunk produziert wurde. Ergänzt wird der Film durch verschiedene Zusatzmaterialien u.a. Videosequenzen, Hörstücke, Lieder zum Mitsingen und Unterrichtsmaterialien.
- Planet-Schule-Sendung: Höllenangst und Seelenheil. 15-minütiges Video, auch zum Herunterladen: www.planet-schule.de/sf/php/02_sen01.php?sendung=4113
  Ausgehend von der Reise eines Pilgers – als Ausdruck seiner Bereitschaft zu Buße und Umkehr – beschreibt der Film das Weltbild der Menschen im Mittelalter. Das diesseitige irdische Leben gilt lediglich als Durchgangsstadium ins Jenseits. Aus dem Inhalt: Mittelalterliche Kirchenbauten, Leben im Kloster, Ablasshandel. Mit Begleitmaterial und Arbeitsblättern.
- DVD: Christen leben in verschiedenen Konfessionen: Katholisch – Evangelisch. 2008, 31 Minuten.
- DVD: Kinder erklären ihre Religion, 2008, 28 Minuten.
- DVD: Nutzloser Hund, 7 Min, 2011 (auch in YouTube).
- DVD: Wer früher stirbt, ist länger tot, Bayrischer Filmpreis 2006.

»Gibt es verschiedene Kirchen?«

Zeitreise ins Mittelalter

Schließe die Augen. Stelle dir vor, du hättest eine Zeitmaschine gefunden. In der Mitte der Maschine ist ein großes Rad. Wenn du daran drehst, landest du in einer vergangenen Zeit. Neugierig und ganz gespannt, drehst du an dem schweren Rad. Du möchtest richtig weit in die Vergangenheit reisen und drehst einmal, zweimal, dreimal, viermal, fünfmal am Rad.

Puh, was passiert denn jetzt mit mir? Um mich herum wird es plötz- lich ganz dunkel, ich kann nichts mehr sehen, alles dreht sich. Auf einmal entdecke ich ein helles Licht. Mit einem Ruck lande ich!

(Mittelalterliche Musik einspielen.)

Vorsichtig schaue ich mich um. Ich reibe mir die Augen. Irgendwie sieht alles so fremd aus. Auf einem Berg dort drüben steht eine Ritterburg. Fahnen wehen von den Burgmauern. Plötzlich höre ich Pferde- hufe. Ein Ritter in seiner schweren Rüstung und mit einem Schwert reitet an mir vorüber.
Jetzt ist mir klar, wo ich gelandet bin, im Mittelalter!
Auf einmal höre ich Schritte. Ich drehe mich um und sehe einen Jungen auf mich zukommen. Er muss es ziemlich eilig haben. Trotzdem bleibt er stehen. Ich frage ihn nach seinem Namen. »Ich heiße Martin Luther«, antwortet er. Martin ist auf dem Weg zur Schule. Neugierig folge ich ihm. Ich gehe durch eine Holztür direkt in den Klassenraum. Eilig setze ich mich auf eine Holzbank. Martin setzt sich neben mich. Vorne steht schon der Lehrer. Wir stehen alle auf und begrüßen ihn. Auf dem Kopf hat er einen Hut, der aussieht, wie ein eingedellter Zylinder. Ich schaue mich um. Manche Kinder sind kleiner als ich. Manche sind schon erwachsen. Der Lehrer fängt an etwas vorzulesen. Aber was ist das! Er spricht in einer an- deren Sprache. Das ist kein Deutsch und auch kein Englisch. Das verstehe ich nicht. Martin flüstert mir zu: »Das ist Latein«. In der Schule lesen und schreiben wir Latein. Aha, so war das also früher.
Nach dem Unterricht verlassen Martin und ich die Schule. Als wir in der Sonne stehen, spüre ich plötz- lich ein Ziehen an mir. Um mich herum wird wieder alles dunkel. Nach kurzer Zeit sehe ich ganz hinten wieder ein helles Licht.

Ich bewege meine Arme, meine Beine und öffne die Augen. Ich bin wieder zurück, hier in meiner Zeit. Doch die Geschichte mit Martin geht mir nicht aus dem Kopf!

 Erzähle, was du während der Zeitreise über Martin und seine Zeit erfahren hast.

Bilder von Hans, Margarethe, Martin und Katharina Luther

Hans und Margarethe Luther um 1527, von Lukas Cranach dem Älteren

Martin und Katharina Luther um 1526/29, von Lukas Cranach dem Älteren

Martin Luther als Mönch, Kupferstich um 1520, von Lukas Cranach dem Älteren

Martin Luther um 1533, Lukas Cranach der Ältere

Katharina Luther um 1526/29, von Lukas Cranach dem Älteren

Martin Luther als Junker Jörg, Holzschnitt 1522, von Lukas Cranach dem Älteren

Mit Martin Luther entdecken, dass wir vor Gott keine Angst zu haben brauchen

Martin besucht die Schule

Martin wurde am 10.11.1483 in Eisleben geboren. Seine Eltern hießen Hans und Margarethe Luther. Martins Vater war Bergmann und stieg in diesen Jahren vom einfachen Vorarbeiter zum angesehenen Bergwerksbesitzer auf. Martin Luther kam mit sechs Jahren in Mansfeld in die Schule. Damals ging es in der Schule sehr streng zu. Die Sprache, die man in der Schule sprach, war Latein. Acht Jahre lang ging Luther in die Schule von Mansfeld. Er bezeichnete sie später als »Eselsstall und Teufelsschule«. Sie werde geleitet von »Tyrannen und Stockmeistern«, und sie sei »eine Hölle und ein Fegefeuer«. Fünfzehnmal, so erzählt er, wird er an einem Morgen von einem Schulmeister mit der Rute geschlagen. Das Rutenbündel war so mächtig wie ein Besen. Ein gut ausgebildetes Spitzelwesen unterstützte den Lehrer. Mit dem Ruf »Wolf« wurde jeder angezeigt, der ein Wort Deutsch statt Latein sprach. Es wurde ein »Wolfsbuch« geführt, in dem jeder vermerkt wurde, der einen Fehler machte. Am Ende der Woche wurden alle Fehler zusammengezählt und es kam das »Gericht« über den Schüler. Der »Sünder« wurde vor der Klasse durchgeprügelt. Außer der Prügelstrafe gab es noch einen hölzernen »Eselskragen«, der zur Schande umgehängt wurde. Wenn der Lehrer dem faulsten oder dümmsten Schüler zum Spott eine Eselsmaske aufsetzte, gab es manchmal auch lautes Gelächter. Dennoch lernte Martin sehr gut und konnte mit achtzehn Jahren zur Universität geschickt werden.

So könnte es zur Zeit Martins in der Schule ausgesehen haben.
Beschreibe, was du auf dem Bild siehst, was du vermutest und was du dich fragst:
1. Ich sehe auf dem Bild …
2. Ich vermute …
3. Ich frage mich …

Lateinschule in Oberursel, Holzschnitt, 1592

Manchmal haben Menschen Angst – Angst vor …

© tina de fortunata/fotolia.com

© Olimpik/shutterstock.com

© sebra/fotolia.com

© vakara/fotolia.com

1. Ergänze den Satzanfang »Kinder haben Angst vor …«
2. Wähle ein Angstbild aus und schreibe einen für dich passenden Angstsatz zu diesem Bild.
   Das Kind hat Angst … Ich habe Angst …
3. Notiere Hoffnungen und Wünsche, die das Kind auf deinem Bild vermutlich hat.

Mit Martin Luther entdecken, dass wir vor Gott keine Angst zu haben brauchen

Psalm-Worte der Angst ...

... der Trauer, der Einsamkeit, des Schmerzes, der Mutlosigkeit, der Wut und der Klage

Ich bin kaum noch ein Mensch, ich bin ein Wurm, von allen verhöhnt und verachtet. (22,7)	Ich stürze in eine tiefe, düstere Grube aus Schmutz und Schlamm und das Loch über mir schließt sich. (40,3 + 69,16)
Wer mich sieht, macht sich über mich lustig, verzieht den Mund und schüttelt den Kopf. (22,8)	Das Wasser geht mir bis an die Kehle. Ich versinke im tiefen Schlamm, wo kein Grund ist. (69,2–3)
Viele Feinde umzingeln mich, kreisen mich ein wie wilde Stiere, sie reißen ihre Mäuler auf, brüllen mich an wie hungrige Löwen. (22,13–4)	Was betrübst du dich meine Seele und bist so unruhig in mir? (42,6)
Ich zerfließe wie ausgeschüttetes Wasser, meine Knochen fallen mir auseinander, mein Herz zerschmilzt in mir wie Wachs. (22,15)	Ich bin wie ein zerbrochenes Gefäß. Sie aber schauen zu und sehen auf mich herab. (31,13 + 22,18)
Meine Kehle ist ausgedörrt, die Zunge klebt mir am Gaumen. (22,16a)	Ich habe mich müde geschrien. Mein Hals ist heiser. Meine Augen sind trübe geworden, weil ich so lange warten muss. (69,4)
Verzehrende Flammen sind die Menschen, ihre Zähne sind Spieße und Pfeile und ihre Zungen scharfe Schwerter. (57,5)	Ich rufe – und du antwortest nicht. (22,3)
Viele hassen mich ohne Grund, meine Feinde sind zahlreicher als die Haare auf meinem Kopf; sie verbreiten Lügen über mich. (69,5)	Ich bin am Ende und frage dich: Wie lange noch? (6,4)
Sie reden nie Gutes über die Stillen im Lande. (35,20)	Sie hören nicht auf, mich schlecht zu machen. (35,15)
Ich habe einen gesucht, der mich tröstet, und keinen einzigen gefunden. (61,21b)	Sie haben mir Füßchen gestellt. Sie haben eine Grube über mich gegraben. (57,7)
Ich bin so müde vom Weinen. Die ganze Nacht weine ich, mein Bett wird nass von Tränen. (6,7)	Auch in der Nacht schreie ich, ich komme nicht zur Ruhe. (22,3)
Wie lange wirst du dich vor mir verstecken? (13,2)	Meine Knochen fallen auseinander. Mein Herz ist wie Wachs, es schmilzt mir im Körper. (22,15)
Ich bin ausgeschüttet wie Wasser. (22,15)	Du hast mich in den Staub geworfen, ich muss sterben. (22,16)
Ich bin so einsam und mir ist so elend. (25,16)	Ich bin verstummt und still und schweige fern der Freude und muss mein Leid in mich fressen. (39,3)
Vater und Mutter haben mich verlassen. (27,10)	Warum bist du so fern, dass mein Schreien dich nicht erreicht? (22,2)
Ich rufe den ganzen Tag, doch du gibst keine Antwort. (22,3)	Du hast uns zerbrochen: Nun stell uns wieder her! (60,3)
Die Angst meines Herzens ist groß. (25,17)	Ich bin von dir entsetzt, darum bin ich verstummt. (88,17)
Ich höre, wie viele über mich lästern. (31,14)	Wenn du die Menschen lieb hast, denk auch an mich! (106,4)
Sie fordern von mir, wovon ich nichts weiß. (35,11)	Verlasst euch nicht auf die Großen der Welt. Dort ist keine Hilfe. (146,3)

Bibelzitate nach: Ingo Baldermann: Wer hört mein Weinen? Kinder entdecken sich selbst in den Psalmen, Neukirchener Verlagsgesellschaft mbH, Neukirchen-Vluyn ¹¹2013.

Albrecht Dürer: Die vier Reiter

Albrecht Dürer: Die vier apokalyptischen Reiter, Holzschnitt, um 1497

Die Menschen der damaligen Zeit glaubten:

> Gottes Strafgericht erwartet uns alle!
> Gott straft uns schon jetzt durch Krieg,
> Pest und Hunger.
> Wir werden alle in der Hölle schmoren.
> Keiner von uns wird entrinnen.

Mit Martin Luther entdecken, dass wir vor Gott keine Angst zu haben brauchen

Rogier van der Weyden: Das Jüngste Gericht
(Ausschnitt)

farbige Vorlage
siehe S. 222

 Warum macht Martin das Bild von der Waage der Gerechtigkeit wohl Angst?

Das verlorene Schäflein aus der Weihnachtskrippe

Vielleicht habe ich es dir nie erzählt, aber die ersten fünf Schuljahre habe ich bei den Nonnen verbracht, im Institut vom Heiligen Herz Jesu.

Im Eingang hatten die Nonnen eine große Weihnachtskrippe aufgebaut, die das ganze Jahr über stehen blieb. Da war Jesus im Stall mit dem Vater und der Mutter und Ochs und Esel, und rundherum Berge und

Steilhänge aus Pappmache, die nur von einer Herde Schäflein bevölkert waren.

Jedes Schäflein stand für eine Schülerin, und je nach ihrem Betragen im Laufe des Tages wurde es von Jesu Stall weggerückt oder ihm angenähert. Jeden Morgen, bevor wir in die Klasse gingen, kamen wir dort vorbei und mussten uns ansehen, welchen Platz wir einnahmen.

Gegenüber dem Stall lag eine tiefe Schlucht, und dort standen die Allerschlimmsten, mit zwei Hufen schon über dem Abgrund. Vom sechsten bis zehnten Lebensjahr war mein Leben davon bestimmt, welche Schritte mein Schäflein machte. Und ich brauche wohl nicht eigens zu erwähnen, dass es sich fast nie vom Rand des Abgrunds wegbewegte.

Innerlich versuchte ich mit all meiner Willenskraft, die Gebote zu befolgen, die man mich gelehrt hatte. Ich tat es aus dem normalen Anpassungsdrang heraus, den alle Kinder haben, aber nicht nur: Ich war wirklich überzeugt, dass man gut sein müsse, nicht lügen sollte, nicht eitel sein dürfte.

Dennoch war ich immer nahe daran, herunterzufallen. Warum? Wegen Nichtigkeiten. Wenn ich in Tränen aufgelöst zur Mutter Oberin ging, um sie nach dem Grund eines neuerlichen weggerückt Werdens zu fragen, antwortete sie: »Weil du gestern eine zu große Schleife im Haar hattest ... Weil eine Kameradin dich

beim Verlassen der Schule summen hörte ... Weil du dir vor dem Essen nicht die Hände gewaschen hast.« Verstehst du? Noch einmal bestand meine Schuld aus Äußerlichkeiten, aus den gleichen Dingen, die meine Mutter mir vorhielt.

Eines Tages, als ich am äußersten Rand des Abgrunds angekommen war, fing ich an zu weinen und sagte: »Aber ich liebe Jesus doch:« Und weißt du, was die Schwester, die bei uns war, daraufhin sagte? »Ah, außer dass du unordentlich bist, lügst du auch noch. Wenn du Jesus wirklich lieb hättest, würdest du deine Hefte besser in Ordnung halten.« Und peng, gab sie meinem Schäfchen mit dem Zeigefinger einen Schubs, so dass es in den Abgrund stürzte.

Nach diesem Vorfall habe ich, glaube ich, zwei ganze Monate lang nicht geschlafen. Kaum schloss ich die Augen, fühlte ich, wie sich der Bezug der Matratze unter meinem Rücken in Flammen verwandelte und grässliche Stimmen in mir höhnten: »Warte nur, gleich holen wir dich!«

Natürlich habe ich meinen Eltern von all dem nie etwas erzählt. Als meine Mutter sah, wie gelb im Gesicht und nervös ich war, sagte sie: »Das Kind ist erschöpft«, und ohne mit der Wimper zu zucken schluckte ich Löffel um Löffel voll Stärkungsmittel.

Text aus: Susanna Tamaro, Geh, wohin dein Herz dich trägt, aus dem Italienischen von Maja Pflug Copyright der deutschsprachigen Ausgabe © 1995, 1998 Diogenes Verlag AG, Zürich; Zeichnung aus: Kursbuch Religion elementar 7/8, S. 164f. © Calwer Verlag / Diesterweg, Stuttgart / Braunschweig 2004.

Die Geschichte von den langen Löffeln

Ein Rabbi bat Gott einmal darum, den Himmel und die Hölle sehen zu dürfen.
Gott erlaubte es ihm und gab ihm den Propheten Elia als Führer mit.

Elia führte den Rabbi zuerst in einen großen Raum, in dessen Mitte auf einem Feuer ein Topf mit einem köstlichen Gericht stand.
Rundherum saßen Leute mit langen Löffeln und versuchten aus dem Topf zu schöpfen.
Aber die Leute sahen blass, mager und elend aus.
Denn die Stiele ihrer Löffel waren viel zu lang, so dass sie das herrliche Essen damit nicht in den Mund bekamen.

Als die beiden Besucher wieder draußen waren, fragte der Rabbi den Propheten, welch ein seltsamer Ort das gewesen sei.

Es war die Hölle!

Darauf führte Elia den Rabbi in einen zweiten Raum, der genau so aussah wie der erste.
In der Mitte des Raumes brannte ein Feuer und es kochte ein köstliches Essen.
Leute saßen ringsherum mit langen Löffeln in der Hand.
Aber sie waren alle gut genährt, gesund und glücklich.
Sie versuchten nicht, sich selbst zu füttern,
sondern sie benutzten die langen Löffel, um sich gegenseitig zu essen zu geben.

Dieser Raum war der Himmel.

Rabbinische Erzählung

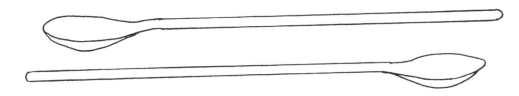

➢ Ergänze die Satzanfänge »Himmel ist …« und »Hölle ist …«
➢ Gestalte ein Schriftbild zu Himmel und zu Hölle und erzähle deinem Nachbarn, wie du die folgenden Aussagen zu Himmel und Hölle verstehst:
»Himmel ist dauerhaft friedvolles und mitgefühlvolles Miteinander«.
»Hölle ist friedloses Gegeneinander oder mitgefühlloses Nebeneinander«.
➢ Gib der Geschichte eine für dich passende Überschrift.
Jemand hat der Geschichte die Überschrift »Die zwei Möglichkeiten« gegeben.
Begründe, warum du die Überschrift für die Geschichte passend oder weniger passend findest.
➢ Stelle dir vor, so wie ihr hat auch Martin Luther von dieser Geschichte gehört. Was würde er zu dieser Geschichte wohl sagen?

Wer früher stirbt, ist länger tot

1. **Personen im Film:** Welche Personen kommen im Film vor? Unterstreiche!

   Sebastian, Vater Lorenz, Bruder Franz, Pippi Langstrumpf, verstorbene Mutter, Lehrerin Veronika, Alfred, Witwe Kramer, Harry Potter, Oma Kramer, Tochter Kramer, Stammtischgäste

2. **Die wichtigsten Filmszenen:** Besprecht und einigt euch zu Zweit auf die wichtigsten Filmszenen. Tragt diese Szenen in die Tabelle ein.

Die Stammtischrunde im Gespräch mit Sebastian			

   Zum Beispiel: Alfred in der Radiostation, Sebastian im Religionsunterricht, …

3. **Sebastians Fragen und eure Antworten:**

   Frage: Bin ich schuld am Tod meiner Mutter?
   Mögliche Antwort: _____
   _____

   Frage: Werde ich beim Jüngsten Gericht von meiner Schuld freigesprochen oder verurteilt?
   Mögliche Antwort: _____
   _____

   Frage: Muss ich zur Strafe ins Fegefeuer und anschließend in die Hölle?
   Mögliche Antwort: _____
   _____

   Frage: Wie bekomme ich eine Frau für meinen Vater und eine Mama für mich?
   Mögliche Antwort: _____
   _____

4. **Wie deutet Sebastian die Zeichen im Film?** (z.B. am Grab seiner Mutter, in der Gaststube, …)

Zeichen	Deutung
Taubenschiss	
Krähe	
Das Aufleuchten der Madonna	
Windzug	
Dreimaliges Telefonklingeln	

 Sprecht darüber: Hat Sebastian Recht, wenn er diese Zeichen so deutet?
Gebt dem Film eine für euch passende Überschrift!

Lehrer-Info: Inhalt des Films:
Wer früher stirbt, ist länger tot

In einem kleinen Dorf lebt der »Kandlerwirt« Lorenz mit seinen beiden jungen Söhnen Franz und Sebastian. Den Gasthof betreibt er seit dem Tod seiner Frau nun schon jahrelang allein, und so mehren sich die Stimmen, dass es langsam an der Zeit wäre für eine neue Frau im Haus.

Als der 11-jährige Sebastian zufällig erfährt, dass seine Mutter bei seiner Geburt gestorben ist, beginnen sich die Ereignisse zu überschlagen. Sebastian, der ein für sein Alter beeindruckendes »Sündenregister« vorzuweisen hat, fühlt sich fortan auch schuldig am Tod seiner Mutter. Da er, wie er meint, nach seinem Tode auf jeden Fall im Fegefeuer landen wird, setzt er alles daran, sich von seinen Sünden reinzuwaschen. Die Stammtischler in der Wirtschaft seines Vaters stehen ihm dabei mit freundschaftlichem Rat zur Seite. Sebastians Übereifer führt jedoch nicht zum gewünschten Erfolg: ein gesprengter Hase, ein unsittlicher Antrag an seine Lehrerin Veronika, eine beinahe zu Tode gebrachte Greisin aus der Nachbarschaft – das alles verbessert die Situation nicht gerade.

Schließlich meint Sebastian, von seiner Mutter ein Zeichen erhalten zu haben: Er muss für seinen Vater eine neue Frau finden. Das findet auch der Stammtisch: »Eine mit G'schick, Grips und einem g'scheitn Arsch!« Diese Attribute scheint die alleinstehende Nachbarin Frau Kramer zu erfüllen, welche Sebastian fortan allerliebst und wohlerzogen bezirzt und auf die Nöte seines Vaters hinweist. Sein Vater Lorenz reagiert allerdings eher genervt auf die bald einsetzenden Besuche der redseligen Frau Kramer. Was Sebastian nämlich nicht weiß: auf unerklärliche, fast magische Weise

fühlen sich Lorenz und seine Lehrerin Veronika zueinander hingezogen!

Es gibt jedoch ein Hindernis: Veronika ist verheiratet, und zwar mit Alfred. Doch Sebastian, der seinen Irrtum erkannt hat, wird auch dieses kleine Problem noch in Angriff nehmen: ein weiteres Zeichen am Grab seiner Mutter macht ihm klar: Alfred muss sterben …

Worte gegen die Angst – Vertrauensworte
Einfache Gottesnamen in den Psalmen

Deine Hand hält mich fest. (63,9)

Du tröstest mich in der Angst. (4,2)

Du hörst mein Weinen. (6,9)

Vom Mutterleib an bist du mein Gott. (22,11)

Du bist bei mir. (23,4)

Du bist mein Helfer. (63,8)

Der dich behütet, schläft nicht. (121,3)

Du bist mein Licht und mein Heil. (27,1)

Du bist meines Lebens Kraft. (27,1)

Von allen Seiten umgibst du mich. (139,5)

Du bist mein Fels, meine Burg. (18,3)

Du bist meine Zuversicht. (91,2)

Du siehst mein Elend an. (31,8)

Licht ist dein Kleid, das du anhast. (104,2)

Dein Wort ist eine Leuchte für mein Leben, es gibt mir Licht für den nächsten Schritt. (119,105)

Du bist Sonne und Schild. (84,12)

Du bist mein Gott, meine sichere Zuflucht, mein Beschützer, mein starker Helfer. (18,3)

Der Herr ist mein Licht, er hilft mir: Darum habe ich keine Angst. (27,1)

Du, Herr, bist mein Hirte, mir wird nichts mangeln. (23,1)

Du bist meine Zuversicht und Stärke, eine Hilfe in den großen Nöten. (46,2)

Der Herr ist mein König ... Vor ihm müssen die Mächtigen sich beugen. (22,19+30)

Bibelzitate nach: Ingo Baldermann: Wer hört mein Weinen? Kinder entdecken sich selbst in den Psalmen, Neukirchener Verlagsgesellschaft mbH, Neukirchen-Vluyn ¹¹2013.

 Wählt euch einen Psalmvers aus und sprecht euch gegenseitig damit Mut zu.
Beispiele: »Gott tröstet dich in der Angst!«, »Gott ist dein Helfer!«

Schwerer ›Schuld-Rucksack‹

Mit Martin Luther entdecken, dass wir vor Gott keine Angst zu haben brauchen

Und vergib uns unsere Schuld

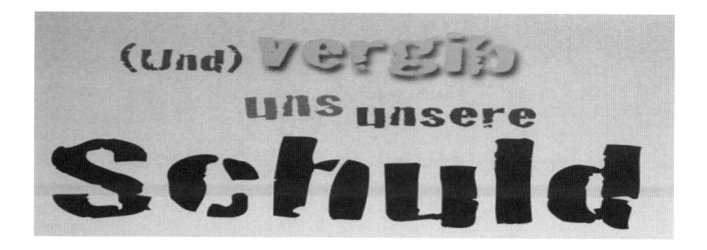

Wenn jemand das Geld nicht bezahlt,
das eine Sache kostet, so hat er eine Schuld.

Wenn ein anderer Mensch mich braucht,
mein Lächeln, ein gutes Wort von mir oder meine Hilfe,
und ich gebe ihm dies nicht,
bleibe ich ihm etwas schuldig.

Immer wieder sage ich etwas,
was ich eigentlich nicht sagen will,
und manchmal tue ich etwas,
das andere verletzt.

»Ich habe etwas falsch gemacht. Es tut mir leid.
Gott, ich bitte dich:
Vergib mir all das, was ich falsch gemacht habe.«

Einen Psalm schreiben:

Gott, manchmal werde ich verletzt ...
Auch ich verhalte mich nicht immer richtig ...
Du aber, Gott, ...

Wir Menschen können alles … –
Aber Gott kann nur eines …

Heute ist Sportfest. Ich habe nur die drei Nicht-Turner in der Religionsstunde. Wir sind noch dabei, die Stühle von den Tischen zu räumen, da kommt Sven hereingeschossen. Sporttasche und Schirmmütze lässt er gleich an der Tür fallen.

»Frau Hermann, können Sie schnell den Segen sagen?«
»Ich denke, du gehörst zu den Turnern?«
»Ja, gerade! Ein Segen davor kann doch nicht schaden. Oder?«

Noch während des ›Amen‹ schnappt er sich seine Sachen und rennt den anderen nach.
Der dicke Otto schüttelt den Kopf über so viel Hektik. Er beißt nochmal von dem Brötchen unter seiner Bank ab und fragt dann – mit vollen Kinderbacken, aber den Augen eines Weisen:

»Nützt denn das überhaupt, das Beten und so?«
Wir überlegen – Kann man denn Gott beeinflussen? Tut Gott denn nicht sowieso, was er will?
»Ich glaube, der Teufel tut, was er will, und Gott kann sowieso nichts machen. Das sieht man doch im Fernsehen«, sagt Dragomir, ein leidenschaftlicher Kroate.
»Und wenn die Menschen so Teufelskram machen, andere umbringen und so – ich meine die Verbrecher und solche Leute – die Verbrecher, liebt Gott die immer noch?«, will Mario wissen.
Otto: »Klar, sind doch Gottes Kinder.«
Mario: »Und wenn sie Scheiß bauen?«
Otto kauend: »Meine Mutter liebt mich, auch wenn ich Scheiß bau.«
Mario: »Idiot. Gott ist doch keine Mutter.«
Dragomir: »Dann eben Vater. Mein Vater haut mir manchmal eine runter. Aber er liebt mich trotzdem. Sogar im Gefängnis würde der mich noch besuchen, hat er gesagt.«

Otto hat inzwischen – ich habe hinter seiner vorgehaltenen Hand natürlich nichts gesehen – sein Brötchen fertiggemampft:

»Ich denke halt, Gott mag mich immer noch, ob ich Scheiß bau oder nicht, weil Gott, der kann doch gar nichts anderes als lieben. Stimmt's nicht? Nur wir Menschen können noch viel anderes, töten und so.«
Otto bricht ab und versinkt in philosophisches Sinnieren.

Dragomir (der ›Klassenbeste‹ – warum ist er überhaupt in dieser Schule?) fasst zusammen:

> »Der Teufel kann Scheiß bauen, Gott kann nur lieben,
> nur Menschen können alles: Scheiß und Liebe.«

 Spielt die Gesprächsszene zwischen Otto, Mario und Dragomir und ordnet die Aussagen von Otto, Mario und Dragomir den Überschriften **Gott**, **Mensch** und **Teufel** für euch passend zu.

Text aus: Inger Hermann: »Halt's Maul, jetzt kommt der Segen«, © Calwer Verlag, Stuttgart ¹⁰2011, S. 23f.

Martin trifft eine wichtige Entscheidung

Nach vier Jahren Studium an der Universität in _____ bestand

Martin erfolgreich seine Abschlussprüfung und war nun _____

(= »Meister«).

Auf Wunsch des stolzen Vaters sollte er jetzt _____

studieren, um später ein angesehener und wohlhabender Mann zu werden.

Zuvor besuchte er seine Eltern in _____ .

Auf dem Rückweg geriet er plötzlich in ein heftiges Gewitter. Auf freiem Feld

schlug ein Blitz direkt neben ihm ein! Martin bekam _____

und rief: »Ich will nicht sterben, Heilige _____ , hilf mir! Ich

gehe auch als _____ ins Kloster!«

Nachdem er glücklich gerettet war, erzählte er in Erfurt seinen Freunden von

seinem Entschluss, ein Diener _____ zu werden. Keiner konnte

ihn umstimmen.

Bald darauf wurde Martin Luther als armer Novize (= »Neuling«) in ein

_____ aufgenommen.

Setze die fehlenden Wörter an der
richtigen Stelle ein:
Anna, Magister, Mansfeld, Erfurt,
Kloster, Mönch, Todesangst,
Gottes, Rechtswissenschaften

Mit Martin Luther entdecken, dass wir vor Gott keine Angst zu haben brauchen

Es gibt jemand, der dich liebt!

1. a) Was passiert mit dem Mädchen auf den Bildern 2 bis 4?
   b) Wie und warum verändert sich das Mädchen?
   c) Wie geht es einem Kind, wenn niemand es lieb hat? Wie denkt es über sich selbst und wie fühlt es sich?

2. a) Warum ändert der Clown auf Bild 5 das Wort »niemand« in »jemand«?
   b) Findet weitere Wörter für »geliebt werden« und stellt sie euch pantomimisch vor.

3. a) Warum wird das Mädchen auf den Bildern 6 bis 8 von Bild zu Bild wieder größer?
   b) Warum ist es so wichtig, dass jeder Mensch / jedes Kind von jemandem geliebt wird?

4. a) Wer soll für dich dieser »Jemand« sein, der dich lieb hat?
   b) Gib den Bildern 1 bis 8 jeweils eine passende Überschrift und erzähle die Bildergeschichte in deinen Worten nach.

5. Muss ich immer erst etwas leisten – z.B. immer schön brav sein, gute Noten haben, ... – damit man mich lieb haben kann?

Wann bin ich geliebt?

Liebe mich,

wenn ich es am wenigsten verdiene,

denn dann brauche ich es am meisten!

Von der Sehnsucht, angenommen zu sein

Punchinello ist ein Wemmick. Die Wemmicks sind Holzpuppen, die vom Holzschnitzer Eli erschaffen wurden. Bei ihnen herrscht folgender Brauch: Sie stecken sich goldene Sternchen für gutes Verhalten, Erfolge oder Schönheit an. Für schlechtes Benehmen, Ungeschicklichkeit oder Hässlichkeit verteilen sie graue Punkte. Punchinello hat es sehr schwer, da er immer nur graue Punkte von den anderen erhält. Er sehnt sich nach Freunden, wird aber verspottet und ausgegrenzt. Die vielen grauen Punkte sind die negativen Kommentare über sein Aussehen und sein Verhalten, wie z.B.: »Das kannst du nicht, das wirst du nie lernen, du bist hässlich, du nervst, du bist unsportlich! Schau dir den an!«

Überlege:
Wie oft werden die Wemmicks wohl gelobt und hören Positives über sich selbst? Oder aber, wie viel negative Rückmeldungen oder Ablehnung erfahren sie? Vielleicht hängen auch noch graue Punkte aus ihrer Vergangenheit an ihnen: Worte, die über sie gesagt wurden, Beschämungen, die sie erlebt haben, negative Kritik oder Ablehnung von anderen.

Der Holzschnitzer Eli lehrt Punchinello, dass er – egal, was andere je über ihn gesagt haben oder noch sagen werden, – einmalig ist, weil er ihn so und nicht anders erschaffen hat! Eli sagt zu Punchinello: »Niemand hat das Recht, dich klein zu machen oder abzuwerten. Du bist nicht besser oder schlechter, weil du etwas besser oder schlechter kannst. Ich liebe dich genauso, wie du bist. Mit all deinen guten Seiten, aber auch mit all deinen Fehlern und Einschränkungen. Dein Wert ist nicht abhängig davon, ob die anderen dich lieben. Sondern du bist wertvoll, weil ich dich liebe, so wie du bist«!

Punchinello erfährt von Eli das, was er sich sein Leben lang gewünscht hat: Angenommen und geliebt zu sein, so wie er ist, – ohne besondere Leistung, Geld oder Kunststücke.

Da er nun weiß, dass er von Eli geliebt und angenommen ist, ist er auch nicht mehr (so) abhängig von der Meinung der anderen Wemmicks.

1. Überlege: Wie ist es für mich, wenn ich
   a) von anderen bewertet werde?
      – Wenn ich einen goldenen Stern bekomme, dann …
      – Wenn ich einen grauen Punkt bekomme, dann …
   b) andere bewerte?
      – Goldene Sterne würde ich vergeben, für …
      – Graue Punkte würde ich vergeben, für …

2. Drückt in einem Standbild die Körperhaltung von jemandem aus, der
   a) nur graue Punkte erhält, wie z.B. Punchinello
   b) viele goldene Sterne bekommt.

3. a) Warum mögen wir es, von anderen mit goldenen Sternen geschmückt zu werden?
   b) Warum haben wir Angst davor, vor anderen als Verlierer mit vielen grauen Punkten dazustehen?

4. a) Wie ist Elis Meinung über die Praxis der Wemmicks, sich gegenseitig Aufkleber zu geben?
   b) Was ist für Eli das Wichtigste?

Ich mag dich so, wie du bist!

Phantasiereise

Stell dir vor, du sitzt entspannt in deinem Zimmer. Das Fenster ist geöffnet, es ist angenehm warm. Nichts stört oder belastet dich.
Ruhig und gelassen hörst du allen Geräuschen zu. Was hörst du?

Schließe dann deine Ohren und höre nach innen.
Du hörst, wie dich jemand beim Namen ruft – ganz zärtlich und liebevoll.
Es ist ein schönes Gefühl: **Ich bin angenommen. Da ist jemand, der mich gern hat.**

Und nun stell dir vor, dass dich jemand ganz streng beim Namen ruft. Laut und bestimmt. Was spürst du? Vorwurf? Ablehnung? Verletzung? Welche Sätze und Worte fallen dir ein, bei denen du dir am liebsten die Ohren zuhältst? Was würdest du in dieser Situation am liebsten sagen oder tun?

Und mitten in deine Überlegungen hinein, in deine Verletzung hinein, ruft dich Gott. Er ruft dich liebevoll bei deinem Namen: **»Du!«**
Er sagt zu dir: **»Du, ich mag dich so, wie du bist! Es ist gut, dass es dich gibt.**
Wenn du magst, so sag mir deine Sorgen, das, was dich verletzt. Ich verstehe deine Wut und deine Trauer. Ich höre dir zu.«

Du kannst nun Gott deine Sorgen, deine Fragen, deine Wünsche aufschreiben:

Lieber Gott,

Du kannst auch an die Person, die dich verletzt hat, einen Brief schreiben:

Ich …

Die Geschichte von den »neuen Namen Gottes«

Lange ist es her, dass die Menschen für Gott nur den einen Namen hatten: Gott. »Hat er denn keinen anderen? Und können wir ihm keinen anderen Namen geben?«, fragten sie. Die Menschen begannen, darüber nachzudenken. Sie beschlossen, diese Frage gründlich zu überlegen und gaben sich dafür eine Woche Zeit. Dann wollten sie sich wieder treffen und jeder sollte einen Namen für Gott mitbringen. Den schönsten wollten sie dann auswählen und Gott geben.
Die Woche verging und sie trafen sich alle wieder.

Der ERSTE trug eine Schale in der Hand. In ihr brannte ein Feuer. Er sagte: »**Sonne** – das ist Gottes Name. Die Sonne schenkt uns **Licht** und **Wärme**, sie treibt die Nacht zurück.«

Der ZWEITE trug auch eine Schale in der Hand. Er hatte sie mit Wasser gefüllt. »**Wasser**«, sagte er. »So sollten wir Gott nennen. Denn aus dem Wasser kommt **alles Leben**.«

Der DRITTE bückte sich zu Boden. Er nahm Erde auf und ließ sie durch die Finger krümeln, dunkle, **fruchtbare Erde**. »Erde«, sagte er. »So sollten wir Gott nennen. Denn die Erde **trägt uns** und **bringt für uns Nahrung hervor**.«

Der VIERTE hatte ein Segel mitgebracht. Er hielt es in die Höhe. Der Wind blies hinein, es wölbte sich, wollte mit dem Wind davonfliegen. »Das ist mein Name für Gott«, sagte er. »**Wind**. Denn Wind treibt die Schiffe vor sich her und von der **Luft leben wir, sie lässt uns atmen**.«

Der FÜNFTE schwieg, er sagte kein einziges Wort. **Er hatte ein kleines Kind auf dem Arm. Er wiegte es sanft**. »Und du?«, fragten sie ihn. »Was ist dein Name für Gott?« Der Mann sagte immer noch nichts; er wiegte das Kind. Alle wurden still, schauten ihn an. Plötzlich sagte einer: »**Das ist der schönste Name für Gott!**«

1. Malt zu den Namen Gottes jeweils rechts in das Feld ein passendes Bild.
2. Stellt die fünf mitgebrachten Namen Gottes – Sonne, Wasser, Erde, Luft, ein in den Armen gewiegtes Kind – pantomimisch dar.
3. Fallen euch noch weitere Namen für Gott ein? Stellt auch diese Namen für Gott pantomimisch dar und lasst sie von euren Mitschülern erraten.
4. Wählt selbst den schönsten Namen für Gott und begründet eure Wahl.

Textkärtchen Gottesbilder

Kärtchen 1

> ➢ Was ich auch tue, Gott kann ich es nie ganz recht machen. Gott wartet nur darauf, dass ich einen Fehler mache, um mich dann zu bestrafen.
> ➢ Vielleicht kann ich ja durch besondere Anstrengungen Gottes Zorn und Strafe mildern?

Kärtchen 2

> ➢ Mit meinen Schwächen und Fehlern kann Gott mich nicht wirklich mögen. Ich muss erst ein besserer Mensch werden.
> ➢ Gott vergibt mir meine Fehler nur, wenn ich Gutes dafür tue. Ich muss mir die Liebe Gottes erst verdienen.

Kärtchen 3 (nach Römer 3,24)

> ➢ Gott mag mich so, wie ich bin, ohne Wenn und Aber, bedingungslos!
> ➢ Ich darf darauf vertrauen, dass ich in Gottes Augen gut und liebenswert bin, trotz aller Schwächen und Fehler.
> ➢ Gott hat mich unendlich lieb. Seine Liebe ist gratis. Gott ist ein liebender Gott, der es gut mit mir meint.

Kärtchen 4 (nach Johannes 3,17)

> ➢ Zu Gott kann ich immer kommen, auch wenn ich etwas falsch gemacht habe. Gott ist gütig und vergibt mir!
> ➢ Ich werde – so wie ich bin – von Gott geliebt! Ich muss kein anderer sein, sondern ich darf mich selbst so annehmen, wie ich bin.
> ➢ Ich muss mir Gottes Liebe nicht erst verdienen. Bei Gott bekomme ich das, was ich brauche, geschenkt (gratis).

Unterschiedliche Gottesbilder

 Ordne die folgenden Aussagen den jeweiligen Gottesbildern zu:

Gott mag mich nur, wenn ich …

Gott mag mich so, wie ich bin – ohne Wenn und Aber!

Weil ich immer wieder Fehler mache, kann mich Gott nicht wirklich mögen.

Gottes Liebe muss ich mir nicht erst verdienen. Sie gibt es gratis!

Ich bin vor Gott nicht gut genug. Ich habe Angst vor Gott.

Ich muss es Gott immer recht machen.

Gott bestraft mich für alles, was ich falsch mache.

Gott liebt mich auch mit meinen Fehlern.

Ein Vater, der hart straft, prägt das Gottesbild vom zornigen und strafenden Gott und die Angst der Menschen vor dem Gericht Gottes.

Ein Vater, der sein Kind bedingungslos liebt, prägt das Gottesbild eines die Menschen liebenden und vergebenden Gottes.

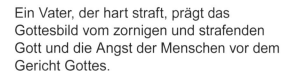

Gott sagt: Bringt eine Mutter es fertig, ihren Säugling zu vergessen? Hat sie nicht Mitleid mit dem Kind, das sie in ihrem Leib getragen hat? Und selbst, wenn sie es vergessen könnte, ich vergesse euch nicht!
(Jesaja 49,15)*

Liebe, die von Bedingungen abhängig ist:
Gott mag mich nur, wenn ich … tue.
Also muss ich mich noch mehr anstrengen, um Gott zu gefallen.

Weil ich immer wieder Fehler mache, kann mich Gott nicht wirklich mögen, er wird mich verurteilen und bestrafen.

Liebe, die nicht an Bedingungen geknüpft ist:
Gott mag mich so, wie ich bin – ohne Wenn und Aber!
Gottes Liebe muss ich mir nicht erst verdienen.
Gott erlässt mir meine Schuld und streicht sie durch!

*aus: Gute Nachricht Bibel

Zeichnungen »Gottesbilder« aus: Kursbuch Religion elementar 7/8, S. 164f. © Calwer Verlag / Diesterweg, Stuttgart / Braunschweig 2004.

Mit Martin Luther entdecken, dass wir vor Gott keine Angst zu haben brauchen

Martin und Micha

Martin schreibt einen Brief an seinen Freund Micha:

> Lieber Micha,
> schon lange beschäftigen mich immer wieder die-
> selben Gedanken und Fragen:
> Warum muss ich mich für Gott abmühen, um ihm zu
> gefallen und mir seine Liebe so hart verdienen?
> Nie werde ich es schaffen, es Gott ganz recht zu
> machen. Immer wieder passieren mir viel zu viele
> Fehler. Ich tue Dinge – in Gedanken, mit Worten
> und Taten –, die Gott nicht gefallen. Ich bin für
> Gott nicht gut genug. Warum ist Gott auch so
> streng und ein so unbarmherziger Richter über uns
> Menschen? Ich habe so große Angst, Gott nicht zu
> gefallen, ihm nicht gut genug zu sein. Er wird mich
> verurteilen und bestrafen, davor habe ich Angst!
> Dein Martin

 Du bist Micha und gibst deinem Freund Martin in einem Brief eine Antwort auf seine Fragen. Dabei kannst du den einen oder anderen der folgenden Gedanken, der dich überzeugt, in deinen Brief an Martin aufnehmen.

Gott nimmt dich so an, wie du bist!	Gott liebt dich, ohne Wenn und Aber! Gottes Liebe ist dir sicher!	Vor Gott brauchst du keine Angst zu haben!
Gott schenkt dir seine Liebe, du musst sie dir nicht erst verdienen! Gott liebt dich gratis!	Gottes Liebe ist sein Geschenk an dich und nicht dein eigener Verdienst!	Gott verzeiht dir deine Schwächen und Fehler, weil er barmherzig ist!

Antwortbrief an meinen
Freund Martin:

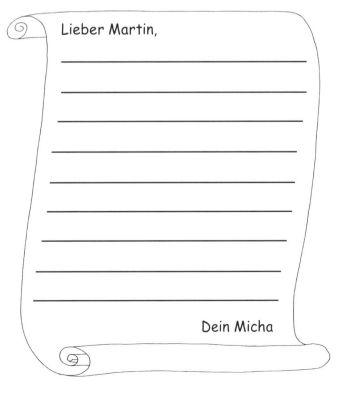

Lieber Martin,

_____

_____

_____

_____

_____

_____

_____

_____

Dein Micha

Mit Martin Luther entdecken, dass wir vor Gott keine Angst zu haben brauchen

Gottes Wort ist wie Licht in der Nacht

Got - tes Wort ist wie Licht in der Nacht; es hat

Hoff - nung und Zu - kunft ge - bracht; es gibt

Trost, es gibt Halt in Be - dräng - nis, Not und Äng - sten,

ist wie ein Stern in der Dun - kel - heit.

Text und Musik: aus Israel

Tanzanleitung zum Kanon

Die SuS stehen im Kreis.

Gottes Wort ist wie Licht in der Nacht,
Linken Arm im weiten Bogen (wie einen Sonnen-
aufgang) nach links führen, vor die Mitte des / der
linken Nachbar/i/n.

es hat Hoffnung und Zukunft gebracht,
Rechten Arm ebenso wie vorher im weiten Bogen
nach rechts führen.
Durchfassen mit den Händen der beiden über-
nächsten Tänzer/innen. Das ergibt eine »Korbfassung« (= aufgehoben, geborgen, wie in einem
Korb).

*es gibt Trost, es gibt Halt in Bedrängnis, Not und
Ängsten,*
So durchgefasst mit vier federnden Hinkeschritten
nach links tanzen (rechter Fuß kreuzt über links,
linker Fuß zur Seite), viermal.

ist wie ein Stern
Korbfassung sanft lösen, beide Arme zur Mitte
strecken (Handrücken oben). Das ergibt einen
Stern.

in der Dunkelheit.
Mit sanfter Gebärde die Hände drehen, so dass
die Handflächen nach oben schauen. So die Hände senken.

Im Kanon:
Aufstellung in zwei konzentrischen Kreisen. Zuerst bewegen alle das Lied einstimmig. Dann beginnt der innere Kreis, der äußere setzt ein. Jede
Stimme singt den Kanon dreimal. Nacheinander
aufhören.

Marlis Ott, Bewegungsvorschlag zu Gottes Wort ist wie Licht in der
Nacht aus: dies.: Bewegte Botschaft © 1998 Verlag am Eschbach der
Schwabenverlag AG, Eschbach / Markgräflerland 2. Auflage.

Es gibt jemanden, der mich lieb hat

Mama mag mich, ohne Wenn und Aber! Das finde ich …	
Mama mag mich, wenn ich brav bin, wenn ich gut in der Schule bin, wenn ich … Ergänze den Satz oben! Das finde ich …	
Mama mag mich nicht, wenn ich böse bin, wenn ich nicht das tue, was sie möchte, wenn ich … Ergänze den Satz oben! Das finde ich …	

Ergänze die Sätze über Mama oben!
Welcher Satz über Mama gefällt dir am besten? Warum?
Welcher am wenigsten? Warum?

Ordne die folgenden Sätze über Gott den Sätzen über Mama zu.
Schreibe sie rechts in die passenden Kästen:
➢ Gott mag mich, wenn ich alles richtig mache, wenn ich nichts Böses tue, …
➢ Gott mag mich, ohne Wenn und Aber!
➢ Gott mag mich nicht, wenn ich Böses tue, wenn ich mich anders verhalte, als er es von mir erwartet, …
➢ Bei Gott bekomme ich das, was ich brauche, nicht das, was ich verdient habe!

Welcher Satz über Gott gefällt dir am besten? Warum?
Welcher am wenigsten? Warum?

Welcher Satz über Gott war für Martin Luther bis zu seiner Entdeckung wichtig?
Welcher Satz über Gott wurde für Martin nach seiner Entdeckung am wichtigsten?

Gott ist wie eine Mutter,
die ihre Kinder liebt,
wie ein Vater, der seine Kinder liebt.
Gott hat uns unendlich lieb!

Mille grazie, mio Signore!

Wie kann ich von Gott akzeptiert, anerkannt und geliebt werden? – Martin lernt Gott neu zu sehen

Wie kann ich es schaffen, von Gott geachtet und geliebt zu werden?

Ich möchte, dass mich Gott mag und lieb hat, aber …

Wie kann ich es Gott recht machen?

Wie kann ich vor Gott bestehen?

Zu Gott kann ich immer kommen, auch wenn ich etwas falsch gemacht habe.

Mag mich Gott so, wie ich bin, mit all meinen Schwächen und Fehlern?

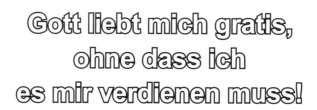

Gott liebt mich gratis, ohne dass ich es mir verdienen muss!

Niemand muss vor Gott fehlerlos sein!

Gott nimmt mich so an, wie ich bin!!

Zeichnungen oben: »Gottesbilder« aus: Kursbuch Religion elementar 7/8, S. 164f. © Calwer Verlag / Diesterweg, Stuttgart / Braunschweig 2004. Zeichnungen unten aus: Werner Tiki Küstenmacher: Tikis Evangelisch-Katholisch-Buch, © Calwer Verlag Stuttgart ²2013

 Wähle den für dich wichtigsten Satz und gestalte ein Bodenbild dazu!

Wortkarten – passend zu »Gnade« oder zu »Strafe«?

in Ungnade fallen	dem anderen vergeben	sich versöhnen
sich entschuldigen	dem anderen verzeihen	etwas falsch machen
sich erbarmen	Vertrauen haben	geliebt werden
Mutter	Vater	Gutes tun
liebender Gott	Gebote und Verbote	erbarmungslos
Angst vor Strafe	zorniger Gott	neu anfangen
gütiger Gott	Angst vor Versagen und Scheitern	strafender Gott
brav sein	bestraft werden	lieb sein
böse sein – Böses tun	verzeihender Gott	richtender Gott
barmherziger Gott	zorniger Gott	gütiger Vater
gnadenlos	Geborgenheit	bitte verzeih mir, vergib mir
freundlicher Gott	gehorsam sein	es den anderen recht machen
Regeln und Verbote nicht einhalten	Strafe muss sein	etwas Falsches tun

Gnade

Strafe

 Schneidet die Wortkarten aus und überlegt, welche Wortkarten eher zur Gnade und welche eher zur Strafe gehören. Ordnet die Wortkarten jeweils dem passenden Begriff zu.
Je besser eine Wortkarte zu einem der beiden Begriffe passt, umso näher könnt ihr diese Karte zu dem Begriff »Gnade« oder »Strafe« legen.

Mit Martin Luther entdecken, dass wir vor Gott keine Angst zu haben brauchen

Bibelverse über die Gnade Gottes

Ich hoffe auf dich, Gott, denn du bist gütig. (nach Psalm 52,11)	Ich will dem Herrn meine Vergehen bekennen. Dann vergibt er mir meine Schuld. (nach Psalm 32,5)
Barmherzig und gnädig ist der Herr, geduldig und von großer Güte. (Psalm 103,8)	Gott aber war barmherzig und er vergab die Schuld. (nach Psalm 78,38)
Jesus sprach zu dem Mann: »Mensch, deine Sünden sind dir vergeben.« (Lukas 5,20)	Seid barmherzig, wie auch euer Vater im Himmel barmherzig ist. (Lukas 6,36)
Als der Vater seinen Sohn sah, rief er seinen Dienern zu: »Wir wollen ein Fest feiern.« (nach Lukas 15,20+23)	Gott hat uns angenommen, ohne dass wir etwas dafür tun können. (nach Römer 3,21)
Gott hat mit den Menschen Erbarmen – wegen Jesus. (nach Römer 3,24)	Gott nimmt den Menschen an. (nach Römer 3,28)
Weil Gott uns Menschen angenommen hat, brauchen wir uns vor ihm nicht mehr zu fürchten. (nach Römer 5,1)	Durch Jesus sind alle Menschen erlöst – und können leben. (nach Römer 6,18)
Gott schenkt euch seine Gnade, auch wenn ihr es nicht verdient habt. (nach Epheser 2,9)	Auch wenn wir uns selbst anklagen: Gott ist größer und verdammt uns nicht. (nach 1. Johannes 3,20)
Gott ist die Liebe. Deshalb brauchen wir uns vor Gott nicht zu fürchten. (nach 1. Johannes 4,16–18)	Lasst uns die Mitmenschen lieb haben, denn Gott hat uns auch lieb. (nach 1. Johannes 4,19)

 Wähle drei Bibelverse aus, die für dich am besten zu Martins Entdeckung von einem gnädigen Gott passen, der sagt: »Du bist mir recht! Ich mag dich!«
Begründe deine Auswahl: Ich finde diese Bibelverse passend, weil …

Nobody is perfect!

Niemand muss fehlerlos sein
➢ vor sich selbst
➢ vor anderen Menschen und
➢ vor Gott

Wir sind frei von dem Anspruch, immer fehlerlos sein zu müssen!

Ich muss mich für mein Handeln nicht selbst rechtfertigen,
sondern kann aufgrund meines Glaubens als von Gott gerechtfertigt leben.

Wir sind frei vom Zwang zur Selbstrechtfertigung!

Bild aus: Werner Tiki Küstenmacher: Tikis Evangelisch-Katholisch-Buch, © Calwer Verlag Stuttgart ²2013

Mit Martin Luther entdecken, dass wir vor Gott keine Angst zu haben brauchen

Der Tetzel kommt – Tetzels Ablasspredigt

Die Menschen im Mittelalter hatten Angst vor Krieg, Krankheiten, vor der Hölle und vor einem strafenden Gott. Die Menschen fragten sich, ob sie Gott durch gute Taten und Spenden gnädig stimmen könnten.

Ein Stadtbote ruft: »Der Tetzel kommt, der Tetzel kommt! Aus den Häusern Leute, kommt heraus! Lasst ihn uns würdig empfangen. Er ist schon vor der Stadt und lässt sich durch mich ansagen.«

Johann Tetzel: »Hallo Leute, alle mal hergehört. Kommt alle mal her *(herbeiwinken).*
Ich habe etwas ganz Besonderes für euch.«

»Ihr alle habt doch bestimmt schon einmal etwas Böses getan« *(erhobener Zeigefinger).* »Du hast mal gestohlen« *(auf den Nachbarn zeigen)* »und du hast mal deinen Freund belogen« *(auf den anderen Nachbarn zeigen)* »und du hast deiner Mutter nicht geholfen, als sie krank war«.
»Dafür kommt ihr alle in die Hölle, wenn ihr nicht dafür büßen wollt« *(strenger Blick).* »Ihr alle wisst, dass Gott als ein strenger Richter, die Bösen bestraft und die Guten belohnt. Gott ist der Richter, der über das Leben vor und nach dem Tod entscheidet. Gott fällt das Urteil darüber, ob die Menschen in den Himmel oder die Hölle kommen.
Aber, keine Angst, ihr habt noch eine letzte Möglichkeit, Gott umzustimmen, denn die Gnade Gottes und unseres Papstes ist sehr, sehr groß. Durch gute Taten, durch Buße und vor allen Dingen durch Spenden könnt ihr euch das Wohlgefallen und die Gnade Gottes erkaufen. Wenn ihr einen Ablassbrief bei mir kauft, so sind euch eure bösen Taten vergeben, und zwar restlos. Da man aber im Leben nichts geschenkt bekommt, spendet also für die Kirche und euer Gewissen ist wieder rein. Nun, ihr Leute, kauft rasch, kauft!«

 Was sagt Tetzel den Menschen, wie ihnen ihre Sünden vergeben werden können?

Luthers Rede gegen den Ablasshandel

»Ihr kennt Gott nur als einen fernen, einen mächtigen, strengen und strafenden Gott. Ich aber habe erfahren, dass es einen gütigen, liebenden und verzeihenden Gott gibt. Gott liebt uns. Und Gott verlangt kein Geld von uns für seine Vergebung. Er erwartet aber von uns, dass uns unsere Fehler leidtun und wir unsere Schuld bereuen. Gott ist mir nicht böse, wenn ich etwas falsch gemacht habe, und ich muss auch keine Angst haben, für meine Fehler und Schwächen von Gott bestraft zu werden. Gott ist ein verzeihender Gott, der uns Menschen annimmt, so wie wir sind, mit unseren Fehlern und Schwächen. Wer ich vor Gott bin, hängt nicht von meiner Leistung ab. So wie ich bin, bin ich Gott recht. Gott liebt uns so, wie wir sind.

Von Gott bekomme ich alles geschenkt. Ich muss mir die Vergebung meiner Sünden nicht erst verdienen und Gott mit guten Werken zufrieden stellen, denn das Wesentliche gibt es gratis, nur als Geschenk: Liebe, Freundschaft, Zuneigung und Vergebung. Gottes Liebe kann man nicht kaufen. Bei Gott bekomme ich das, was ich brauche, geschenkt. Gott hat uns unendlich lieb!«

Bild oben aus: Werner Tiki Küstenmacher: Tikis Evangelisch-Katholisch-Buch, © Calwer Verlag Stuttgart ²2013

Mit Martin Luther entdecken, dass wir vor Gott keine Angst zu haben brauchen

Aus den 95 Thesen Martin Luthers
veröffentlicht am 31.10.1517

Der Ablasshandel veranlasste Martin Luther zum Schreiben von 95 Thesen, um mit anderen Gelehrten darüber zu diskutieren. Er soll sie an die Schlosskirche in Wittenberg angeschlagen haben.
Martin Luthers Thesenanschlag zum Ablasshandel war der Auslöser der »Reformation«. Er führte zu einem religiösen Aufbruch, aber auch zum Konflikt mit der damaligen Kirche und schließlich zur Kirchenspaltung.

1. These
Da unser Herr und Meister, Jesus Christus, spricht: »Kehrt um von euren falschen Wegen«, möchte er, dass man solch eine Umkehr auch am Leben der Christen sehen kann. Es soll sich etwas bei ihnen ändern!

6. These
Der Papst selbst kann keine Schuld vergeben, er kann nur seine Zustimmung geben, dass die Schuld von Gott vergeben ist.

35. These
Niemand braucht für Gottes Vergebung Geld zu bezahlen. Wer das behauptet, ob Prediger oder Papst, der hat Unrecht.

36. These
Jeder Christ, der seine Sünden wirklich bereut, hat völlige Vergebung von Strafe und Schuld, auch ohne Ablassbrief.

1. Sprecht in Kleingruppen über die vier Protestsätze Luthers.
2. In welchen Punkten müssten sich eurer Meinung nach die katholische und die evangelische Kirche heute ändern?
   Überlegt euch eigene Protestsätze, schreibt sie auf und tragt sie vor.

»Hier stehe ich und kann nicht anders!«
Luther auf dem Reichstag zu Worms 1521

Anton von Werner

Luther zieht mit einem Triumphzug auf dem Reichstag in Worms ein. Jedoch erwarten der Kaiser und die Kirche von ihm, dass er seine Protestsätze widerruft.

Luthers Schriften werden auf einem Tisch platziert. Er wird nun gefragt, ob es sich um seine Schriften handelt und ob er etwas daraus widerrufen wolle. Luther erbittet sich Bedenkzeit, danach lehnt er jedoch mit der folgenden, bekannt gewordenen Rede einen Widerruf ab:

»Mein Gewissen ist in Gottes Wort gefangen. Somit will und kann ich nicht widerrufen. Denn gegen das Gewissen zu handeln ist weder sicher noch heilsam. Hier stehe ich, ich kann nicht anders. Gott helfe mir. Amen.«

Der Reichssprecher ermahnt ihn: »Martin Luther, lass dein Gewissen fahren! Du bist im Irrtum!« Im Sitzungssaal wird es unruhig, heftige Stimmen werden laut. Da erhebt sich Kaiser Karl V. Er hat genug gehört, dieser Mönch trotzt ihm ins Gesicht. Karl wendet sich wortlos zum Gehen. Jetzt entlädt sich die Spannung. Alle sprechen aufgeregt durcheinander. Freunde umringen Martin, drücken sich mit ihm nach draußen. Auf dem Weg ins Quartier rufen spanische Adelige ihm hinterher: »Al fuego, al fuego – ins Feuer mit ihm!«

Doch der Kaiser hält sein Versprechen, dass Martin freies Geleit auf dem Weg zum Reichstag und zurück haben soll. Aber Martin wird für vogelfrei erklärt und unter Reichsacht gestellt. Das heißt, danach darf ihn jedermann umbringen, ohne eine Strafe dafür zu erwarten.

M 21b ist eine farbige Materialseite und befindet sich deshalb auf Seite 218.

Nach dem Thesenanschlag

Wie geht das Leben für Martin Luther nach dem Anschlag der 95 Thesen weiter?

Zwei Anhängergruppen bilden sich: Diejenigen, die für Luther und gegen den Ablass sind, und diejenigen, die für den Papst und für den Ablass sind.

Luther ist auf dem Reichstag in Worms. Er nimmt nichts von seinen Aussagen zurück. Viele fordern, dass der Kaiser Luther verurteilt. So geschieht es. Kaiser Karl V. erklärt Martin für »vogelfrei«.

Der Papst schickt Martin aus Rom einen Brief, die Bannandrohungs-Bulle. Er droht Martin an, ihn aus der Kirche auszuschließen.

Martin verbrennt die Bulle!
Daraufhin wird er aus der Kirche gebannt, also ausgeschlossen.
Sein Landesfürst, Friedrich der Weise von Sachsen, steht dennoch hinter ihm und beschützt ihn.

Auf dem Rückweg von Worms wird Martin zum Schein entführt, so dass alle glauben, er sei tot. Tatsächlich wird Martin auf die Wartburg gebracht, wo er in Sicherheit ist. Dort gibt er sich als »Junker Jörg« aus.

Der Kaiser lässt Martin nach Worms zum Reichstag kommen. Dort soll er sich rechtfertigen und seine Aussagen widerrufen.

Jetzt ist Martin in sehr großer Gefahr. Jeder darf ihn töten!
Doch er erhält wieder Schutz von seinem Landesfürsten, Friedrich dem Weisen.

Schneide die Textkärtchen aus und ordne sie in der richtigen Reihenfolge.
Klebe die geordneten Textabschnitte anschließend in dein Heft!

Die Wartburg bei Eisenach

Beschreibe, was es alles auf einer Burg zu sehen gibt.
Erzähle, wie es sich auf einer Burg leben lässt.

Die Lutherrose

Ein blauer Zwischenraum.

Blau ist der Himmel,
der die Welt umspannt.

Ein schwarzes Kreuz.

Es erinnert uns an Jesu Tod.

Eine weiße Rose.

Die weiße Rose umgibt das rote Herz.
Weiß ist die Farbe für Gottes Geist.

Der äußere Ring ist golden.

Gold ist die Farbe für Gott.

Ein rotes Herz.

Das rote Herz steht
für die Liebe Gottes.

Farbige Abbildung der Lutherrose siehe Seite 223.

Mit Martin Luther entdecken, dass wir vor Gott keine Angst zu haben brauchen

Lernkarten

Lernkarte »Mit Martin Luther entdecken ...« **1a**	**Lernkarte »Mit Martin Luther entdecken ...«** **1b**
In welchem Ort wurde Martin geboren? a) Eisleben b) Wittenberg c) Eisenach	Eisleben

Lernkarte »Mit Martin Luther entdecken ...« **2a**	**Lernkarte »Mit Martin Luther entdecken ...«** **2b**
Wie hießen Martins Eltern? a) Hans und Margarethe b) Fritz und Katharina c) Karl und Helene 	Hans und Margarethe

Lernkarte »Mit Martin Luther entdecken ...« **3a**	**Lernkarte »Mit Martin Luther entdecken ...«** **3b**
Martins Eltern achteten darauf, dass der Sohn eine gute Schulbildung erhielt. Obwohl eine große Familie zu ernähren war, sollte Martin später einmal studieren. Deshalb schickten sie ihn im Alter von fünf Jahren a) in die Lateinschule b) in den Kindergarten c) ins Kloster 	In die Lateinschule

Martins Eltern waren sehr streng. Einmal wurde
Martin von seiner Mutter so hart geschlagen,
dass er ihr das nie vergessen konnte.
Was hatte er getan?

Er hatte
a) eine Vase zerbrochen
b) seine Hose zerrissen
c) sich ungefragt eine Nuss genommen

Er hatte sich ungefragt eine Nuss genommen.

Welche Fächer hatte Martin auf der Mansfelder
Schule?

a) Lesen, Physik, Sport, Musik
b) Lesen, Schreiben, Singen, Latein
c) Schreiben, Singen, Sport, Geometrie

Lesen, Schreiben, Singen, Latein

Wie andere Jungen aus ärmeren Familien
musste Martin Geld zu seinem Unterhalt
dazuverdienen. Womit tat er das?

a) Er trug Werbeprospekte aus.
b) Er gab jüngeren Kindern Nachhilfe in Latein.
c) Er sang vor den Häusern und bettelte um Geld.

Er sang vor den Häusern und bettelte um Geld.

Lernkarte »Mit Martin Luther entdecken ...« 7a	Lernkarte »Mit Martin Luther entdecken ...« 7b
Mit 17 Jahren konnte Martin auf die Universität gehen. In welcher Stadt begann er mit seinem Studium? a) Erfurt b) Dresden c) Wittenberg	Erfurt

Lernkarte »Mit Martin Luther entdecken ...« 8a	Lernkarte »Mit Martin Luther entdecken ...« 8b
Martin studierte fleißig. Er las die Bücher aller Theologen. Er suchte nach einer Antwort auf eine Frage, die ihn schon lange beschäftigte. a) Wie sieht Gott aus? b) Was muss ich tun, damit Gott mir meine Sünden vergibt? c) Wo war Gott, bevor die Welt erschaffen wurde?	Martin fragte sich: Was muss ich tun, damit Gott mir meine Sünden vergibt?

Lernkarte »Mit Martin Luther entdecken ...« 9a	Lernkarte »Mit Martin Luther entdecken ...« 9b
Martins Eltern erzogen Martin und seine Geschwister in unbedingtem Gehorsam zu Gott. Sie glaubten: Wenn man Gott nicht gehorcht, a) wird man mit einer schlimmen Krankheit bestraft. b) muss man später im Höllenfeuer büßen. c) bleibt man arm.	Sie glaubten: Wenn man Gott nicht gehorcht, muss man später im Höllenfeuer büßen.

Obwohl Martin Luther alle Gebote und Regeln gewissenhaft einhielt und viele fromme Werke tat, hatte er Angst vor Gott. Wie stellte er sich Gott vor?

a) Wie einen alten Mann mit einem grauen Bart.
b) Wie einen König mit einer Krone.
c) Wie einen strengen Richter, der alles weiß und sieht.

Wie einen strengen Richter, der alles weiß und sieht.

Auf dem Rückweg von Mansfeld am 2. Juli 1505 hatte Martin kurz vor Erfurt ein Erlebnis, das ihn zu Tode erschreckte. Was war das?

a) Die Erde bebte.
b) Ein Meteorit stürzte herab.
c) Ein heftiges Gewitter mit Blitz und Donner ging nieder.

Ein heftiges Gewitter mit Blitz und Donner ging nieder.

In seiner Todesangst legte Martin ein feierliches Versprechen ab. Er gelobte, wenn er mit dem Leben davonkäme, dann würde er

a) später an dieser Stelle eine Kapelle bauen.
b) das Jura-Studium aufgeben und Mönch werden.
c) der Kirche Geld spenden.

Martin gelobte, er würde das Jura-Studium aufgeben und Mönch werden.

Wie reagierte Martins Vater, als er erfuhr, dass Martin ins Kloster gehen wollte?

a) Er stimmte begeistert zu.
b) Er war wütend.
c) Es war ihm egal.

Er war wütend.

Damals zogen im Land Händler umher. Diese verkauften im Auftrag des Papstes Papiere. Was sollten diese Papiere bewirken?

Wer eines kaufte,
a) der brauchte keine Kirchensteuer mehr zu bezahlen.
b) dem sollten seine Sünden und das Fegefeuer erlassen werden.
c) der war für ein Jahr vom Gottesdienst befreit.

Wer eines kaufte, dem sollten seine Sünden und das Fegefeuer erlassen werden.

Wie nannte man diese Papiere?

a) Papstbriefe
b) Ablassbriefe
c) Blaue Briefe

Ablassbriefe

Warum kauften so viele Menschen Ablassbriefe?

➤ Weil sie so viel Geld hatten.
➤ Weil sie der Kirche Geld spenden wollten.
➤ Weil sie sich von ihrer Schuld freikaufen wollten.

Weil sie sich von ihrer Schuld freikaufen wollten.

Warum war Martin Luther gegen den Ablasshandel?

➤ Weil er kein Geld hatte.
➤ Weil er Tetzel nicht leiden konnte.
➤ Weil er den Ablasshandel für falsch hielt.

Weil er den Ablasshandel für falsch hielt.

Was sagte Martin Luther zu dem Handel mit Ablassbriefen?

a) Eine gute Sache! So kommt Geld in die Kirchenkasse.
b) Gottes Vergebung kann man nicht erkaufen. Man muss an Gott glauben und seine Sünden bereuen.
c) Es ist besser, die Leute kaufen Ablassbriefe, als dass sie ihr Geld für weltliche Dinge verschwenden.

Gottes Vergebung kann man nicht erkaufen. Man muss an Gott glauben und seine Sünden bereuen.

Lernkarte »Mit Martin Luther entdecken ...« 19a

Martin Luther schrieb 95 Thesen gegen den Ablasshandel auf.
Wie nennt man diese Thesen auch?

a) Testament
b) Kapitel
c) Protestsätze

Lernkarte »Mit Martin Luther entdecken ...« 19b

Protestsätze

Lernkarte »Mit Martin Luther entdecken ...« 20a

Was machte Martin Luther mit seinen Protestsätzen?

a) Er schickte sie an den Papst.
b) Er hängte sie an der Kirchentür in Wittenberg aus, damit alle sie lesen konnten.
c) Er legte sie in seine Bibel und bewahrte sie dort auf.

Lernkarte »Mit Martin Luther entdecken ...« 20b

Er hängte sie an der Kirchentür in Wittenberg aus, damit alle sie lesen konnten.

Lernkarte »Mit Martin Luther entdecken ...« 21a

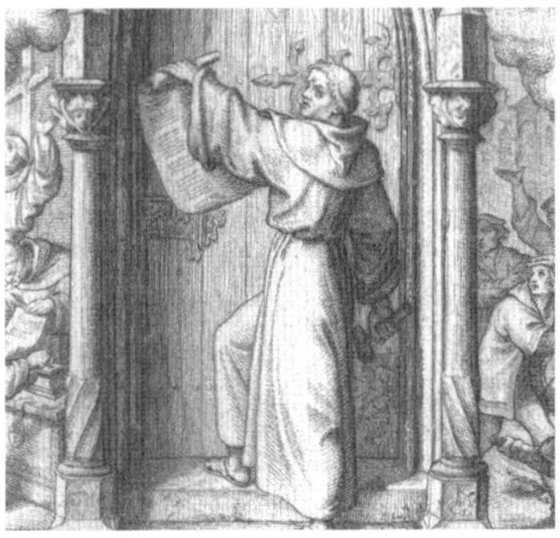

Martin Luther redete mit seinen Studenten und Kollegen über seine neuen Erkenntnisse.
Welches war seine wichtigste Entdeckung?

a) Gott liebt uns so, wie wir sind. Wir müssen uns seine Liebe nicht verdienen.
b) Wer jeden Sonntag in die Kirche geht, ist bei Gott gut angesehen.
c) Wer jeden Tag einen Abschnitt in der Bibel liest, dem erlässt Gott seine Sünden.

Lernkarte »Mit Martin Luther entdecken ...« 21b

Gott liebt uns so, wie wir sind. Wir müssen uns seine Liebe nicht verdienen.

Der Papst in Rom erfuhr von den neuen Ansichten, die Martin Luther verbreitete. Wie reagierte er darauf?

a) Er fand Luthers Idee gut.
b) Er verlangte, dass Martin Luther widerrief.
c) Es interessierte ihn nicht besonders.

Er verlangte, dass Martin Luther widerrief.

Weil Martin Luther nicht widerrief, ächtete ihn der Kaiser und erklärte ihn für »vogelfrei«.
Was hieß das?

a) Er musste im Wald leben wie die Vögel.
b) Jeder, der ihn sah, durfte ihm den Vogel zeigen.
c) Jeder durfte ihn töten, ohne dafür bestraft zu werden.

Jeder durfte ihn töten, ohne dafür bestraft zu werden.

Was tat Luther auf der Wartburg?

➢ Abwarten und Tee trinken.
➢ »Mensch, ärgere dich nicht« spielen.
➢ Das Neue Testament aus dem Griechischen ins Deutsche übersetzen
➢ Fernsehen

Das Neue Testament aus dem Griechischen ins Deutsche übersetzen.

Wie hat Martin Luther seine Frau kennengelernt?

a) Sie war aus einem Kloster geflohen und suchte bei Martin Hilfe.
b) Sie fiel ihm auf, weil sie immer in der ersten Reihe saß, wenn er predigte.
c) Sie begegneten sich auf einem Gemeindefest, bei dem Katharina Bier ausschenkte.

Sie war aus einem Kloster geflohen und suchte bei Martin Hilfe.

Martin Luther entwarf ein Familienwappen. Es wurde später ein Zeichen für die Kirchen, die der Lehre Luthers folgten. Es war:

a) die Luthertulpe
b) die Lutherrose
c) die Lutherglocke

Die Lutherrose

Martin Luther schrieb viele Lieder, die noch heute im Gesangbuch stehen. Welches der folgenden Lieder stammt von ihm?

a) Geh aus, mein Herz, und suche Freud
b) O du fröhliche ...
c) Ein feste Burg ist unser Gott

Ein feste Burg ist unser Gott.

Welches bekannte Weihnachtslied hat Luther für seine Kinder geschrieben?

a) Stille Nacht, heilige Nacht
b) Vom Himmel hoch, da komm ich her
c) Ihr Kinderlein, kommet

Vom Himmel hoch, da komm ich her.

In welchen Städten oder Orten lebte Martin Luther **nicht**?

➤ Eisleben
➤ Stuttgart
➤ Erfurt
➤ Wittenberg
➤ Köln
➤ Wartburg
➤ München

➤ Stuttgart
➤ Köln
➤ München

Bringe die folgenden Lebensstationen Martin Luthers in die richtige Reihenfolge:

➤ Auf der Wartburg übersetzt Martin Luther die Bibel in die deutsche Sprache.
➤ Martin Luther protestiert in 95 Thesen gegen den Ablass.
➤ Martin Luther heiratet Katharina von Bora.
➤ Martin Luther wird fast vom Blitz erschlagen und verspricht Mönch zu werden.

1. Martin Luther wird fast vom Blitz erschlagen und verspricht Mönch zu werden.
2. Martin Luther protestiert in 95 Thesen gegen den Ablass.
3. Auf der Wartburg übersetzt Martin Luther die Bibel in die deutsche Sprache.
4. Martin Luther heiratet Katharina von Bora.

Im Haus Gottes und der Menschen Gemeinschaft erfahren – Miteinander leben und feiern in der Kirchengemeinde

Schwerpunkt-kompetenz und weitere Kompetenzen

Die Schülerinnen und Schüler
- **kennen die evangelische und die katholische Kirche am Ort und wissen von einzelnen Gemeindegliedern mit ihren besonderen Aufgaben (6.3).**
- kennen die großen Feste im Kirchenjahr (Pfingsten) und deren Bedeutung (6.1).
- wissen, dass Christinnen und Christen an Gott den Vater, den Sohn und den Heiligen Geist glauben (4.3).
- wissen, dass Taufe und Abendmahl auch mit Kindern in Gottesdiensten gefeiert werden (6.5).
- bringen ein Beispiel religiöser Kunst sowie Symbole mit der biblisch-christlichen Tradition in Verbindung und erklären deren Bedeutung (6.4).
- können über die eigene konfessionelle Zugehörigkeit Auskunft geben (7.1).
- können an Feiern und Ritualen mit Verständnis und Achtung teilnehmen und diese teilweise mitgestalten (6.2).
- wissen, dass die Bibel für Christinnen und Christen die Heilige Schrift ist, aus der in jedem Gottesdienst vorgelesen wird (3.3).

Themenfeld: Christinnen und Christen kommen in Kirchengemeinden zusammen
Christinnen und Christen feiern gemeinsam Gottesdienste und Feste. Für Kinder und Erwachsene gibt es Einrichtungen, Gruppen und Veranstaltungen. Mitarbeiterinnen und Mitarbeiter gestalten das Leben in den Gemeinden. Christen treffen sich auf der ganzen Welt in Gemeinden und gehören zu einer großen Kirche.

Im persönlichen Lebenskontext von Kindern und Jugendlichen

Zur Lebens-bedeutsamkeit

Die Kirche als Versammlungsort der Gemeinde, an dem Gottesdienste gefeiert werden, und ihre spezifischen Gegenstände sind den Kindern, abhängig von ihrer religiösen Sozialisation, mehr oder weniger bekannt. Wuchsen die Kinder früher meist in der Familie in die Bräuche und Traditionen des Christentums hinein, so sind die Familien heute in Deutschland weitgehend zu Orten religiöser Sprachlosigkeit geworden. Die Beziehungen, die Kinder zu einer Kirchengemeinde haben, sind daher sehr unterschiedlich. Kirchgang und Gemeindeleben gehören nicht unbedingt zum Erfahrungshorizont von Kindern. Ein Wissen über konfessionelle Unterschiede kann nicht mehr als selbstverständlich vorausgesetzt werden.

Positive Gemeinschaftserfahrungen der Kinder, ein zentrales Geschehen im Gemeindeleben (Gemeindefest) oder im Leben der Kinder selbst (eigene Taufe, Konfirmation der Geschwister) fördern die persönlichen Kontakte zur Gemeinde.

Fragt man Kinder nach ihrem Verständnis von Kirche, denken sie sofort und zuallererst an ein Gebäude mit entsprechendem Inventar, in dem Menschen zusammenkommen, um zu singen, zu beten und Gottesdienst zu feiern. Kirche als ein Haus aus Steinen ist etwas Sichtbares, das man betrachten, umschreiten und in das man hineingehen kann. Das »Konzept Kirche« von Kindern ist konkret. Kirche als geistige, geistliche Gemeinschaft, als Leib Christi oder Volk Gottes sind biblisch-theologische Vorstellungen, die Kindern eher noch fremd sind.

Gemeinde kann aber durch persönliche Kontakte und positive Gemeinschaftserfahrungen von den Kindern als einladende Gemeinschaft erlebt werden.

Die SuS erkunden im Laufe dieser UE die unterschiedlichen Angebote und Veranstaltungen christlicher Gemeinden vor Ort. Kirche zu entdecken als »Haus aus Menschen« bringt die Kinder ins Gespräch mit biblischen und theologischen Kirchenbildern und hilft ihnen, neue Bilder hervorzubringen und ihre früheren Vorstellungen weiterzuentwickeln.

Das Engagement verschiedener Menschen in den Gemeinden führt sie zur Erkenntnis, dass Gemeindeleben nur durch die Mithilfe vieler entstehen kann.

Die SuS erfahren, dass Gemeinschaft (*koinonia*) ein zentrales Merkmal des christlichen Glaubens darstellt. Sie erfahren, dass die Gemeinde sich versammelt zum Gebet, zum Hören auf Gottes Wort und zur Feier von Festen. Sie erleben Gemeinde als eine einladende Gemeinschaft, wenn sie erfahren, dass sie in der Gemeinde mit ihren Bedürfnissen an- und ernstgenommen sind. Die SuS sollen ermutigt werden, sich auf Angebote ihrer Kirche einzulassen und eine Beziehung zur Kirchengemeinde vor Ort aufzubauen.

Die SuS verstehen die Taufe als Ausdruck von Gottes Zuwendung, Nähe und Segen. Es wird den SuS bewusst, dass das Bekenntnis zum dreieinigen Gott alle Christen dieser Erde verbindet.

Im gesellschaftlichen (kulturellen, historischen) Kontext
Kirche als Bauwerk – Der Kirchenraum
Eine christliche Kirche ist ein sakraler Raum. Es ist ein Raum, der der Begegnung mit Gott dient. Kirchen sind zunächst gottesdienstliche Räume, ihre Wirkung geht jedoch über diese Funktion als Raum für die gottesdienstliche Liturgie hinaus. Kirchen sind Sinnen-Räume, die auch liturgiefrei als Räume erfahren werden können und wollen. Sie bieten einen Zugang zur symbolischen und spirituellen Gestalt des Christentums.

Ein Kirchenraum lässt sich allerdings nur vor Ort als Lebensraum erschließen, in dem sich Menschen wohl und geborgen fühlen können, aber auch als Raum, den Menschen gestaltet haben, um ihrem Glauben Ausdruck zu verleihen, und der als solcher über das dort Sichtbare hinausreicht.

Der Kirchenraum erschließt sich uns dreidimensional, indem wir uns in ihm bewegen, in ihn eindringen, ihn betasten, berühren, »begehen«. Durch jeden Schritt verändert sich unsere Sichtweise auf diesen Raum, daher ist es wichtig, Wert auf die »Verlangsamung« zu legen, uns genügend Zeit zum Erspüren dieses Raumes zu geben.

Früher waren den meisten Kindern die Kirchengebäude noch von regelmäßigen Gottesdienstbesuchen bekannt. So musste die Bedeutung dieser Räume nicht eigens erschlossen werden. Heute jedoch können Kirchengebäude als Brücke zur Begegnung mit christlichen Symbolen, Inhalten und christlicher Spiritualität dienen. Die SuS erfahren den Kirchenraum als Raum, in dem sie sich wohl und geborgen fühlen können, aber auch als einen Raum, den Menschen gestaltet haben, um ihrem Glauben Ausdruck zu verleihen, und der als solcher über das dort Sichtbare hinausreicht. Das Wissen über den Kirchenraum und dessen religiöse Symbole hilft den SuS, sich auf diesen angemessen einzulassen. Dies gilt im Äußeren, wenn junge Menschen lernen, sich im Gottesdienstritual zurechtzufinden, als auch im Inneren, wenn Symbole beim persönlichen Gebet helfen.

Im Kontext kirchlicher Tradition
Zurzeit gehören knapp zwei Drittel der Bevölkerung in Deutschland einer christlichen Kirche an. Katholische (24,5 Mio.) und Evangelische Kirche (23,9 Mio.) sind etwa gleich groß, gefolgt von Angehörigen der Orthodoxen Kirche (1,3 Mio.) und 350.000 Mitgliedern evangelischer Freikirchen. Die kirchliche Bindung ist in den einzelnen Regionen Deutschlands unterschiedlich stark. Die zweitgrößte Gruppe der Bevölkerung stellen die Konfessionslosen dar – sie machen bundesweit etwa 29 Prozent aus. Beide großen Kirchen befinden sich in Deutschland in einer Umbruchsituation. Sie haben ihre Monopolstellung in Religionsfragen verloren. Es gibt einen nie dagewesenen »Markt der Möglichkeiten« im Blick auf religiöse Orientierungen. Die früher selbstverständliche kulturelle und gesellschaftliche Bedeutung der Kirchen versteht sich nicht mehr von selbst. Religion ist in weiten Teilen der Gesellschaft zur Privatsache geworden. Für viele Menschen ist die Religion so sehr Privatsache, dass sie weder an Gottesdiensten noch an kirchlichen Feiertagen teilnehmen und gar nicht wissen, wie sie ihrer Privatreligion irgendwie Form oder Gestalt geben können. Die Individualisierung von Religion schreitet voran und die Distanzierung von verbindlichen

Formen des Glaubens nimmt zu. Doch wo keine übernommene oder gelernte religiöse Sprache, keine Teilnahme an Riten und Festen und auch keine religiöse Verhaltenssicherheit mehr gegeben sind, wird der eigene Glaube undeutlich, sozial unsichtbar, verflüchtigt sich und führt in die religiöse Sprachlosigkeit. Die Kirchen gehören zu den größten Arbeitgebern in Deutschland, sind die größten Träger freier Bildungseinrichtungen, unterhalten mehr als die Hälfte aller Kindertagesstätten und eine hohe Zahl von Krankenhäusern, Alten- und Pflegeheimen, Schulen und Ausbildungsstätten. Ohne die Kirchen ist der Sozialstaat in Deutschland nicht denkbar. Die wichtigste Aufgabe der Kirche aber ist es, den Menschen das Evangelium nahezubringen, so dass sie es als begründete Hoffnung für ihr Leben und als Hilfe für ihren Alltag verstehen und annehmen können. Kirche ist mehr als eine Ansammlung von Ortsgemeinden, Kirche ist ein Gesamtunternehmen. Kommunikation des Evangeliums spielt sich nicht mehr allein in der Ortsgemeinde ab, sondern auch in der Schule, beim Kirchentag oder in den Medien.

Das Wort »Kirche« stammt etymologisch von dem griechischen Wort »Kyriakos« ab, was mit »zum Herrn gehörig« übersetzt wird. Im Neuen Testament bezeichnet »Ekklesia« die vor Gott versammelte Gemeinde. Das Wort »Kirche« bezieht sich somit auf die Gemeinschaft jener, die sich zu Jesus Christus bekennen. Es bezeichnet aber auch das Gebäude, in dem sich Menschen zur Andacht, zum Gebet und zum Gottesdienst versammeln.

Nach Martin Luther sind Kirchen dazu da, »dass unser lieber Herr selbst mit uns rede und wir wiederum mit ihm reden durch Gebet und Lobgesang«.

Mit dem Begriff »Kirche« lassen sich *vier* verschiedene *Aspekte* verbinden: Die Kirche ist zunächst einmal für die Kinder ein *Gebäude* (Kirche als Bauwerk). Wenn sie aber »in die Kirche gehen« ist nicht nur das Gebäude, sondern auch der *Gottesdienst* (Kirche als Gottesdienstgemeinschaft) gemeint. Weiter begegnet uns die Kirche als *Institution* mit Pfarramt usw. und schließlich ist Kirche bestimmt durch das *Bekenntnis*. Die Grundbekenntnisse der Reformation sind den Kindern sicher nicht geläufig. Die Kinder sollten aber wissen, dass Kirche bestimmt ist durch das Bekenntnis zu Jesus Christus, so wie es eines der ersten christlichen Bekenntnisse aus dem Neuen Testament sagt: »Kyrios Christos« – Herr ist Christus.

Die christliche *Gemeinde* wird häufig mit weiteren *vier Dimensionen* umschrieben: 1. Gemeinschaft (Koinonia), 2. Verkündigung (Kerygma), 3. Zeugnis (Martyria) und 4. Dienst (Diakonia). Durch Christus selbst wird die innere Identität gestiftet (Kirche als Leib Christi) und Christus selbst ist es, der die Gemeinde in den Dienst an der Welt sendet. Mit dem Spannungsbogen »Beten und Tun des Gerechten« beschreibt Dietrich Bonhoeffer diesen Dienst an der Welt.

Gott schenkt an Pfingsten seinen guten Geist. An Pfingsten erinnern sich Christen daran, dass sie all das geschenkt bekommen, was sie zum Leben wirklich brauchen. Die kirchliche Tradition spricht von den Gaben des Heiligen Geistes und nennt sie Verstand, Weisheit, Rat, Stärke, Erkenntnis, Frömmigkeit und Ehrfurcht vor Gott.

Elementare Fragen

Wo wohnt Gott? Wird Gott nass, wenn es regnet? Hat Gott auch ein Haus? Hat Gott ein Zuhause? Lebt Gott wirklich in der Kirche? Wo befindet sich Gott, wo hält er sich auf? Wohnt Gott (nur – auch) in der Kirche? Kann man nur dort mit ihm sprechen? Wie kann ich mir Gott vorstellen? Braucht Gott ein Haus wie wir Menschen? Wozu brauchen die Menschen dieses »Haus Gottes«? / Wie begegnet mir Gott? Ist Gott wirklich bei uns, wenn wir in der Kirche Gottesdienst feiern? / Lebt Jesus noch? Wie kann Jesus heute bei uns sein? Warum feiern wir Pfingsten? / Warum bauen Menschen Kirchen? Warum heißt die Kirche »Kirche«? Wozu gibt es Kirchen? Wozu brauche ich (eine) Kirche? Wo befindet sich unsere Kirche? Sehen alle Kirchen gleich aus? Was bedeuten die Dinge und Gegenstände in der Kirche? Was macht man alles in der Kirche? Darf jeder in die Kirche gehen? / Ist eine Kirche heilig? Und was bedeutet das? / Warum gibt es (zwei) verschiedene Kirchen? Warum trennen wir uns in der Klasse für den Religionsunterricht? Warum bin ich evangelisch? / Zu welcher Gemeinde / Gemeinschaft gehöre ich? Ist es nicht egal, zu welcher Gemeinde ich gehöre? / Gehöre ich zur Gemeinde, auch wenn ich nicht getauft bin? Kann man alleine glauben? / Wo wurde ich getauft? / Wo und wie kann ich in der Gemeinde mitmachen? / Warum soll ich sonntags in die Kirche gehen? Warum feiern wir am Sonntag Gottesdienst? Wieso läuten die Kirchenglocken und warum haben Kirchen Türme? / Was passiert in einem Gottesdienst? Was ist Segen? Was hat eine Kerze mit dem Glauben zu tun? / Wer ist mein Pfarrer / meine Pfarrerin? Was tut eigentlich ein Pfarrer / eine Pfarrerin?

Blick auf katholische Bildungsstandards	Die Schülerinnen und Schüler • können erläutern, dass in der Kraft des Heiligen Geistes die Jünger und Jüngerinnen Jesu die Botschaft von der Auferstehung verkündeten, dass sich erste Gemeinden bildeten und damit Kirche entstand (6.2). • können Möglichkeiten benennen, wie Kinder in der Kirchengemeinde mitleben können (6.3). • können an konkreten Beispielen Gemeinsamkeiten und Besonderheiten der katholischen und der evangelischen Konfession benennen (6.5). • können vom christlichen Glauben erzählen: das wichtigste Gebet, das wichtigste Bekenntnis, das wichtigste Fest, die Heilige Schrift, der Versammlungsort, der Glaube an den einen Gott. • wissen, dass Christen an Gott den Vater, den Sohn und den Heiligen Geist glauben.
Leitmedien	• Gemeindebrief und / oder andere Veröffentlichungen der örtlichen Kirchengemeinde • Gottesdienstanzeiger / Gemeindenachrichten in der Presse • Lieder: »Ein Schiff, das sich Gemeinde nennt« (LJ 376); »Wir haben Gottes Spuren festgestellt« (LJ 642) • Das (paulinische) Bild von dem einen Leib (Christi) und den vielen Gliedern; Das Ich-Bin-Wort Jesu vom Weinstock und den Reben; … • Kirchengebäude und Kirchenraum vor Ort (Kirchenraumerkundung) • Gottesdienst: Einen Gottesdienst gemeinsam besuchen oder einen Gottesdienst gemeinsam vorbereiten und gestalten • Interviewfragen / Begegnung mit dem Gemeindepfarrer / der Gemeindepfarrerin und Mitarbeitern / Mitarbeiterinnen in der Kirchengemeinde vor Ort • Zusammenfassung der Geschichte der eigenen Gemeinde oder des Kirchengebäudes • www.kirche-entdecken.de • DVD complett: »Offen für alle – Kirche und Gottesdienst. Dokumentarfilm mit Spielteilen von Silke Stürmer, Deutschland 2007; 20 Min. • DVD-complett: »Du bist mein – Die Taufe auf den Namen Gottes«.
Die Schülerinnen und Schüler können zeigen, was sie schon können und kennen.	• Stationen der Lebensgeschichte Jesu und seiner Auferstehung erinnern und in Erzählungen, Standbildern, szenischen Darstellungen und Bodenbildern präsentieren. • In Gruppen über folgende Fragen nachdenken und mögliche Fortsetzungen der Geschichte Jesu und seiner Anhänger entwickeln und erzählen: 1. Was ist nach der Auferstehung Jesu passiert? 2. Wie ging die Geschichte der Jünger nach Jesu Auferstehung weiter? 3. Wie kommt es, dass es auf der ganzen Welt Menschen gibt, die an Jesus Christus glauben? • Aus der Erinnerung die Ortskirche (auch als Bild) benennen, das Kirchengebäude von außen und von innen beschreiben. • Bilder von Gegenständen im Kirchenraum, die im Gottesdienst von Bedeutung sind, benennen, beschreiben und zuordnen, z.B. Kreuz, Kerzen, Bibel, Engel, … • Von der Teilnahme am Kindergottesdienst, Jungschar, Kinderchor, Pfadfinder, … erzählen. • Von eigenen gottesdienstlichen Erfahrungen erzählen anhand der Fragen: Wann und mit wem warst du schon einmal in der Kirche und was hast du dort erlebt? Gab es für dich etwas besonders Interessantes in der Kirche? Malen, was mir in der Kirche am besten gefallen hat.

- Einen Fragebogen (**M 1a**) zu Kirche und Gottesdienst beantworten und auswerten. Mögliche Fragen: 1. Wozu gibt es eine Kirche? 2. Was tun Menschen im Gottesdienst in einer Kirche? 3. Gehst du in eine Kirche? Wann und mit wem? 4. Was tust du in einer Kirche im Gottesdienst? 5. Welche Dinge im Gottesdienst magst du am meisten? 6. Gibt es Dinge im Gottesdienst, die du nicht so magst? 7. Was ist für dich das Wichtigste in einer Kirche? (Mögliche Antworten unter **M 1b**).
- Wichtige christliche Gebets- oder Bekenntnistexte zitieren (Psalm 23, Vaterunser, Glaubensbekenntnis).
- Von Eltern, Verwandten und Bekannten berichten, die eine Aufgabe in der Gemeinde übernommen haben.
- Den Gemeindebrief der entsprechenden Kirchengemeinde mitbringen und vorstellen.
- Bilder von der eigenen Taufe und anderen kirchlichen Festen zusammentragen und davon erzählen.

- Auf einer Kirchenjahresscheibe die Festzeiten Himmelfahrt und Pfingsten markieren und zu beiden Festen Fragen stellen.
- Zu Wort- oder Bildkarten, die zur Pfingstgeschichte gehören, erzählen und Fragen formulieren. Begriffe / Bilder zu: Feuerflammen, Sturm, sprechender Mund, Taube, Geist Gottes, Pfingsten, Kirche (zu Bildkarten siehe auch AHR NEU. Sonderband »Feste im Kirchenjahr«, UE Pfingsten, M 1a).
- Dokumente, Bilder, Erlebnisse der eigenen Familie (Taufurkunden, Kindergottesdienst, Konfirmationsbilder älterer Geschwister usw.) präsentieren und eigene Fragen stellen.
- Absprachen treffen über die Erkundung unterschiedlicher kirchlicher Orte (Kirche, Gemeindehaus, Pfarrhaus, …), über den gemeinsamen Besuch einer kirchlichen Veranstaltung und die Begegnung mit Menschen aus der Gemeinde.

Die Schülerinnen und Schüler wissen, welche Kompetenzen es zu erwerben gilt, und können ihren Lernweg mitgestalten.

- Kirche: Hütte oder Burg? Die SuS fotografieren ihre Kirche vor Ort und / oder zeichnen etwas zur Kirche, das ihnen wichtig ist.
- Die SuS schreiben in ein Kirchenbild oder einen Kirchenumriss (**M 2a**) hinein, was ihnen alles zur Kirche einfällt, besprechen ihre Einfälle in Kleingruppen und stellen die für sie wichtigsten Punkte auf einem Plakat zusammen.
- Treffpunkt Kirche: Die SuS lesen die Wörter im »Haus aus Steinen und Menschen« und setzen ein Fragezeichen neben die Gruppen oder Veranstaltungen, die sie noch nicht kennen. Sie malen all die Aktivitäten farbig an, an denen sie sich schon einmal beteiligt haben, und erzählen einander davon (**M 2b**). Die SuS überlegen, welche dieser Tätigkeiten und Aufgaben für sie die zwei wichtigsten sind, und begründen ihre Wahl.
- Arbeit mit Bildern zum Thema Kirche: Was verbindest du mit dem Wort »Kirche«? Was gehört für dich alles zur Kirche?
  Den SuS werden im Kreis Bilder / Fotos mit der Bitte präsentiert, ein oder auch zwei Bilder auszuwählen, die ihrer Meinung nach mit Kirche zu tun haben. Mögliche Bildmotive: Kirche als Gebäude, außen und innen; Gottesdienst für Erwachsene; Gottesdienst für Kinder; Erntedankfeier im Gottesdienst; Menschen, die beten, einzeln oder in der Gruppe; Taufe im Gottesdienst; Abendmahl im Gottesdienst; Hochzeit in der Kirche; Beerdigung; Menschen erfahren Hilfe (Diakonie); Weltkugel mit Kindern unterschiedlicher Hautfarbe; Bibel; Auferstehung Jesu; evangelisch / katholisch; Konzert in einer Kirche; Pfarrer und Pfarrerin in der Kirche; Hungersnot; Demonstration für Frieden.
  Von den für sie passenden Bildern werden die SuS nun gebeten, ein Bild auszuwählen, das für sie am besten zum Thema »Kirche« passt. Sie begründen ihre Auswahl und erläutern, warum dieses Bild besonders gut passt und andere Bilder weniger.
- Struktur legen: Die SuS bekommen eine Karte mit der Aufschrift ICH, die sie dem Bild zuordnen, das ihnen am besten zum Thema Kirche gefallen hat. Anschließend wählen die SuS aus einer Reihe weiterer Karten – z.B. Vater, Mutter, Bruder, Schwester, Opa, Oma, (Paten-)Onkel, Tante, Religionslehrer/in, Pfarrer/in, Gemeindediakon/in, Kin-

Die Schülerinnen und Schüler entdecken und beschreiben die verschiedenen Angebote und Aufgabenfelder der Gemeinde(n) vor Ort und können die biographischen Bezüge der eigenen Familie zur Gemeinde darstellen.

dergottesdiensthelfer, Kindergruppenleiter/in, Jungscharhelfer/in, Jesus Christus, Gott, … – diejenigen Karten aus, die für ihr eigenes Leben von Bedeutung sind, und legen sie zu einer Struktur (zu einem Bild). Die SuS werden dann zum lauten Denken aufgefordert und dazu befragt, wie nah oder fern sie selbst und die anderen Personen zur Kirche stehen.

Das Gemeindeleben vor Ort kennenlernen

- Treffpunkt Kirchengemeinde: Erkundungen und Recherche über die Angebote und Aufgaben einer Gemeinde in der Tageszeitung, im Gemeindebrief, am Schaukasten, eventuell auch im Internet. Die SuS erhalten einen aktuellen Gemeindebrief und den Umriss ihrer Ortskirche (oder die Vorlage in **M 2c**). Sie schreiben in den Umriss, welche Veranstaltungen (Gottesdienste) im Kirchengebäude stattfinden, und um den Umriss herum Gemeindeveranstaltungen, die nicht in der Kirche stattfinden. Als Gruppe wählen die SuS eine Gemeindeveranstaltung (z.B. Gemeindefest, …) aus, über die sie sich genauer informieren möchten. Sie interviewen Menschen, besuchen die Veranstaltung und erzählen im Anschluss daran von ihren Erfahrungen. Die Informationen über die Angebote der Kirchengemeinde werden gesammelt und auf Plakaten präsentiert.
  Die Schulklasse gestaltet (daran anschließend) eine Seite für den Gemeindebrief, z.B. malen die Kinder Bilder, schreiben über ihren Besuch in der Kirchengemeinde oder schreiben etwas über ihren Religionsunterricht.
- Kirche – da ist was los: Die Veranstaltungsangebote werden unterschieden nach Angeboten für Kinder (K = Kinder in der Kirche), Jugendliche (J), Erwachsene (E), Senioren (S) oder für Familien (F). Die SuS gestalten für jede Zielgruppe ein Angebots-Plakat und präsentieren dieses. Die Angebote der Gemeinde für die Kinder (Kindergarten, Kindergottesdienst, Jungschar, Kinderchor …) werden als Werbeplakat gestaltet, die zu konkreten Angeboten einladen und diese vorstellen.
  Im Anschluss daran überlegen sich die SuS, welche dieser Angebote zur Freizeitgestaltung sie interessieren und welche sie gerne näher kennenlernen möchten.
- Gemeinschaft in der Schule, im Religionsunterricht, in der Familie, mit Verwandten und Freunden … erleben: Die SuS erzählen vom Morgenkreis, der Begrüßung, von Ritualen dem Stundenabschluss, dem Feiern von Geburtstagen … und formulieren im Kreis für eine Mitschülerin, für einen Mitschüler einen guten Wunsch für den Tag. Daran anschließend überlegen sie, welche Erfahrungen von Gemeinschaft bei den kirchlichen Angeboten für Kinder möglich sind und welche davon für sie besonders wichtig sind.
- Kirche – da arbeiten viele mit: Für jede Aufgabe bzw. Tätigkeit haupt- und ehrenamtlicher kirchlicher Mitarbeiter/innen von Kirche ein Zeichen / Symbol erfinden, Bilder zu den Tätigkeiten der Mitarbeiter/innen malen oder diese in kleinen Spielszenen zum Erraten darstellen.
- Erkennungsspiel: Tätigkeiten kirchlicher Mitarbeiterinnen und Mitarbeiter als Rateaufgabe beschreiben oder spielen, erraten und dann die Mitarbeiter/innen in das ›Kerzenbild‹ (**M 3a**) eintragen.
- Gespräche / Interviews mit Verantwortlichen der Gemeinden (Pfarrer/in, Kirchendiener/in, Gemeindediakon/in, Kindergottesdiensthelfer/in, Jungscharleiter, Kirchenälteste) über ihre Aufgaben und Motivation ihres Engagements planen, durchführen und auswerten. Gemeinsam können Fragebögen für die einzelnen Mitarbeiter entwickelt werden (vgl. **M 3b**). Die SuS besuchen eine Mitarbeiterin oder einen Mitarbeiter der Kirchengemeinde, führen einzeln oder in Gruppen Gespräche mit den Mitarbeiter/innen und berichten darüber in der Klasse oder laden verschiedene Personen aus der Kirchengemeinde zu einer Begegnung in den Unterricht ein.
- Einen Kirchenältesten oder eine Mitarbeiterin aus der Jugendarbeit einladen, befragen und anschließend für jede Aufgabe der Person ein Zeichen, ein Symbol oder eine Szene malen.
- Besuch kirchlicher Orte, Einrichtungen und Veranstaltungen: Besuch eines Kindergartens, eines Kindergottesdienstes, einer Krabbelgruppe, eines Altenheims, einer Sozial-

station und Informationen der Mitarbeiter/innen über ihre Arbeit und Motivation für diese Aufgabe erfragen.

- Die Kinder malen eine Kirche aus einzelnen Mauersteinen (Kirche als Haus aus Steinen) und tragen in jeden Stein einen Namen ein. Es kann auch die Vorlage **M 2a** wieder verwendet werden.

Kirche für Kinder – Kinder in der Kirche

- Im Wimmelbild zu »Kirche für Kinder« (**M 4**) Angebote / Aktivitäten der Kinderkirche entdecken und beschreiben.
  Wir gehören dazu: Präsentation und Beschreibung des Kindergottesdienstlogos (**M 5a**). L erzählt die biblische Geschichte von der Zuwendung Jesu zu den Kindern (Mk 10,13–16). Gemeinsam wird überlegt, wie die Kirche sich um Kinder kümmert.
  Die SuS beschreiben das Anliegen des Kindergottesdienstes und entwickeln Ideen, wie sie selbst einen Kindergottesdienst gestalten können.
- Von Erfahrungen aus dem Kindergottesdienst, von der Kinderbibelwoche, von den christlichen Pfadfindern, von der Jungschar, von Kinderfreizeiten erzählen und jeweils dazu ein Info- / Werbeplakat gestalten.
- Die eigenen Taufurkunden, Tauforte und Taufsprüche sammeln und sich gegenseitig vorstellen.
- Die kirchliche Trauung der Eltern erfragen und eine Traubibel mitbringen.
- Von der Konfirmation eigener Geschwister und Verwandter erzählen.
- Mitte-Gestaltung »Wir gehören dazu«: In die Kreismitte legt L große Puzzleteile eines Fotos einer Kirche, mit denen die SuS die Kirche zusammensetzen. Durch Zublinzeln und die verbalisierte Zusage: »Du gehörst dazu. Du bist eingeladen« legen die Kinder nacheinander ein Portraitbild von sich auf das Kirchenbild. Die von den SuS gestaltete Kirche kann durch Bilder bzw. Namenskärtchen von Eltern, Nachbarn, Freunden und den nun bekannten kirchlichen Mitarbeiter/innen weiter ergänzt werden. Mit dem Material aus der Kreismitte (Kirche, Bilder, Namenskärtchen, …) lässt sich daran anschließend eine Kirchengemeinde-Collage anfertigen und im Klassenraum ausstellen.
- Die Collage »Viele Menschen im Antlitz Jesu« (**M 5b**) als Bildimpuls und erste Deutungen der SuS wie z.B.: Viele Menschen gehören zu Jesus, wir gehören zu Jesus, ich gehöre auch dazu …
- Eine Collage »Ich gehöre dazu« gestalten. Die SuS malen sich selbst oder bringen ein Foto von sich mit (evtl. auch ein Taufbild). Die Bilder bzw. die Fotos der SuS werden auf die Kirche (einen Kirchenumriss) aufgeklebt und noch Raum für weitere Personen freigehalten, z.B. für Eltern, Großeltern, Freunde, …
- Die SuS gestalten eine Seite für den Gemeindebrief oder die Schülerzeitung zu den Angeboten kirchlicher Kinder- und Jugendarbeit.
- Ein Kirchengemeinde-Mobile gestalten: Auf kleine Kärtchen malen die SuS Bilder von Personen und Einrichtungen, die sie in der Kirchengemeinde kennengelernt haben.

- Metaphern-Übung: Kirche ist für mich … Die SuS schreiben auf und / oder malen, was Kirche für sie ist, welche Bilder und Vorstellungen sie von Kirche haben, z.B. ein Haus, ein Haus aus Steinen, aus lebendigen Steinen, aus Menschen, ein Schiff, Gegenstände in der Kirche, Gott, der in der Kirche wohnt, …
- Wo wohnt Gott? Theologisieren mit Kindern zu der Frage »Wird Gott nass, wenn es regnet?« Die SuS erzählen von den möglichen Wohnorten / Wohnstätten Gottes, die auch als Gegenstände oder Bilder symbolhaft in die Mitte gestellt bzw. gelegt werden können, z.B.: Gott wohnt im Himmel, auf einer Wolke, in einem Zelt, in der Kirche, im Tempel als Haus Gottes, in mir in meinem Herzen (Symbol Herz), in einem Menschen, der meine Hilfe braucht, überall, … Dazu können auf Spruchkarten die entsprechenden Stellen aus der Bibel dazugelegt werden, um zu zeigen, dass auch die Bibel von verschiedenen Wohnorten Gottes spricht.

Die Schülerinnen und Schüler können biblische und außerbiblische Bilder für Gemeinde beschreiben und deuten.

Ergänzend und vertiefend inszenieren die SuS das vorliegende theologische Gespräch (**M 6a**) zur Frage »Wo wohnt Gott?«. Sie vergleichen ihre eigenen Vorstellungen mit denen der SuS aus dem Gespräch sowie mit den Vorstellungen der Bibel in **M 6a**.

- In einen Grundriss, der die Kirche in ihrem Inneren abbildet (**M 6b**), malen die SuS Gegenstände, die in eine Kirche gehören, z.B. Orgel, Wandbilder, Kerzen, Glocken, Taufbecken, Kreuz, Altar, Sitzbänke, Kanzel, …
- Die SuS malen in einem Bild Gott und Kirche (Kirchengebäude), z.B.: Gott vor, über, in der Kirche, in welcher Gestalt auch immer: abstrakt oder gegenständlich, …
- UG zum Frageimpuls: Was macht man in der Kirche? (Z.B. singen, beten, auf das Wort Gottes hören, feiern, spenden, …).

Verschiedene Bilder für die Gemeinschaft der Kirche

- Die SuS malen eine Kirche, stellen ihre Kirchen-Bilder sich gegenseitig vor und entdecken Gemeinsamkeiten in ihren Bildern, aber auch Unterschiede.
- Theologisieren mit Kindern: Warum ist die Kirche ein Haus Gottes und ein Haus der Menschen?
  L präsentiert den SuS die beiden Wortkarten »Kirche aus Steinen« und »Kirche aus Menschen«. Die SuS denken über den Unterschied dieser beiden »Kirchen-Bilder« nach, äußern ihre Vorstellungen über eine »Kirche aus Menschen«, z.B. einer Gemeinschaft von Menschen, die um Christus versammelt ist. Sie bringen ihre Vorstellungen in Bildern zu einer »Kirche aus Menschen« – »Kirche aus lebendigen Steinen« gestalterisch zum Ausdruck. Die SuS vergleichen ihre zuvor gemalten Bilder von einer Kirche aus Steinen und einer Kirche aus Menschen, erläutern ihre Entdeckungen und vertiefen ihre Arbeit am Bild »Kirche« mit dem Singen des Kanons »Wo zwei oder drei in meinem Namen versammelt sind« (LJ 470). Daran anschließend malen sie eine Kirche aus Steinen, schreiben Personen oder Personengruppen in die Steine hinein und / oder malen die Personen in die lebendigen Steine hinein.
- Interaktionsspiel: »Du gehörst dazu, du bist eingeladen: Die SuS sitzen im Kreis und gestalten aus vorbereiteten Papierteilen eine Kirche. L ruft den Namen eines Kindes und sagt: »Ich habe dich bei deinem Namen gerufen, du gehörst dazu, du bist eingeladen«. Als Antwort auf die Einladung legt das Kind ein selbst gewähltes Material – z.B. einen mit seinem Namen beschrifteten Smiley, Name auf Herzform geschrieben, Selbstbildnis, Foto, Taufbild, Chiffontuch, Muschel, … – in den Kirchenumriss hinein. Alle Kinder sind eingeladen und werden von L bei ihrem Namen gerufen. Weitere Menschen, die zur Kirchengemeinde gehören und eingeladen sind, wie z.B. Eltern, Nachbarn, Freunde, werden von den SuS benannt und auch für die benannten Personen wird von den SuS ein passendes Material in den Kirchenumriss hineingelegt.
- Jede/r ist mit ihren / seinen Gaben für die Gemeinschaft wichtig: Zu der an 1. Korinther 12 angelehnten Geschichte (**M 7a**) beantworten die SuS die folgenden Fragen: 1. Erkläre mit deinen Worten, was passiert, wenn jeder Körperteil nur für sich sein möchte. 2. Kannst du sagen, warum die einzelnen Körperteile am Ende wieder froh und glücklich sind? 3. In der Bibel wird die Gemeinschaft aller Christen in der Kirche mit einem Körper verglichen. Kannst du erklären, was damit gemeint ist? Z.B. dass in einer Gemeinschaft unterschiedliche Gaben vorhanden sind und auch gebraucht werden und dass Gemeinde zugleich Gemeinschaft mit Christus und untereinander bedeutet. Der Text in **M 7a** kann als Ganzes gelesen und bedacht werden. Es ist jedoch auch möglich, die Geschichte immer wieder zu unterbrechen und über den möglichen Fortgang der Geschichte zu sprechen. Der Text eignet sich auch als Impuls zum kreativen Schreiben.
- 1. Korinther 12,12–26: »Ihr seid der Leib Christi« bildlich umsetzen: In einen großen Körperumriss (**M 7b**, vergrößert) malen bzw. kleben die SuS einzelne Personen (aus Zeitschriften) hinein.
- Das Bibelwort vom Weinstock (**M 7c**), der seine Rebzweige ernährt, so dass diese Frucht bringen können, veranschaulicht das Verhältnis von Jesus zu seinen Jüngern / zur Gemeinde. Der Weinbauer kann als Bild für Gott gesehen werden.

Anschließend kann das Bild eines Maiskolbens (**M 7d**) auf die christliche Gemeinde übertragen werden.

- Zusammen mit anderen gehören wir dazu: Gemeinsames Singen und Besprechen des Liedes »Wo zwei oder drei in meinem Namen versammelt sind« (LJ 470) (nach dem Luther-Text von Mt 18,20); Alternativ: »Ein Schiff, das sich Gemeinde nennt« (LJ 376) oder »Freut euch, wir sind Gottes Volk« (EG Ba 611).
  Der Bibelvers (Matthäus 18,20) wird in die Kreismitte gelegt oder an die Tafel geschrieben. Die SuS äußern ihre Gedanken und Fragen zum Text und verknüpfen sie mit der Idee, dass Gemeinde zugleich Gemeinschaft mit Christus und untereinander bedeutet. Die SuS gestalten mit dem Bibelvers und ihren selbstgemalten bzw. ausgewählten Bildern eine Spruchkarte – Bild auf der Vorderseite und Bibelvers auf der Innenseite – und / oder ein Plakat.

- Das eigene Lieblingsbild von Kirche gestalten, z.B. Haus aus Menschen, ein Leib und viele Glieder, Maiskolben, der Weinstock und die Reben, Schiff, …, präsentieren und erläutern.

- Die SuS schreiben eine Geschichte und malen daran anschließend ein Bild zum Thema »Mein Traum von Kirche« oder »Meine Traumkirche« oder »Meine Wunschkirche«.

- Auf der Webseite der Evangelischen Kirche für Kinder www.kirche-entdecken.de oder mittels der CD-ROM »Kirche entdecken« können die SuS den Kirchenraum interaktiv erkunden und seine Ausstattung kennenlernen.
  Ebenfalls möglich ist dies in der »St. Bonifatius funcity«: http://www.kirche.funama.de. Die »St. Bonifatius funcity« ist eine virtuelle Stadt im Internet. Hier gibt es alles, was eine Großstadt so ausmacht: Geschäfte, Banken, Versicherungen, Parks, Lokale, U-Bahn, »Geld«, Unterhaltung … und – natürlich – eine Kirche, mit ansprechbaren Seelsorgerinnen und Seelsorgern. In ihr findet man (fast) alles, was zu einer Kirche bzw. Gemeinde gehört: einen Kirchenraum, ein Pfarrbüro, ein Fürbittenbuch, Gottesdienste und Ansprechpartner.

- Der Besuch einer Kirche vor Ort – Kirche erkunden, entdecken und erleben – ergänzt und vertieft die bisherige Arbeit am Bild »Kirche«.

- Die SuS erkunden und fotografieren Kirchen, hören biblische Erzählungen zu den Symbolen in den Kirchen, erstellen ein »Kirchenbuch« und vergleichen das Computerspiel »Kirche entdecken« mit den Kirchen vor Ort.

- Eine Collage mit verschiedenen Kirchenbildern unter einem großen Dach gestalten.

- Die SuS bauen ein Kirchenmodell nach.

- Bildimpuls »Evangelischer Kirchenraum« (**M 8a**, oberer Teil): Die SuS benennen und erklären, was sie im evangelischen Kirchenraum sehen, z.B. Kreuz, Kerzen, Altar, Taufstein, Kanzel, Orgel … Den entdeckten Symbolen ordnen sie deren Bedeutung zu.

- Die SuS vergleichen den evangelischen mit dem katholischen Kirchenraum und benennen Gemeinsamkeiten und Unterschiede (**M 8a**, unterer Teil).

- Die SuS zeigen und erklären ihren katholischen Mitschüler/innen ihre evangelische Kirche und besuchen mit ihren katholischen Mitschüler/innen eine katholische Kirche.

- Im Vergleich eines evangelischen und katholischen Kirchenraums fassen die SuS die Gemeinsamkeiten und Unterschiede der beiden Kirchenräume noch einmal zusammen.

Die Schülerinnen und Schüler können biblische und außerbiblische Bilder für Gemeinde beschreiben und deuten.

Den Kirchenraum erkunden – Kirche erleben: Die Kirche von außen nach innen erschließen
VORBEREITUNG
- Materialien, die bei der Kirchenerkundung benötigt werden, sind z.B.: Block, Stifte, Namenskärtchen, evtl. Fernglas für die Decke der Kirche. L nimmt eine Glocke oder Klangschale mit, mit der die SuS gesammelt werden können. Ein einfacher Grundriss der Kirche vor Ort kann auf einem Blatt vorgezeichnet werden, Orte von Gegenständen können darin markiert werden, deren Namen die SuS dann später dort eintragen können.

- Vor dem Lerngang gestalten die SuS eine Klassenkerze mit den Anfangsbuchstaben ihrer Namen, die dann in der Kirche entzündet wird. Außerdem teilt die Lehrkraft Spruchkarten (Jesus-Worte) mit dem Auftrag aus, den jeweiligen Vers von der Kanzel aus vorzulesen. Für die Kirchenerschließung ausgewählte Lieder sind den SuS bekannt und vorher eingeübt, z.B.: »Macht hoch die Tür«, »Wo zwei oder drei«, »Wir rufen dich bei deinem Namen«, »Tragt in die Welt nun ein Licht«, »Mache dich auf und werde Licht«.

Durchführung: Unsere Kirche erforschen

Erkundung der Kirche von außen (**M 8b**, Teil 1):

- Die Kirchenführung beginnt mit einem Überblick über die gesamte Anlage. Das Kirchengebäude wird entlang der vier Seiten umrundet und von außen beschrieben.
- An der Eingangstür innehalten, das Gebäude auf sich wirken lassen.
- Vor dem gemeinsamen Betreten der Kirche stellen sich die SuS vor, wie es darin wohl aussieht. Denkimpuls: Was uns wohl hinter der Tür erwartet? Die SuS äußern ihre Vermutungen bzw. bringen ihr Vorwissen ein.
- Im Vorraum der Kirche schauen die SuS durch die Glastür.
  Gespräch: Was seht ihr? Was geschieht in der Kirche? Was wird in der Kirche gefeiert? Wie verhalte ich mich angemessen in der Kirche?
- Jesus sagt: »Ich bin die Tür, wer durch mich eintritt, wird Frieden finden« (vgl. Joh 10,9). Die SuS fassen sich bei der Hand und betreten den Kirchenraum. Mit einem Lied (z.B.: »Zeit für Ruhe, Zeit für Stille, …«) und einer Lichterprozession mit Orgelmusik (ein eindrucksvolles Erlebnis ist ein kurzes Orgelspiel, z.B. Menuett von Johannes Krieger) ziehen die SuS in die Kirche ein. Jeder Schüler / jede Schülerin sucht sich seinen / ihren Lieblingsplatz in der Kirche, stellt das Licht dort ab und bleibt dort eine Weile sitzen.
- Beim gemeinsamen Gang der SuS durch die Kirche können sie summen, Töne suchen, ein Lied anstimmen.

Es folgt die Entdeckungsreise im Kircheninneren, die Erkundung der Kirche von innen:

- (**M 8b**, Teil 2): Wahrnehmung des Raums: Was sehen wir im Kirchenraum? Hier in der Kirche können Menschen mit Gott reden und ihm alles anvertrauen. Die Begegnung mit Gott bedarf der Stille, um zur Ruhe zu kommen.
- »Blindenführung«: Zwei Kinder führen sich gegenseitig durch den Raum. Ein Kind hat jeweils die Augen verbunden. Dann wird getauscht.
- Die SuS gehen paarweise. Ein Kind führt das andere Kind langsam in die Kirche hinein, es geht zu den Stellen, die es spontan ansprechen / interessieren, und erklärt dem Partner, warum es hierher gegangen ist. Es stellt evtl. auch Fragen, die das andere Kind – soweit möglich – zu beantworten versucht. Dann werden die Rollen getauscht. Nach einer gewissen Zeit ertönt ein akustisches Signal (z.B. Klangtrommel) und alle sammeln sich im Altarraum. Es erfolgt ein kurzer Austausch und offene Fragen werden geklärt.
- Im Kirchenraum suchen die SuS sich selbstgewählte Details, betrachten diese, verwandeln sich in einen Fotoapparat und »schießen« mit den Augen Bilder, die sie dann durch Malen auf einem Blatt »entwickeln«. Anschließend werden die Bilder vorgestellt und erläutert.
  Alternativ: Mit Hilfe von Detail-Fotos Gegenstände in der Kirche suchen und davon Bilder malen.
- Bei einem langsamen und forschenden Gang durch die Kirche entdecken die SuS für sie interessante Gegenstände. Sie benennen diese Gegenstände anschließend mit Hilfe von Textkarten und fertigen Skizzen dazu an (**M 8c**).
- Einrichtungselemente, die zur Feier des Gottesdienstes notwendig sind: Die SuS betrachten konfessionell typische Elemente des jeweiligen Kirchenraumes zunächst durch ein »Fernrohr« (gerolltes DIN A4-Blatt). Dann werden die Elemente gemeinsam aufgesucht, betrachtet und besprochen, welche Rolle sie spielen, warum sie in dieser Konfession wichtig sind und ob es sie auch in der anderen Konfession gibt. Im evangelischen Kirchenraum: Kanzel, Taufstein, Altar, Altarbibel, Altarkreuz, Opferstock, …; im katholischen Kirchenraum: Beichtstuhl, Weihwasser, Ewiges Licht, Heiligenstatue, Kerzen, …

- Die Kirche mit Schritten ausmessen und einen Grundriss des Kirchenraums zeichnen. Die Prinzipalstücke der Kirche – Altartisch, Taufbecken und Kanzel – benennen und in den Grundriss einzeichnen.
- Kirche erleben – Anregungen für einen geistlichen Lerngang in die Ortskirche: Die SuS gehen zu verschiedenen Stellen in der Kirche (an der Kirchentür, im Kirchenraum, am Taufstein, vor dem Kreuz, vor dem Kirchturm) und lesen dort die einzelnen Meditations- und Gebetstexte (**M 8d**). Sie ordnen die Wortkarten »eintreten, sich erinnern, aufschauen, still werden und zusammengehören« den jeweils passenden Stellen in der Kirche zu.
- Die SuS erhalten jeweils eine Wortkarte mit Bibelversen (**M 8e**, größer kopiert). Sie suchen einen Ort in der Kirche, der zu ihrer Karte passt, z.B. an dem etwas zu sehen ist, das in ihrem Text erwähnt wird. Sie beschreiben so die Kirche als »gebaute Bibel«. Wer eine passende Stelle gefunden hat, legt seine Karte ab, geht langsam umher und betrachtet die Texte auf den übrigen ausliegenden Karten.
- Die Glocken in der Sakristei läuten.
- Bastelarbeit: Die SuS gestalten ein Kirchenfenster mit farbigem Transparentpapier. Die bunten Wabenfensterbilder schmücken anschließend ein Fenster im Schulhaus.

Station Altar:
- Nach dem Schlagen der Klangschale versammeln sich die SuS um den Altar, entzünden eine Kerze / die Klassenkerze und singen gemeinsam das Lied »Wo zwei oder drei« (LJ 470) oder ein »Vater-unser-Lied«, z.B. »Vater unser, der du bist im Himmel«, mit Gesten.
- Körperübung: Wir versammeln uns um den Altar. Erden / Füße verwurzeln. Kopf strecken. Arme ausspannen. Wir bilden so ein Kreuz mit unserem eigenen Körper.
- Am Altar werden die Kerzen oder die Klassenkerze entzündet und Mk 10,14b wird gelesen: Jesus sagt: »Lasset die Kinder zu mir kommen und schickt sie nicht fort, denn ihnen gehört das Himmelreich«. Dann wird gemeinsam das Vaterunser gebetet und Brot miteinander geteilt.

Station Kanzel:
- Kanzellesen: Verse aus einem Psalm oder einer biblischen Erzählung von der Kanzel sprechen, z.B. die Szene der Hirten auf dem Felde (aus Lk 2), »Ich bin der gute Hirte …« (Joh 10,14) oder Psalm 23. Evtl. auch mit Egli-Figuren als Szene vor der Kanzel gestalten.

Station Taufstein:
- Die SuS bringen ihre Lichter zum Taufstein, entzünden die Osterkerze und schmücken den Taufstein mit grünen Zweigen.
  Die SuS gießen Wasser in die Taufschale und sprechen miteinander über Taufe, Wasser, Tod und Leben.
  Sie erinnern sich an die eigene Taufe oder die Taufe anderer. Gott hat mich angenommen und bei meinem Namen gerufen.
  Lied singen: »Ich bin getauft« (EG 200).
  Das Kreuzzeichen mit Wasser auf die Stirn oder in die Handfläche »eingezeichnet« bekommen mit den Worten: »Gott hat dich lieb. Jesus ist dein Freund« und das Lied »Wir rufen dich bei deinem Namen« als Tauferinnerung gemeinsam singen.
- Eine/r der SuS entzündet die Klassenkerze an der Osterkerze. Die SuS reichen die Klassenkerze weiter, sprechen dem Nachbarn einen (Segens-)Wunsch zu und schenken ihm eine Segensblume mit dem entsprechenden Segenswunschtext (**M 9**) (Segenstexte und Segensblume). Dieser bedankt sich und spricht selbst seinem Nachbarn einen Wunsch zu und so weiter.
  Alternativ: Segenskarten verteilen, im Halbkreis um den Altar stehen, einer / jeder liest seinen Segen für alle vor (**M 9**).
- Zum Abschluss wird ein Lied, z.B. »Die Kirche ist ein Haus« **M 10** nach der Melodie von: »Ins Wasser fällt ein Stein« (LJ 569), gesungen und das Vaterunser gebetet. Auszug aus der Kirche als Lichterprozession mit dem Lied »Mache dich auf und werde Licht« (LJ 451) oder »Tragt in die Welt nun ein Licht« (LJ 327).

NACHBEREITUNG

- In den Folgestunden stellen sich die SuS ihre im Erkundungsbogen (**M 8b**) dokumentierten Ergebnisse gegenseitig vor und besprechen diese.
- Mit den Fotos, die bei der Kirchenerkundung gemacht wurden, ist es möglich, den Lernprozess in der Kirche zu wiederholen bzw. zu vertiefen und die SuS nochmals von ihren Eindrücken und Erlebnissen erzählen zu lassen.
- Die SuS erstellen aus dem Gedächtnis einen Grundriss ihrer Kirche vor Ort und zeichnen die wichtigsten Einrichtungselemente hinein.
- Eine Kirche mit ihren wesentlichen Kennzeichen – Kreuz, Bibel, Taufstein, Altar sowie der Trinitarischen Formel ›Im Namen des Vaters und des Sohnes und des Heiligen Geistes‹ – als Bild oder als Kirchenfenster gestalten.
- Ergänzend bzw. alternativ, sollte eine Kirchenerkundung vor Ort nicht möglich sein: DVD complett: »Offen für alle – Kirche und Gottesdienst«. Inhalt: Johanna und Klara beschließen, sich eine Kirche von innen anzuschauen. Dabei gibt es viel zu entdecken: den Altar, die Kanzel, das Kirchengestühl, Grabplatten, den Taufstein, die Krypta und den Glockenturm, … Auf knapp gefasste und unterhaltsame Weise erfahren die Kinder, was »Kirche« eigentlich ausmacht.
- Kooperatives Lernen »Think, pair, share« anhand der beiden Fragen: Mir gefällt an einer Kirche besonders … Das Besondere an einer Kirche für mich ist …
- Theologisieren mit Kindern: Was würde fehlen, wenn es keine Kirche gäbe?
- Neben der Kirche kann auch das Pfarrhaus und das Gemeindehaus erkundet werden.

Die Schülerinnen und Schüler feiern einen Gottesdienst mit, können wichtige Elemente des Gottesdienstes benennen und gestalten in der Kirche kleine liturgische und spirituelle Formen einer Andacht / einer Feier.

- Videoclip: »Mr. Bean in der Kirche« oder »Mr. Bean singt Halleluja« anschauen, (http://www.youtube.com/watch?v=k6a75BDoJqg). Das Verhalten, die Gedanken und Gefühle von Mr. Bean beschreiben und die Frage klären, was man als Besucher eines Gottesdienstes tut – bzw. was man besser nicht tut und warum.
- Kirche feiert: Von Festen erzählen und Anlässe zusammenstellen, die in den verschiedenen Kirchen gefeiert werden: Weihnachten, Epiphanias, Karfreitag, Ostern, Pfingsten, Erntedank. Einen Festkalender für den Ablauf im Kalenderjahr gestalten.
  Die SuS beschreiben, was alles auf einem Gemeindefest geschieht, überlegen einen eigenen Beitrag zu einem Fest und gestalten eine Einladungskarte für das Gemeindefest.
- Besuch eines Gottesdienstes oder gemeinsames Anschauen der Aufzeichnung eines Fernsehgottesdienstes, z.B. unter www.youtube.com/watch?v=bui4W9WyeQw (Gottesdienst in der Kirche Hagsfeld, 7.12.2011).
  Wiederkehrende Grundelemente eines Gottesdienstes entdecken, beschreiben und selbst gestalten: Beginn im Namen des Vaters und des Sohnes und des Heiligen Geistes, Vaterunser, Fürbitten, Segen, Bibellesung, Predigt, Lieder, ggf. Glaubensbekenntnis. Die Abfolge in einen Gottesdienstverlauf eintragen.
  Alternativ: L legt die Wortkarte »Gottesdienst« in die Kreismitte bzw. heftet sie an die Tafel. Die SuS schreiben auf Kärtchen, was ihrer Meinung nach alles zu einem Gottesdienst gehört. Anschließend werden die Kärtchen so sortiert, dass diese einen möglichen Gottesdienstablauf darstellen; z.B. Eröffnung, Verkündigung, (Abendmahl), Segen. Für jeden Teil können einzelne Elemente benannt werden (Lied, Gebet, Predigt usw.).

Kleine Formen der Spiritualität gestalten

- Interaktionsspiel: Hinhören / (Auf) Gott hören: »Wer ruft mich bei meinem Namen?« 1. Jeder Schüler, jede Schülerin wird durch Zublinzeln und mit Namen in die Mitte gerufen. 2. Bis auf einen Schüler, dem die Augen verbunden werden. Alle SuS rufen dann im Gottesdienstraum bzw. im Klassenzimmer verteilt ihren eigenen Namen. 3. Die Lehrperson ruft in das Stimmengewirr hinein den Namen des Schülers mit den verbundenen Augen und dieser geht dann auf die Lehrperson zu. 4. Alle SuS werden nun still und L spricht dem gerufenen Schüler ein Segenswort zu. Die Segenshandlung kann auf weitere bzw. alle SuS ausgeweitet werden.

- Mögliche Ergänzung: Bild- und Textimpuls »Gott ruft Samuel bei seinem Namen und spricht mit ihm« (1. Sam 3,1–9).
  Bildimpuls: »Der Hörende«, Skulptur von Toni Zenz. – 1. Was hören wir? 2. Auf was hören wir? 2. Was hören wir gerne, was nicht so gerne? 3. Auf wen hören wir?
  Erzählimpuls: L erzählt 1. Sam 3,1–9 (**M 11**) und klärt im theologischen Gespräch mit den SuS die Fragen: Kann ich wie Samuel Gott hören, wenn er mich bei meinem Namen ruft? Was möchte Gott mir wohl sagen, wenn er mich ruft?
  Die SuS singen das Lied »Zeit für Ruhe, Zeit für Stille« (G. Krombusch / L. Edelkötter).
  Erzählimpuls Gott begegnen – Die Fädchen-Gretel (**M 12**). Die SuS beziehen die Frage Samuels »Was möchte Gott mir wohl sagen, wenn er mich ruft?« auf die Erzählung von der Fädchengretel und geben mithilfe des Textes eigene Deutungen und Antworten auf die Frage Samuels, z.B.: »Wir begegnen Gott in dem, der unsere Hilfe braucht, ...«
- Einen Bibeltext vorlesen, einen Psalm beten oder selbst formulierte kleine Gebetstexte sprechen.
- Eine Kerze anzünden, an jemanden denken und eine Bitte, einen Wunsch an Gott für diese Person formulieren.
- Mit Hilfe von Sprachmustern, wie z.B. »Danke, lieber Gott, (da-)für ..., Ich denke an ... und bitte dich ...«, kleine Gebetsgedanken formulieren.

Einen Gottesdienst (mit)planen und (mit)gestalten
- Zu einem selbst gewählten Thema bereiten die SuS mit der Lehrkraft einen Kindergottesdienst vor und gestalten diesen in der Gemeinde.
- Fünf Regeln für den Besuch einer Kirche, eines Gottesdienstes formulieren: Aufgrund des Gespürs, das die SuS beim Besuch der Kirche und der Gestaltung einzelner liturgischer Elemente im Kirchenraum für den besonderen, heiligen Raum der Kirche entwickelt haben, stellen die SuS eine Checkliste für jüngere Kirch- und Gottesdienstbesucher zusammen, wie man sich in einer Kirche angemessen bewegt und verhält, z.B. ruhiges Gehen, leises Sprechen, ...
- Die SuS verfolgen anhand eines Gottesdienstmitschnitts (0:26 Min.), wie Menschen in Ghana Gottesdienst feiern: www.youtube.com/watch?v=xs8-872XB8w. Sie beschreiben die Gemeinsamkeiten und Unterschiede, wie Menschen in Ghana und Deutschland jeweils Gottesdienst feiern.

Die Schülerinnen und Schüler wissen, dass man durch die Taufe Mitglied der Kirche wird und zu ihr gehört, kennen das Taufritual und seine Bedeutung (die Taufe als Ausdruck von Gottes Zuwendung, Nähe und Segen) und können wichtige Elemente der Taufe benennen und erklären.

- Bildimpuls Taufstein: L legt als stummen Impuls ein Bild von einem Taufstein in die Mitte und die SuS äußern sich dazu. Falls die SuS den Taufstein nicht erkennen, legt L evtl. noch ein Taufbild dazu (**M 13a**).
  Die SuS äußern ihr Vorwissen und ihre Vorerfahrungen zur Taufe anhand der Gegenstände – Bild einer Kirche, Geschenk, Wasserschale, Kerze, Herz, Bibel, ... – die in die Mitte gestellt bzw. gelegt werden.
- Die SuS werden gebeten, ihren Taufspruch, Bilder von der eigenen Taufe, möglicherweise auch ihre Taufkerze mitzubringen. Sie notieren ihren eigenen Taufspruch, ihren Namen, wann sie getauft worden sind, in welchem Ort und wie ihre Paten heißen.
- Die SuS erzählen von der eigenen Taufe oder wie sie einmal eine Taufe miterlebt haben.
- Die SuS malen einen Taufstein, z.B. den Taufstein in ihrer Ortskirche, in ihr Heft, schreiben ihren Taufspruch dazu, kleben ein Foto von ihrer Taufe auf den Taufstein und schreiben die Überschrift »Meine Taufe« in ihr (Tauf-)Heft. Ungetaufte Kinder können z.B. ein »Babybild« von sich mitbringen. Die Lehrperson sollte auch Taufbilder und Gegenstände zur Verfügung stellen, falls mehrere Kinder nicht getauft sind. Darunter schreiben die SuS: »Gott spricht: Fürchte dich nicht, denn ich habe dich erlöst. Ich habe dich bei deinem Namen gerufen, du bist mein« (Jes 43,1).
- Ein Bodenbild zum Thema Taufe mit einem blauen Tuch, einer Schale mit Wasser, einer (Tauf-)Kerze, einem (Tauf-)Kleid, einem Kreuz und einer (Segens-)Hand aus Tonpapier

gestalten: L legt ein blaues Tuch in die Mitte des Stuhlkreises und die SuS zeigen nacheinander ihre mitgebrachten Taufbilder. Die mitgebrachten Taufgegenstände – Bild, Kerze, Taufspruch – werden an den Rand des Tuches gelegt.

- Lehrer-Impuls: Einige Gegenstände kommen auf vielen Taufbildern vor … Die SuS nennen diese Gegenstände, z.B. Wasser, Kerze, Kleid, … und L legt die Gegenstände auf das Tuch. Die SuS ordnen die mitgebrachten Bilder den Gegenständen zu. Das Bodenbild kann noch um die Elemente: Kreuz, (segnende) Hand und Taufspruch ergänzt werden. Die SuS tauschen sich darüber aus, was sie über die jeweiligen Elemente und ihrer Bedeutung bei der Taufe wissen.
- Die SuS erarbeiten arbeitsteilig die für die Taufe relevanten Symbole: 1. Wasser – steht hier als Symbol für Leben und Reinheit; 2. (Tauf-)Kerze / Licht – erinnert an Jesu Worte ›Ich bin das Licht der Welt‹ und symbolisiert Wärme, Licht, Geborgenheit; 3. Taufkleid – symbolisiert das Besondere der Taufe, die weiße Farbe als Zeichen für Reinheit; 4. Hände / Segen – durch das Handauflegen und das Kreuzzeichen wird der Täufling mit Jesus Christus in Gott verbunden und steht dadurch unter der Liebe und dem Schutz Gottes (s. **M 13a**).
- L erzählt den SuS mit Hilfe der erarbeiteten Taufsymbole – Taufkleid, Wasser aus einem Krug in eine Schale gießen, Geste des Handauflegens und des segnenden Kreuzes – vom Ablauf einer Taufe.
- Die SuS betrachten Fotos einer Taufgesellschaft – Paten und Gemeinde sollten zu sehen sein – und benennen die auf den Fotos erkennbaren Personen, z.B. Pfarrer, Eltern, Taufpaten, … und äußern sich zu der Bedeutung und Aufgabe von Paten, z.B. versprechen, sich um ihr Patenkind zu kümmern und ihrem Patenkind vom christlichen Glauben zu erzählen.
- Die SuS setzen die Taufformel gestalterisch um (vgl. **M 13b** bildhafte Deutung) oder puzzeln die Taufformel.
- Für die Gestaltung einer Taufkerze wählen die SuS entsprechende Symbole aus und erklären, warum diese Symbole für sie bedeutsam sind. Die SuS gestalten den eigenen Taufspruch bzw. einen Spruch, der ihnen gut gefällt – eine Auswahl an Taufsprüchen zur Verfügung stellen! – und stellen ihre gestalteten Taufkerzen und Taufsprüche in der Klasse vor.
- Die SuS suchen sich ein Segenswort (**M 13c**) aus, das ihnen gefällt, schreiben es auf und malen sich selbst in die segnende Hand Gottes hinein.
- Mögliche Ergänzung: DVD-complett »Du bist mein – Die Taufe auf den Namen Gottes«. Die DVD bietet Wichtiges zur Bedeutung der Taufe, zu ihrer Geschichte und zur Symbolik des Wassers.

Die Schülerinnen und Schüler kennen das Pfingstereignis, können die dazugehörigen Symbole Wind und Feuer auf das Ereignis beziehen und den Pfingsttag als »Geburtstag der Kirche«, der Familie der Christen, deuten.

Gottes Geist verändert Menschen: Von der Entmutigung, Enttäuschung und Unsicherheit zu Ermutigung, Freude und Begeisterung

- Einstimmung: Jesus war zu seinem Vater zurückgekehrt. Doch was sollte jetzt aus den Freunden Jesu werden? Sie fühlten sich einsam und verlassen. Die SuS überlegen, wie wohl das weitere Leben der Jüngerinnen und Jünger Jesu ohne Jesus von Nazareth aussehen wird.
- Erzähl-Impuls: »Die Freunde Jesu sind in einem Haus versammelt. Jesus ist nicht mehr unter ihnen. Sie sind traurig und haben Angst. Sie haben Fenster und Türen verschlossen. Wie geht es ihnen, was denken sie, wie es jetzt wohl weitergeht?« Z.B.: Die Jünger sitzen im Haus, sind niedergeschlagen und fühlen sich verlassen. Sie haben Angst und trauen sich nicht hinauszugehen und von Jesus zu erzählen. L legt ein schwarzes Tonpapier oder Tuch in die Kreismitte.
- Körperübung: Eingeschlossen sein, verschlossene Türen und Fenster: Die SuS nehmen die passende Körperhaltung dazu ein, z.B. traurig und gebeugt stehen oder gehen, …
- Impuls: Wo habt ihr das schon erlebt, dass ihr euch schwach, ohne Kraft und mutlos gefühlt habt? Wer oder was hat euch geholfen, neuen Mut zu finden, stark zu werden und Kraft zu schöpfen?

Pfingsten – das Fest der bewegenden Kraft Gottes: Gott schenkt an Pfingsten seinen Geist, seine Geistkraft

- Erzähl-Impuls: »Nach dem Tod Jesu hatten die Jünger und Jüngerinnen erlebt: Jesus ist auferstanden! Er lebt! Aber Jesus ist nicht bei ihnen geblieben. Er ist zum Vater gegangen. Zum Abschied hat er ihnen versprochen: ›Der Heilige Geist wird euch Kraft geben!‹ 50 Tage sind nun seit seiner Auferstehung, seit Ostern vergangen und die Bibel erzählt: ›Sie alle wurden erfüllt von dem Heiligen Geist.‹ Was genau ist also 50 Tage nach Ostern passiert?
Wie jedes Jahr kamen Menschen aus aller Herren Länder zum Wallfahrtsfest nach Jerusalem. Man kam zusammen, um Gottes Bund mit den Menschen zu feiern, die 10 Gebote, die er ihnen gegeben hatte.«

Gottes guter Geist bringt Menschen in Bewegung und führt sie zu einer neuen Gemeinschaft zusammen

- Bildgestaltung und Kreativwerkstatt: L legt nun das Bild »Pfingsten« von Salvador Dali (**M 14a**) auf das Tonpapier und formuliert als Impuls: »Etwas ist geschehen … du kannst vieles auf dem Bild entdecken … auch die Jünger, Hände, Farben, Bewegung, Kraft …«
L liest im Anschluss an die Bildbetrachtung und -deutung den Text von Dietrich Steinwede (**M 14b**) vor, die SuS gestalten einige Worte oder Verse dieses Textes pantomimisch und beziehen die Pfingst-Bewegung des Bildes und des Textes aufeinander.
Die SuS bringen die Veränderung in den Köpfen und Herzen der Jünger – Verzweiflung und Trauer verwandeln sich in Mut, Hoffnung, Zuversicht und Freude – diesen fundamentalen Stimmungsumschwung mithilfe von Musik (traurig – fröhlich), Farben (dunkel – hell) und eigenen Bildern zum Ausdruck.
Kreative Schreibwerkstatt »Gottes Geist gibt den Jüngern Kraft und Mut, die frohe Botschaft zu verkünden«: Die SuS schreiben eigene Verse zum Thema Pfingsten, etwa in Form von Elfchen (= Gedicht mit elf Wörtern nach dem Schema: 1. Zeile: 1 Wort; 2. Zeile: 2 Wörter; dann 3; 4; 1). Über Redewendungen und sprachliche Bilder – z.B. BeWEGt werden, BeGEISTerung wecken, beGEISTert werden, GEISTreich sein, Feuer und Flamme sein, mit Feuereifer bei der Sache sein, beFLÜGELt werden … – dem Phänomen »Geist«, d.h. Gottes gutem Geist, auf die Spur kommen:
In Standbildern, mit Gesten, Klängen und Farben lassen die SuS die Redewendungen und Sprachbilder anschaulich und erfahrbar werden. Die SuS benennen den Umschwung in der Geschichte, indem sie den Mut der Jünger, das Herausgehen aus den verschlossenen Räumen und das öffentliche Predigen ansprechen.
- Theologisieren: Was haben wohl Petrus und die anderen den Menschen von Jesus zu erzählen?
- Bildgestaltung und -ausstellung: Die SuS singen den Kanon »Wo zwei oder drei in meinem Namen versammelt sind« (LJ 470) oder den Kanon »Du verwandelst meine Trauer in Freude« (LJ 508), malen ein Bild zu einem der beiden Lieder, geben ihrem Bild eine passende Überschrift und stellen ihre Bilder aus.
Bildimpuls und -gestaltung: Es folgt die Präsentation des Altarbildes »Pfingsten« (**M 15a**, Westfälischer Meister um 1380): Nach einem ersten stillen Betrachten des Bildes beschreiben die SuS, was und wen sie auf dem Bild alles entdecken können, äußern ihre Vermutungen zum Bild, deuten das Bild, geben dem Bild eine passende Überschrift und vergleichen das Bild mit ihren eigenen Bildern.
Die SuS sitzen um einen Tisch, bringen die Körpersprache und Handhaltung einer der Figuren im Bild zum Ausdruck, versetzen sich in eine der Personen und sprechen als diese Person deren Gedanken und Gefühle aus.
Die SuS denken über die Frage nach, ob Jesus auf dem Bild ist, ohne dass wir ihn er-kennen, und ergänzen die beiden Satzanfänge: Jesus ist bei uns, wenn … Jesus ist bei uns wie …

Der gute Geist Gottes, die Kraft seines Geistes verbindet Menschen und Gott

- L erzählt die Geschichte von Pfingsten (**M 15b**, mit Bodenbildvorschlag). L-Info: Die Pfingstgeschichte ist in drei große Abschnitte gegliedert: V. 1–13: Pfingstwunder;

V. 14–41: Pfingstrede des Petrus und V. 42–47: Das Leben der frühen Gemeinde. Der Erzählvorschlag in **M 15b** bezieht sich auf die Verse 1–41.

Die SuS spüren der Bewegung dieser Geschichte mit feuerfarbenen Tüchern nach.

- Die Geschichte wird anhand des Bildes **M 15a** wiederholt und die Details des Bildes werden noch einmal benannt (z.B. die Taube bringt die Oblate, das Abendmahlsbrot, die Gebetshaltung, die Verbundenheit untereinander, die Nimben als Zeichen der Zugehörigkeit zu Gott, …).
- Die SuS gestalten in Anlehnung an die graphische Gestaltung des Pfingstbildes **M 15a** eine Mitte und entzünden in der Mitte des Bodenbildes eine Kerze. Die SuS spannen Wollfäden von der Mitte zu ihrem Platz. Sie entzünden an der Kerze in der Mitte ein Teelicht und stellen es auf das Wollfadenende an ihrem Platz. Gemeinsam singen sie das Lied »Wir haben Gottes Spuren festgestellt« (LJ 642), das von Gottes Wirken auf dieser Erde erzählt.
- Ein Pfingstbild aus einer Kinderbibel betrachten, dazu erzählen und aus feuerfarbenem Papier selbst kleine Feuerflammen basteln (vgl. Pfingstbilder in Kinderbibeln etwa in der »Elementarbibel« oder »Mit Gott unterwegs« von Regine Schindler).
- Ein modernes Pfingstbild, z.B. »Red, Yellow, Red« oder ein ähnliches Bild von Marc Rothko, betrachten und die eigene Feuerflamme an eine passende Stelle kleben.

Symbole des Heiligen Geistes – Wind und Feuer

- Erfahrungen mit Wind bzw. einem Luftzug und seiner Wirkung machen, draußen oder im Klassenzimmer: Tipp: Leichte Gegenstände durch Pusten bewegen. Ansonsten kann zur Winderzeugung auch ein Ventilator oder ein Fön eingesetzt werden.
  Die Wirkung des Windes sichtbar und spürbar werden lassen: 1. Eine Kerze anzünden und tragen. 2. Verfolgen, wie eine Feder, ein Wattebausch, ein Pingpongball, ein Ballon … vom Wind erfasst werden. 3. Windspiele, Mobiles in den Wind halten. 4. Sich mit Rückenwind und Gegenwind bewegen, …
  Es folgt ein kurzes Auswertungsgespräch über die Wirkung des Windes anhand der eigenen Winderfahrungen. Mögliches Fazit: Mit dem guten Geist Gottes verhält es sich ähnlich wie mit dem Wind. Man kann ihn zwar nicht sehen, aber wir spüren seine Wirkung. Das Lied »Wind kannst du nicht sehen« (**M 16c**) lernen und miteinander singen. Über »Feuer« und »Sturm« nachdenken. Dabei auch den bildlichen Wortgebrauch mit einbeziehen, z.B. vom Feuer, das Wärme verbreitet, von den Flammen und dem Sturm der Begeisterung, von der Glut der Liebe, vom Licht, das die Wahrheit enthüllt etc. Vgl. auch Lehrer-Info zu den Pfingstsymbolen (**M 16a**).
- Ein Feuer- oder ein Windgebet schreiben. Dazu können die Texte von Regine Schindler aus »Wohnt Gott im Wind?« (**M 16b**) weitergeschrieben werden oder als Anregung dienen.
- Die SuS erklären anhand von Beispielen, was die Redewendung »Für etwas Feuer und Flamme sein« bedeuten könnte. Jedes Kind erzählt, was es begeistert, und gestaltet damit eine gebastelte Flamme.
- Erzählimpuls zum Pfingstwunder (Apg 2,14–47, Teil 2): »Plötzlich rührt Gott die Jünger an durch seinen Geist. Und die Jünger sind plötzlich Feuer und Flamme, erfüllt von Gottes Geist, von seiner Hoffnung, von seinem Mut und von seiner Kraft. Plötzlich sind die Jünger wie verwandelt. Sie gehen hinaus zu den Menschen, in den Tempel und auf die Straßen. Sie müssen erzählen von dem, was sie gehört und gesehen haben, von Gottes großen Taten.«
  Die SuS singen den Kanon »Du, Gott, stützt mich, du, Gott, stärkst mich« (EG Wü 630) und bringen mit farbigen Tüchern das Wirken des Pfingstgeistes in einem Bodenbild zum Ausdruck.
- Präsentation von Redewendungen zu Wind und Feuer (**M 17**). Die SuS werden gebeten, sich eine der Redewendungen, die ihnen gut gefällt, auszuwählen und mit eigenen Worten zu erklären, was diese Redewendung für die Jüngerinnen und Jünger bedeuten würde. In Kleingruppen überlegen die SuS, was sich anhand der Redewendungen zu Wind und Feuer über den Geist Gottes sagen lässt, z.B. Gottes Geist begeistert, die Freunde Jesu sind Feuer und Flamme, sie werden mutig, ihre Angst ist wie weggeblasen.

- Identifikationsangebot: Ihr alle seid / Du bist Nathan. Du kommst aus einem fremden Land und sprichst eine andere Sprache. Du hast den Jüngern Jesu zugehört und hast bis jetzt kein Wort verstanden von dem, was sie gesagt haben. Doch plötzlich verstehst du sie, weil sie in deiner Sprache von Gott reden. Nathan, wie denkst du über das, was hier gerade geschehen ist?
- Anhand der Erzählung »Halleluja« von Gudrun Pausewang (**M 18**) überlegen die SuS, warum Menschen unterschiedliche Sprachen sprechen und wie wir uns trotzdem verständigen und verstehen können.
- Die SuS spüren dem Pfingstwunder anhand der beiden Lieder »Hallelu-, Hallelu-, …, preiset den Herrn« (LJ 389) und »Eine freudige Nachricht breitet sich aus« (LJ 372 / EG 649) nach. Sie stimmen ein in den Chorgesang auf dem Videoclip »Haleluya! Jesus is Lord of Lords« http://de.gloria.tv/?media=115589 (»Halleluja«-Flash Mob zu Weihnachten, gesungen in einem Einkaufszentrum).

Begeisterung in die Welt tragen

- L zeigt die Radierung von Thomas Zacharias »Begeisterung in die Welt tragen« (**M 19a**). (Hinweise für Lehrkräfte zum Bild finden sich in **M 19b**). Die SuS äußern ihre Vermutungen darüber, was die Zeichnung darstellen könnte, und ihre ersten Beobachtungen, z.B. die verschiedenen Gesichter: die Nase, den Mund, die Streifen bzw. die Adern, die vom Kopf jeder Person ausgehen. Sie erkennen die Streifen als angedeutete Sprechblasen, zählen die Gesichter (12) und übertragen sie auf die 12 Jünger Jesu (und ggf. auf die 12 Stämme Israels).
- Gesprächsimpuls: Der lebendige Geist Gottes öffnet die Münder der Freunde Jesu. Nun verkünden sie begeistert die frohe Botschaft. Was könnten die Jünger wohl gesagt haben?
  Die SuS formulieren Vorschläge, was in die angedeuteten Sprechblasen hineingeschrieben werden könnte, z.B.: »Jesus ist auferstanden! Gott hat ihn vom Tod auferweckt! Wir sind dem Herrn begegnet und er hat uns Mut gemacht! Ändert euer Leben! Lasst euch taufen! Glaubt an Jesus Christus und folgt ihm nach!«
- Die SuS zeichnen in ihrer Kopiervorlage von **M 19a** die Umrisslinien der Gesichter mit Farb- oder Filzstiften nach, wählen einige Gesichter aus und schreiben je eine Jüngeraussage in die jeweilige Sprechblase hinein. (Dazu kann das Bild ausgeschnitten, auf ein DIN A3-Blatt geklebt werden und die Sprechblasen komplett gezeichnet werden.) Weitere Aussagen der Jünger können evtl. in Partnerarbeit oder im Plenum formuliert werden. In die Mitte der Zeichnung kann ein Herz, ein Kreuz oder eine Taube – als Zeichen für das, was die ersten Christen miteinander verbindet – gezeichnet werden. Das Bild kann vor dem Einkleben ins Heft mit hellen Farben gestaltet werden.

Vom Geist, der lebendig macht – Vom guten Geist Gottes erfüllt sein

- Theologisieren mit Kindern anhand des folgenden Bibeltextes: »Glaubt nicht einem jeden Geist, sondern prüft die Geister, ob sie von Gott sind« (1. Joh 4,1). Die SuS äußern ihre ersten Assoziationen zum Text aus dem 1. Johannesbrief und zu der Frage, die sich aus diesem Text ergibt: Wie kann ich prüfen, ob ein Geist von Gott ist, ob es Gottes guter Geist ist? Wie kann ich unterscheiden, ob ein Mensch von einem bösen Geist oder vom guten Geist Gottes erfüllt ist? (Vgl. Mt 12,43–45; Apg 19,16). Mögliche Kriterien, um zu beurteilen, ob es ein Geist von Gott ist, sind z.B.:
  Ist es ein: Geist der Wahrheit / Geist der Liebe / Geist des Lebens (neues Leben) / Geist der Bewegung / Geist der Gerechtigkeit / Geist des Friedens / Geist der Weisheit / Geist der Stärke / Geist der gegenseitigen Achtung und Wertschätzung.
- Die SuS erzählen Geschichten, malen, spielen und gestalten in Kleingruppen Situationen, die den guten Geist Gottes, den Heiligen Geist, zum Ausdruck bringen.
- Das Lied »Ins Wasser fällt ein Stein« (LJ 569 / in vielen EGs) singen.
- Das Pfingstwunder malen: Die SuS gestalten mit Farben und Formen ihr eigenes Pfingstbild. Das Bild kann unter dem Titel stehen: »Gottes Geist schenkt Trost, Hoffnung, Mut und Kraft«.

- Theologisieren mit Kindern zu der Schüleraussage: »Gottes Geist sind Gottes Gedanken in mir«. Gemeinsam ein Gebet formulieren und miteinander sprechen, z.B.: »Ich möchte dir, Heiliger Geist, in mir Raum geben. Wirke mit deiner Kraft in mir, …«

Die Kirche feiert an Pfingsten ihren Geburtstag

- Vom eigenen Geburtstag erzählen: Wie ich meinen Geburtstag feiere, das Fest gestalte und wen ich dazu einlade. Begründen, warum wir unseren Geburtstag feiern.
- In Analogie zum eigenen Geburtstagsfest eine Einladung zum Geburtstagsfest der Kirche, dem Haus für Gott und Menschen, gestalten. Gemeinsam überlegen, wie das Fest aussehen kann und wer alles zum Fest eingeladen werden soll (vgl. Lk 14,15–24, Das Gleichnis vom großen Festmahl). Davon erzählen, warum wir den Geburtstag der Kirche feiern.
- Zum Geburtstag der Kirche teilt L an die SuS Geburtstagskerzen aus. Die Flamme wird von der Lehrperson und von Kind zu Kind weitergereicht bis schließlich alle SuS eine brennende Kerze haben. Alle SuS stellen sich im Kreis auf und sprechen miteinander das Segensgebet aus **M 20**.
- Eine Geburtsurkunde für die Kirche gestalten mit Geburtsort (Jerusalem), Geburtsdatum (Pfingsten, 50 Tage nach Ostern), Eltern (Jesus und Heiliger Geist).
- Gesprächs- und / oder Schreibimpuls: Pfingsten – ein Aufbruch voller Begeisterung. Pfingsten ist ein wichtiges Fest für uns Christen, weil …; Pfingsten bedeutet für mich …
- Pfingstgebäck, z.B.»Pfingstzungen«, backen und sich diese miteinander schmecken lassen.

Die Schülerinnen und Schüler können darstellen und begründen, weshalb sich Christen auf der ganzen Welt in einzelnen Gemeinden treffen, sich gegenseitig unterstützen und zur großen und weltweiten Familie der Christen gehören.

Christen in der ganzen Welt: Heute gibt es überall auf der Welt christliche Gemeinden

- Leben in der Familie: Die SuS erzählen davon, was es für sie bedeutet, Mutter, Vater und Geschwister zu haben oder auch sie schmerzlich zu vermissen. Sie beschreiben, wie sie das Zusammenleben und das Zusammengehören in einer Familie erleben und was sie als Familie ausmacht.
- Leben in der großen Familie der Christen: L erzählt, dass viele Menschen auf der ganzen Welt zur großen Familie der Christen gehören. In dieser Jesus-Christus-Familie haben sie / wir ganz viele Geschwister. Wir sind Brüder und Schwestern, die durch Gott, unseren liebenden Vater und Jesus Christus, unseren Bruder und Herrn, zusammengehören.
- Bildimpuls: »Tischgemeinschaft aller« von Sieger Köder (**M 21**): Die SuS äußern ihre ersten Assoziationen zum Bild und teilen sich ihre Entdeckungen über Farben, Formen, Gegenstände und Menschen im Bild mit.
- In der Kreismitte liegt der Bibeltext »Wo zwei oder drei …« (Mt 18,19–20). Die SuS äußern ihre Gedanken und Fragen zum Text, singen das Lied: »Wo zwei oder drei …« und malen ihr Bild zum Lied.

Möglichkeiten geschwisterlichen Handelns in der Welt: Weltweites und zukunftsorientiertes Engagement der Kirche, die sich als Anwalt der Schwachen versteht

- Impuls: Wir haben in der großen und weltweiten Familie der Christen Geschwister, denen wir vielleicht nie begegnen werden, mit denen wir aber durch Jesus Christus verbunden sind.
- Kirche weltweit – Von der Ortsgemeinde zur Weltkirche: »Kirche und Christen auf der ganzen Welt«: Die SuS betrachten eine Karte der Welt mit den fünf Kontinenten und fertigen eine Skizze der fünf Kontinente an. Sie überlegen, in welchen Kontinenten Christen leben und wie hoch wohl ihr Anteil an der Bevölkerung ist (Afrika: 50%; Amerika: 90%; Europa 70%; Asien 10%, Australien 70% und ca. 30% der Weltbevölkerung). Sie sammeln Ideen, wie sich das Christentum in der ganzen Welt ausgebreitet hat und warum (z.B.: Die Jünger haben von Jesus in der ganzen Welt erzählt).
- Aufbruch und Neuanfang: Die SuS lesen den Auftrag Jesu an seine Jünger (Missionsauftrag, Mt 28,19–20), fassen ihn in einem Satz zusammen. Sie schreiben als einer der Jünger kurz vor der Situation des Aufbruchs und des Neuanfangs einen Abschiedsbrief an die eigene Familie (Frau und Kinder).

Gemeinschaft im Sinne Jesu ist überall möglich

- Überall auf der Welt leben Kinder, die von Jesus wissen: Singen mit Gebärden, z.B. das Lied »Lobet und preiset ihr Völker den Herrn«. Davon hören und sehen, wie Menschen woanders miteinander fröhlich Gottesdienst feiern und das Lied »Masithi Amen« (M 10a in UE »Kinder leben in der Einen Welt«, S. 193) miteinander singen und ggf. mit einfachen (selbstgebauten) Instrumenten begleiten.
- Mit den Augen der anderen sehen: Ein (Misereor-)Hungertuch betrachten und beschreiben (vgl. M 15b, UE »Eine Welt«, S. 207, farbig S. 224).
- Unsere Kirchengemeinde hilft auch Menschen anderswo: Eine örtliche Spendenaktion kennenlernen und evtl. unterstützen. Die SuS sammeln Informationen über mögliche Partnerschaften und Kontakte der eigenen Gemeinde und stellen diese auf Plakaten vor. Einen Entwicklungshelfer in die Klasse einladen, der über seine Arbeit in einem Land in Afrika, Asien, … erzählt, oder einen Lerngang zu einem »Eine-Welt-Laden« planen und durchführen.
- L informiert anhand eines Lexikonartikels aus wikipedia (http://de.wikipedia.org/wiki/ Gustav-Adolf-Werk) über die Hilfe für evangelische Christinnen und Christen weltweit durch das Gustav Adolf Werk (GAW). Die Lehrer-Information kann durch eine arbeitsteilige Internetrecherche der SuS (www.gustav-adolf-werk.de; www.gaw-wue.de; www. gaw-baden.de) ergänzt und vertieft werden. Ein Info-Plakat über das GAW kann das Ergebnis der Recherche darstellen, d.h. die ermittelten Informationen, deren Auswertung und Zusammenstellung präsentieren.
- Miteinander leben und feiern: Die SuS bringen Speisen aus aller Welt mit und decken einander den Tisch. Sie singen miteinander Lieder, hören Geschichten und beten gemeinsam.

Kirche vor Ort – Kirche hilft

- Auch in unserer (Kirchen-)Gemeinde brauchen Menschen Hilfe: Bilder von Menschen in Not, die alt, krank, behindert, traurig, allein sind, werden in die Kreismitte gelegt. Die Kinder wählen eines aus. Sie beschreiben das Bild, begründen ihre Bildwahl und formulieren in der Ich-Form einen Wunsch für diesen Menschen.
- Rollenspiele der Kinder: Einander in der Not helfen.
- Mit der Religionsgruppe eine Diakoniestation besuchen.
- Einer kranken Person hilfreich begegnen (eine kleine Freude machen, z.B. ein Lied vorsingen und mit selbstgebauten Instrumenten begleiten).
- Eine »Jesu hilft«-Geschichte inszenieren: In der Bibel finden wir viele Geschichten von Jesus, in denen er Menschen in Not hilft, z.B. Bartimäus, der Gelähmte, die gekrümmte Frau … Die SuS wählen in Kleingruppen eine »Jesus hilft«-Geschichte aus, die sie gemeinsam lesen, inszenieren und dann der Klasse vorspielen.
- Theologisieren mit Kindern: Hilft es uns auch selbst, wenn wir anderen helfen? Wie? Z.B.: Wir erfahren Anerkennung, Wertschätzung, Selbstwirksamkeit.
- Kirche hilft: Wie wird in unserer Kirchengemeinde Menschen konkret geholfen? Eine Mitarbeiterin / ein Mitarbeiter einer Sozialstation, der Nachbarschaftshilfe, des Besuchskreises im Altersheim, von »Essen auf Rädern«, des Freundeskreis Asyl … erzählt materialgestützt (mit Gegenständen) von ihrer / seiner Arbeit und von ihrem / seinem Tagesablauf.
- Eine Projektvorstellung, z.B. von »Brot für die Welt«, mit Bildmaterial (ggf. mit Einladung eines »Experten«).
- »Kleine Helden« – »Local heroes« entdecken: Menschen – wie du und ich –, die für andere Gutes bewirken, interviewen. Siehe auch: wwws.phil.uni-passau.de/local_heroes/ index.htm.
- Unsere Kirchengemeinde als Haus gestalten: Die SuS bauen aus Schuhkartons das Haus ihrer Gemeinde. Jeder Schuhkarton steht für einen Raum oder eine Aktivität im Gemeindehaus, z.B. Kindergottesdienst, Spielen, (Vor-)Lesen, Basteln, Musik, Sport, … Die Bausteine werden entsprechend beschriftet, bemalt oder beklebt und damit eine Kirche gebaut.

- Eine Kirche kann nicht allein gebaut werden – wie wurde unsere Kirche einst errichtet? Die SuS informieren sich über die Geschichte der eigenen Kirche anhand von einer Broschüre o.Ä. oder Erzählungen eines Gemeindemitgliedes.
- Davon erzählen und hören, wie die erste Gemeinde aus dem »Freundeskreis« Jesu entstanden ist (Joh 5,14 »Ihr seid meine Freunde«).
- Anhand von konzentrischen Kreisen darstellen, wie dieser Freundes- und Geschwisterkreis Jesu immer größer geworden ist und verschiedene Freundes- und Geschwisterkreise sich um eine Mitte herum bildeten.

Miteinander und füreinander beten – vor Ort und weltweit
- L legt zum Thema »Menschen beten allein und miteinander« verschiedene Bilder aus. Die SuS wählen nach einer ersten Betrachtungsphase ein Bild aus, das ihnen zu diesem Thema gut gefällt. Sie erzählen dann, warum sie dieses Bild zum Thema »allein oder miteinander beten« gewählt haben.
  Im Anschluss an die Gesprächsrunde betet die Klasse gemeinsam das Vaterunser, Psalm 23 oder ein anderes Gebet mit verabredeten Gebärden.
- L erzählt von der Tradition des »Weltgebetstages der Frauen« am ersten Freitag im März jeden Jahres, der jährlich neu stattfindenden Auswahl der Gebetstexte für den Weltgebetstag (www.weltgebetstag.de) und der weltweiten Förderung von Projekten für Frauen und Mädchen (www.weltgebetstag.de/index.php/de/projektarbeit).
- Eine Verantwortliche des Weltgebetstages vor Ort einladen und selbst einen Teil der Liturgie des Weltgebetstages bzw. des Kinder-Weltgebetstages miteinander feiern (www.weltgebetstag.at/kinder-wgt.html; http://www.junge-oekumene.at).
- Das Weltgebetstagssymbol deuten und mit Farben gestalten (**M 22**).
- Theologisieren zum Motto der Weltgebetstags-Bewegung »Informiert beten – betend handeln«. Impuls: Die Frauen der Weltgebetstags-Bewegung hoffen, durch ihr gemeinsames Beten und Handeln zu mehr Gerechtigkeit, Frieden und Versöhnung in der Welt beizutragen.
- Die SuS gestalten ein Plakat oder eine Spruchkarte mit Mt 18,19–20 und mit Bildern aus dem Fundus des Bildmaterials, das in der Einheit erarbeitet wurde.

Die Schülerinnen und Schüler können darstellen, was neu gelernt wurde.

- Die SuS können zu Karten mit den Begriffen »Kirche als Haus aus Steinen«, »Kirche als Haus aus Menschen« und »Kirche als Ort des Gottesdienstes« erzählen.
- Sie können drei kirchliche Einrichtungen vor Ort benennen.
- Die SuS können die drei für sie wichtigsten Gegenstände in einer Kirche nennen, beschreiben und ihre Bedeutung erklären.
- Sie können Grundelemente des Gottesdienstes beschreiben und davon erzählen, was während des Gottesdienstes am Altar, auf der Kanzel, an der Orgel … passiert.
- Die SuS können drei Bilder für Kirche nennen, ein Bild ihrer Wahl von Kirche und Gemeinde beschreiben (Haus, Schiff, ein Leib und viele Glieder, Maiskolben, …) und dessen Bedeutung erklären.
- Die SuS wissen, wer alles in einer Gemeinde mitarbeitet, und können deren Aufgaben und Tätigkeiten pantomimisch, szenisch und anhand von Beispielen darstellen.
- Sie können ein Angebot für Kinder in der Gemeinde benennen, vorstellen und davon erzählen, welches Programm die Kinder dort erwartet.
- Die SuS können Herkunft und Bedeutung des Pfingstfestes und seiner Symbole beschreiben.

Fachliteratur

- Fischer, Helmut: Einheit der Kirche? Zum Kirchenverständnis der großen Konfessionen, TVZ, Zürich 2010
- Huber, Wolfgang: Kirche in der Zeitenwende. Gesellschaftlicher Wandel und Erneuerung der Kirche, Verlag Bertelsmann Stiftung, Gütersloh ³1999. Gut lesbares Buch, das die wichtigsten dogmatischen und historischen Aspekte zusammenfasst.
- Theißen, Gerd: Die Religion der ersten Christen. Eine Theorie des Urchristentums, Gütersloher Verlagshaus, Gütersloh 2003. Anspruchsvolle, aber sehr gut lesbare Einführung in die Anfänge der christlichen Kirche.

Unterrichtsmaterialien

- Arnswald, Brunhild: Mein Kirchen(t)raum. Außerschulisches Lernen als religionspädagogische Chance, Diplomica Verlag, Hamburg 2008
- Boehme, Katja: Kirchenräume erschließen. In: Ludwig Rendle (Hg.): Ganzheitliche Methoden im Religionsunterricht, Kösel-Verlag, München ⁵2007, S. 230–244
- Frisch, Hermann-Josef: Lebenswege 3. Religion in der Grundschule, Kommentar, Patmos Verlag, Düsseldorf 2001, S. 253–317
- Frisch, Hermann-Josef: Lebenswege 4. Religion in der Grundschule, Kommentar, Patmos Verlag, Düsseldorf 2002, S. 261ff
- Goecke-Seischab, Margarete / Ohlemacher, Jörg: Kirchen erkunden, Kirchen erschließen. Ein Handbuch, Anaconda Verlag, Köln 2010
- Kochenburger, Brigitte: Religion. 80 Rätsel für die Grundschule, Patmos Verlag, Düsseldorf 2003, S. 78–94
- Landgraf, Michael: Kirche erkunden – Haus aus Steinen – Haus aus Menschen. Einführung – Materialien – Kreativideen. Reihe: ReliBausteine primar, Calwer Verlag, Stuttgart 2010
- Neumann, Birgit / Rösener, Antje: Kirchenpädagogik: Kirchen öffnen, entdecken und verstehen. Ein Arbeitsbuch, Gütersloher Verlagshaus, Gütersloh ³2005
- Nowak, Jutta / Pemsel-Maier, Sabine: Gemeinsamkeiten stärken – Besonderheiten verstehen – katholisch-evangelisch, Lernimpulse RU, IRP, Freiburg i.Br. 2006
- Rupp, Hartmut (Hg.): Handbuch der Kirchenpädagogik. Kirchenräume wahrnehmen, deuten und erschließen. Calwer Verlag, Stuttgart ²2008
- Schwikart, Georg: Vom Heiligen Geist den Kindern erzählt, Verlag Butzon und Bercker, Kevelaer ²2005
- Steinwede, Dietrich: Religionsbuch Ökumene. Leben in einem Haus 3, Patmos Verlag, Düsseldorf 1995, S. 94ff

DVD's

- DVD »Gotteshäuser«, Deutschland, 2011, 11 Min. Die DVD »Gotteshäuser« wendet sich an die Klassenstufen 3 und 4 der Grundschule und nähert sich zunächst der Frage: Was ist ein Gotteshaus? Es gibt kleine und sehr große Gotteshäuser und es gibt Gotteshäuser ohne und mit Kirchturm oder einem Minarett. Im Film werden Kinder gezeigt, die Szenen aus ihrem Gottesdienst zeichnen. Laura, Hasan und Shira stellen dabei fest, dass sie ganz unterschiedliche Bilder gezeichnet haben, auf unterschiedliche Weise glauben und an unterschiedlichen Tagen zum Gottesdienst gehen. In drei weiteren Kapiteln der didaktischen DVD stellen die drei Kinder nun ihre Gotteshäuser und Gottesdienste vor.
- DVD »Offen für alle – Kirche und Gottesdienst«, Dokumentarfilm mit Spielteilen von Silke Stürmer, Deutschland 2007
- DVD-complett »Du bist mein – Die Taufe auf den Namen Gottes«. Dokumentarfilm von Silke Stürmer. Deutschland 2003/2008, 14 Min., Video und ROM Ebene
- DVD Collection: »Mr. Bean« – Die komplette TV-Serie. Insgesamt 12 Mr. Bean-Folgen der Jahre 1989–1995 gibt es hier auf drei DVDs

Bilderbücher

- Butt, Christian: Evangelisch – Was ist das? Eine kleine Kirchenkunde. Von Kindern illustriert – für Kinder erklärt, Calwer Verlag, Stuttgart 2011. In diesem Büchlein wird kurz, knapp und klar das Profil der evangelischen Kirche beschrieben. Treffende Bilder aus Kinderhand bringen die Aussagen auf den Punkt. Eine kleine Kirchenkunde für Gemeinden, Schulen und alle Neugierigen.

Internetseiten

- www.bvKirchenpaedagogik.de Seite des Bundesverbandes für Kirchenpädagogik
- www.Kirche-entdecken.de Die Seite der Evangelischen Kirche für Kinder
- St. Bonifatius funcity online: www.kirche.funama.de
  Funcity (www.funcity.de) ist eine virtuelle Stadt im Internet. Hier gibt es alles, was eine Großstadt so ausmacht: Geschäfte, Banken, Versicherungen, Parks, Lokale, U-Bahn, »Geld«, Unterhaltung … und – natürlich – eine Kirche, mit ansprechbaren Seelsorgerinnen und Seelsorgern. In ihr findet man (fast) alles, was zu einer Kirche bzw. Gemeinde gehört: einen Kirchraum, ein Pfarrbüro, ein Fürbittenbuch, Gottesdienste und Ansprechpartner.
- www.gustav-adolf-werk.de; www.gaw-wue.de; www.gaw-baden.de; http://de.wikipedia.org/wiki/Gustav-Adolf-Werk
- Weltgebetstag: www.weltgebetstag.de; www.weltgebetstag.at/wgt2014.html
  Material für den Kinder-Weltgebetstag: www.weltgebetstag.at/kinder-wgt.html; www.junge-oekumene.at

M 1a   # Fragebogen: Die Kirche – ein besonderer Raum
Was tun Menschen in einer Kirche?

1. Wozu gibt es eine Kirche?

_____

_____

_____

_____

2. Was tun Erwachsene in einer Kirche im Gottesdienst?

_____

_____

_____

_____

3. Gehst du in eine Kirche? Wann und mit wem?

_____

_____

_____

4. Was tust du in einer Kirche im Gottesdienst?

_____

_____

_____

5. Welche Dinge im Gottesdienst magst du am meisten?

_____

_____

_____

6. Gibt es Dinge im Gottesdienst, die du nicht so magst?

_____

_____

7. Was ist das Wichtigste im Gottesdienst in einer Kirche?

_____

_____

Mögliche Antworten: Die Kirche – ein besonderer Raum
Was tun Menschen in einer Kirche?

Wozu gibt es eine Kirche?
Um von Gott oder Jesus zu lernen / zu hören; zum Singen über / für Gott / Jesus;
für Gott / Jesus; für die (gläubigen) Menschen; zum Taufen; zum Beten;
um biblische Geschichten zu hören / lesen;
um jede Woche hinzugehen; um Ostern oder Weihnachten zu feiern;
zum Heiraten; für Beerdigungen.

Was tun Erwachsene in einer Kirche im Gottesdienst?
Singen von Gott / Jesus; beten zu Gott / Jesus;
dem Pfarrer zuhören; ruhig sein und still sitzen;
hören über und lernen von Gott / Jesus;
sprechen und Musik machen;
mit der Familie zusammen sein;
zu Beerdigungen gehen; für verstorbene Menschen beten; arbeiten und helfen.

Gehst du in eine Kirche? Wann und mit wem?
Ja, ich gehe oft / jeden Sonntag; manchmal; nur bei besonderen Anlässen; zu Ostern und / oder
zu Weihnachten; nie.
Mit der Schule; mit Papa oder Mama und Geschwistern; mit der ganzen Familie; mit Oma und Opa.

Was tust du in einer Kirche im Gottesdienst?
Von Gott / Jesus hören; über Gott / Jesus lernen; dem Pfarrer bzw. dem Kindergottesdienstmit-
arbeiter zuhören, wenn biblische Geschichten erzählt werden;
singen, beten, malen, basteln, spielen, sitzen, ruhig sein, umherschauen;
mit der Familie zusammen sein; am Kindergottesdienst teilnehmen.

Welche Dinge im Gottesdienst magst du am meisten?
Singen, malen, basteln und spielen; Kindergottesdienst;
mit der Familie zusammen sein;
dem Pfarrer / Kindergottesdiensthelfer zuhören.

Gibt es Dinge im Gottesdienst, die du nicht so magst?
Es dauert zu lange; langes Sitzen und still sein; wenn es langweilig wird / ist.

Was ist das Wichtigste im Gottesdienst in einer Kirche?
Etwas über Gott und Jesus erfahren; biblische Geschichten hören; singen, zu Gott beten; still
sein; Kindergottesdienst; Christ sein / religiös sein.

Was ist Kirche?

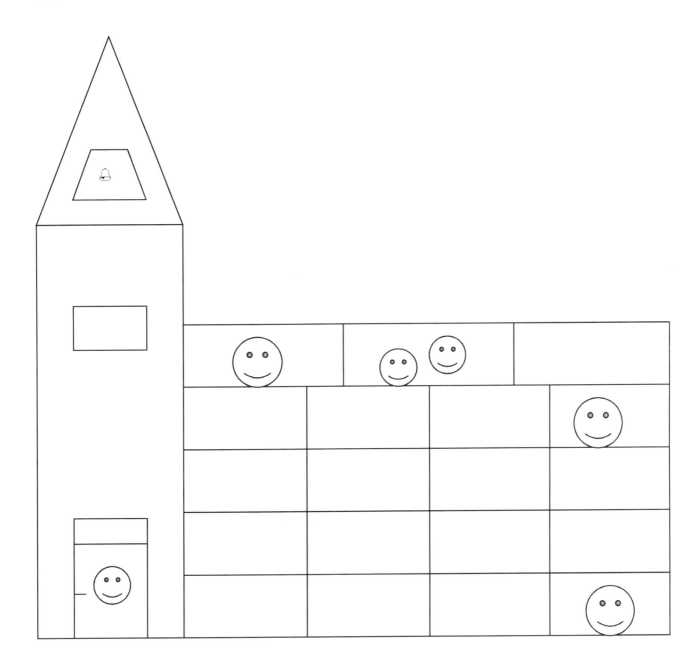

1. Schreibe und male in das Kirchenbild hinein, was dir zur Kirche einfällt.
2. Besprecht eure Einfälle in Kleingruppen und stellt die für euch wichtigsten Punkte auf einem Plakat zusammen.

Treffpunkt Kirche – Haus aus Menschen

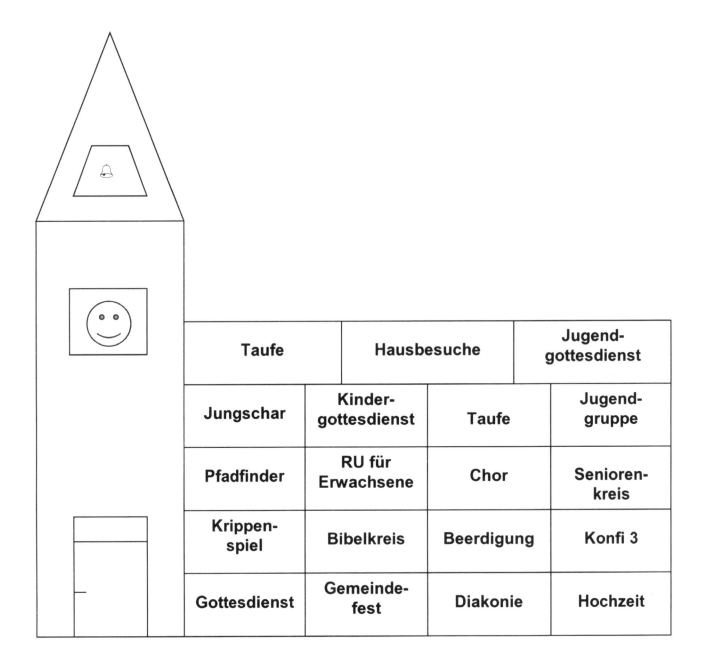

Taufe	Hausbesuche		Jugend-gottesdienst
Jungschar	Kinder-gottesdienst	Taufe	Jugend-gruppe
Pfadfinder	RU für Erwachsene	Chor	Senioren-kreis
Krippen-spiel	Bibelkreis	Beerdigung	Konfi 3
Gottesdienst	Gemeinde-fest	Diakonie	Hochzeit

1. Lies die Wörter in dem Haus aus Steinen und Menschen. Mache ein Fragezeichen neben diejenigen, die du nicht kennst.
2. Male alle Aktivitäten farbig an, an denen du dich schon einmal beteiligt hast.
3. Welche dieser Aktivitäten und Angebote sind deiner Meinung nach die wichtigsten? Du kannst sie mit einem anderen Farbstift umrahmen!

Im Haus Gottes und der Menschen Gemeinschaft erfahren

Umriss einer Kirche

Mitarbeiterinnen und Mitarbeiter in der Gemeinde

Menschen, die unsere Gemeinde aufbauen

1. Die einzelnen Bausteine stehen für die Mitarbeiter in einer Kirchengemeinde. Trage Männer und Frauen ein, die in eurer Gemeinde mitarbeiten.
2. Kannst du dir denken, was die Kerze bedeutet?
3. Überlege, ob man die Kerze auch neben die Mitarbeitermauer stellen kann. Was meinst du?

M 3b   # Fragebogen an Mitarbeitende der Kirchengemeinde

Besuch bei einer Mitarbeiterin oder einem Mitarbeiter in meiner Kirchengemeinde

Name: _____

1. Sie arbeiten in dieser Gemeinde mit. Was sind Ihre wichtigsten Aufgaben?

_____

2. Arbeiten Sie für die Gemeinde in Ihrer Freizeit?   ☐ Ja   ☐ Nein

3. Ist diese Tätigkeit Ihr Beruf?   ☐ Ja   ☐ Nein

4. Bekommen Sie Geld für Ihre Arbeit?   ☐ Ja   ☐ Nein

5. Wie viele Stunden arbeiten Sie pro Woche in der Kirchengemeinde?   ___ Stunden

6. Seit wann helfen Sie in der Gemeinde?   Seit ___ Jahren

7. Warum haben Sie diese Tätigkeit übernommen?

_____

8. Was bereitet Ihnen bei der Arbeit in Ihrer Gemeinde besondere Freude?

_____

9. Was ärgert Sie manchmal?

_____

10. Brauchen Sie noch Helferinnen und Helfer?

_____

11. Was wünschen Sie sich für Ihre Arbeit von anderen Leuten in der Gemeinde?

_____

12. Haben Sie einen Lieblingsvers in der Bibel? Welchen?

_____

Reporter/in: _____   Datum: _____

Kirche für Kinder

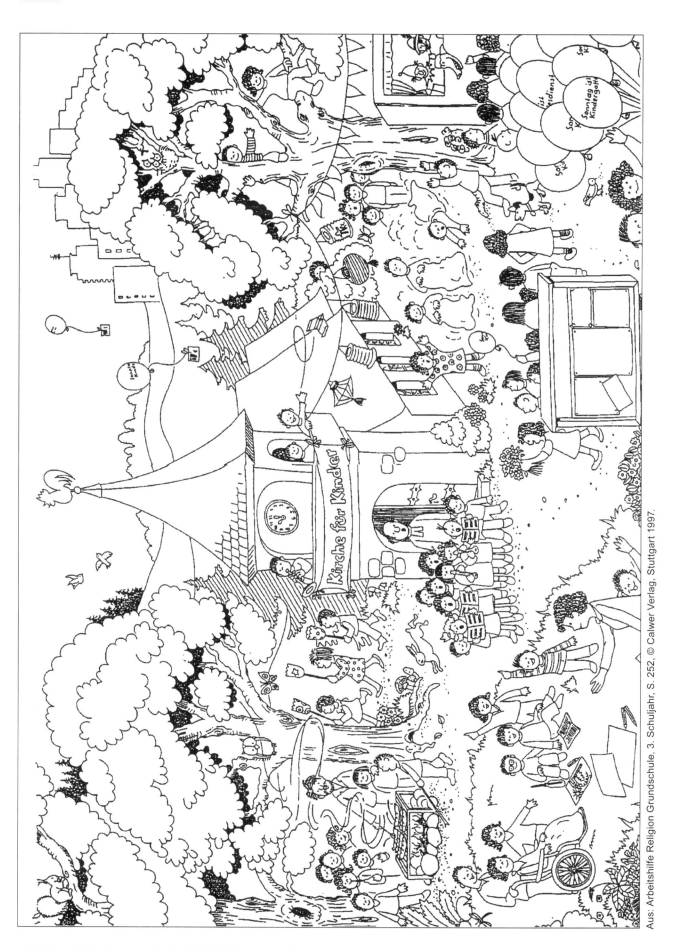

Im Bild enthaltene Texte: Sonntag ist Kindergottesdienst, Kirche für Kinder

Aus: Arbeitshilfe Religion Grundschule, 3. Schuljahr, S. 252, © Calwer Verlag, Stuttgart 1997.

Logo: Kindergottesdienst

Das Gesicht Jesu

(in Farbe siehe S. 219)

Im Haus Gottes und der Menschen Gemeinschaft erfahren

Wo wohnt Gott?

Paul:	Überall.
Nina:	Im Himmel.
Lucas:	Gott wohnt zwischen den Wolken.
Jana:	Überall, also im Himmel und auf der Erde in den Herzen der Menschen.
Yannick:	Überall, sogar im Weltraum.
Julia:	Gott wohnt auch in den Häusern.
Till:	Es gibt ein extra Haus für Gott, die Kirche.
Niklas:	Und wenn 100 Leute in die Kirche kommen, wohnt Gott hundertmal in der Kirche.
Yannick:	Dann hat sich Gott geklont.
Benni:	Nein, dann ist Gott einfach stark in der Kirche.
Julia:	Aber Gott wohnt auch in der Natur.
Leonie:	Und Gott wohnt im Regenbogen.
Ayleen:	Ich glaub, Gott wohnt in jedem guten Wort.
Lehrerin:	Es ist gut, dass es verschiedene Vorstellungen gibt von Gott und wo er wohnt.
Jana:	Ja, sonst wäre es langweilig und blöd, wenn alle dasselbe denken würden.
Lehrerin:	Ich glaube Gott freut sich, wenn ihr euch selbst Gedanken macht und für euch herausfindet, wo Gott wohnt.
	Lasst uns eure verschiedenen Ideen noch einmal zusammentragen.

Ideen an der Tafel sammeln.

In der Bibel gibt es auch verschiedene Vorstellungen, wo Gott wohnt:

Symbole für Haus, Zelt, Tempel oder Kirche und Herz werden in die Mitte gelegt.

Die folgenden Bibelstellen sind auf Karten gedruckt, sie werden laut gelesen und zu den Symbolen gelegt.

Himmel

Aber sollte Gott wirklich auf Erden wohnen? Siehe, der Himmel und aller Himmel können dich nicht fassen – wie sollte es dann dies Haus tun, das ich gebaut habe?

1. Könige 8,27

Zelt

HERR, wer darf weilen in deinem Zelt? Wer darf wohnen auf deinem heiligen Berge?

Psalm 15,1

Haus

Und er fürchtete sich und sprach: Wie heilig ist diese Stätte! Hier ist nichts anderes als Gottes Haus, und hier ist die Pforte des Himmels.

1. Mose 28,17

Wohnung

Wie lieb sind mir deine Wohnungen, HERR Zebaoth!

Psalm 84,2

Bibelzitate aus: Lutherbibel.

Im Haus Gottes und der Menschen Gemeinschaft erfahren

Grundriss einer Kirche

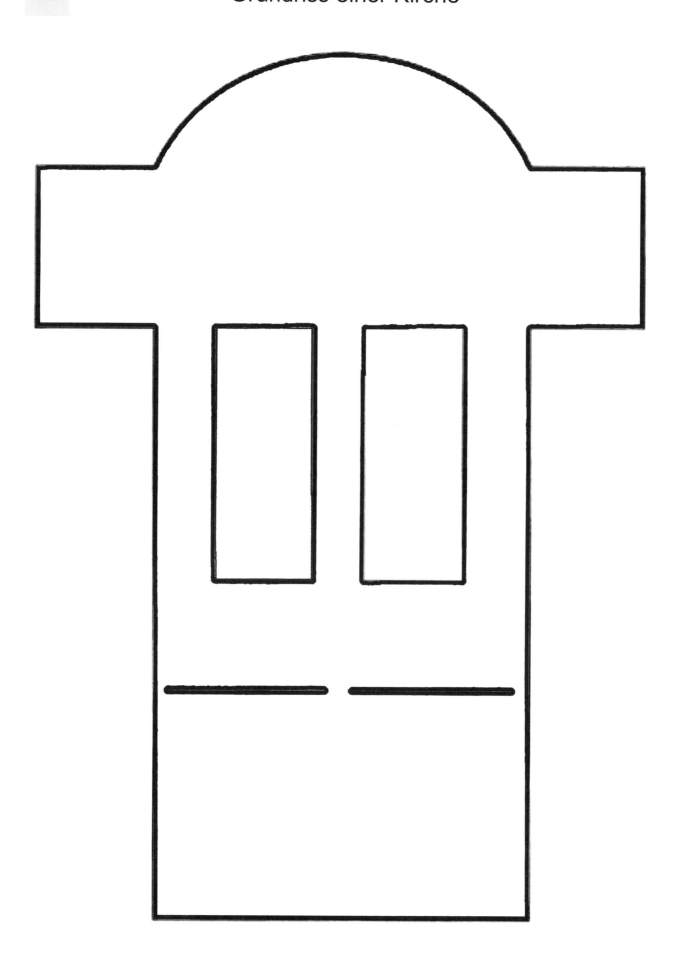

Im Haus Gottes und der Menschen Gemeinschaft erfahren

Zu 1. Korinther 12 – Gemeinde als Leib Christi

Eines Tages gab es Streit im Körper. Jeder Körperteil wollte auf einmal für sich sein.

Die Beine lösten sich und liefen alleine los. Sie kamen nicht weit. Sie stolperten über einen Stein und fielen hin. Sie hatten den Stein nicht gesehen. Sie hatten ja keine Augen.

Die Augen hatten auch den Körper verlassen. Sie sahen alles. Sie sahen alles nur von weitem. Sie konnten nirgends hingehen. Sie hatten ja keine Beine. Die Augen wurden traurig und füllten sich mit Tränen.

Die Hände dachten auch, wir wollen ohne die anderen sein. Nun lagen sie ganz verloren da. Rasch bewegten sich die Finger. Aber sie wussten nicht, was sie tun sollten. Sie hörten ja nichts. Sie sahen nichts. Sie konnten nichts schneiden, nichts mit anderen spielen, nichts bauen, nichts malen, nichts schreiben.

So ähnlich ging es allen Teilen des Körpers.

Was war der Mund ohne die Ohren …

Was waren die Ohren ohne den Mund …

So kann es nicht weitergehen, dachten die Beine. So kann es nicht bleiben, blinzelten die Augen. So will ich nicht weiterleben, seufzten die Hände.

Sie rückten wieder zusammen und waren froh, als einer den anderen spürte.

1. Erkläre mit deinen Worten, was passiert, wenn jedes Körperteil nur für sich sein möchte.
2. Kannst du sagen, warum die einzelnen Körperteile am Ende wieder froh und glücklich sind?
3. In der Bibel wird die Gemeinde Jesu Christi mit einem Körper verglichen. Kannst du erklären, warum? Was ist damit gemeint?

Der Leib Christi

 Male oder klebe einzelne Personen in den Körperumriss hinein.

Im Haus Gottes und der Menschen Gemeinschaft erfahren

Der Weinstock und die Reben

Jesus spricht: „Ich bin der Weinstock und ihr seid die Reben.
Wer in mir bleibt, in dem bleibt mein Leben und er wird Frucht tragen.
Wer sich aber von mir trennt, wird nichts ausrichten."

(nach Johannes 15,5)

M 7d

Ein Maiskolben

Ein Maiskolben besteht aus vielen Körnern. Gemeinsam bilden sie einen Körper. Jedes einzelne Korn gehört dazu. Von der Mitte werden alle Körner gehalten und ernährt.

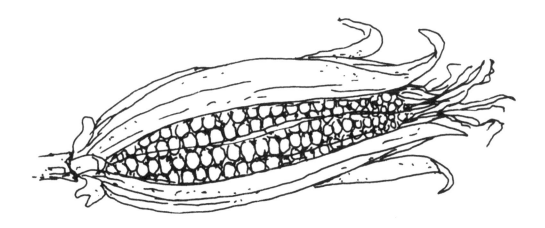

 Wie kann der Maiskolben ein Bild für die Gemeinschaft aller Christen in der Kirche sein? Erkläre!

Kirchenräume

In einer evangelischen Kirche

In einer katholischen Kirche

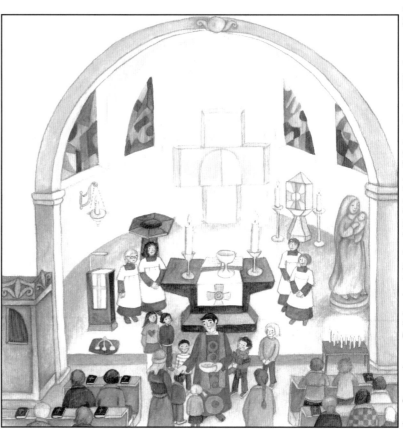

M 8b

Kirchenerkundung

Teil 1: Kirche von außen

1. Wie heißt unsere evangelische Kirche _____?

2. In welcher Straße ist die Kirche? _____

3. Gehe mit großen Schritten um die Kirche herum. Wie viele Schritte sind es? _____

4. Wie viele Kirchenfenster kannst du zählen. _____

5. Schätze, wie hoch der Turm ist. _____ Meter.

6. Wie viele Glocken hat der Kirchturm? _____ Wie viele Uhren entdeckst du? _____

Teil 2: Kirche von innen

1. Wie viele Räume hat die Kirche? _____

2. Benenne sie: EM_O_E, VOR_AUM, KI_CHE_S_HIFF, SAK_ISTE_,

   Eventuell: GEMEI_DES_ _L, K_CHE, TOILE_ _E

3. Zähle die Kreuze im Kirchenschiff. _____

4. Wie oft siehst du die Geschichte vom guten Hirten in der Kirche? _____

5. Im Kirchenschiff findest du folgende Gegenstände: T _ _ _ _ _ _ _ _,

   A _ _ _ _, K _ _ _ _ _, B _ _ _ _, F _ _ _ _ _ _, O _ _ _ _

6. Wie viele Bänke stehen hier? _____

7. Welche Farbe hat das Tuch (Antependium) am Altar? _____

8. Wie viele Register hat die Orgel? _____

9. Miss die Länge _____ und Breite _____ in Schritten und schätze die Höhe _____ des Kirchenschiffes.

Im Haus Gottes und der Menschen Gemeinschaft erfahren

Kanzel Während des Gottesdienstes predigt der Pfarrer oder die Pfarrerin von der Kanzel zur Gemeinde. Er / Sie liest einen Text aus der Bibel vor und spricht anschließend darüber.	
Altar Der Altar steht meist an zentraler Stelle in der Kirche. Oft liegt auf ihm eine aufgeschlagene Bibel, weil sie im Gottesdienst besonders wichtig ist.	
Orgel Die Orgel befindet sich in den meisten Kirchen auf der Empore, damit die großen Orgelpfeifen genug Platz haben. Manchmal gibt es in einer Kirche aber auch nur eine kleine Orgel, die dann oft vorne steht.	
Taufstein Der Taufstein steht entweder am Eingang der Kirche (als Zeichen, dass mit der Taufe das christliche Leben beginnt) oder er steht in der Mitte der Kirche (als Zeichen dafür, dass der Mensch durch die Taufe in die Gemeinschaft der Christen aufgenommen wird).	

Bibel
Die Bibel heißt auch Heilige Schrift. In ihr findest du Geschichten über Gott und Jesus.

Lesepult
Vom Lesepult aus wird aus der Bibel gelesen.

Kreuz
Das Kreuz ist das bekannteste Symbol des Christentums. Es erinnert Christen daran, dass Jesus am Kreuz gestorben ist. Es steht aber auch dafür, dass er am dritten Tag nach seinem Tod wieder auferstanden ist.

Osterkerze
Die Osterkerze ist Symbol des auferstandenen Christus. Seine Auferstehung feiern wir zu Ostern.

 Male auf die rechte Seite, wie die Dinge aussehen, wenn du sie in der Kirche entdeckt hast.

Meditations- und Gebetstexte
für die Kirchenraumerkundung

An der Kirchentür
Eine hohe, mächtige Tür –
Portal nennt man das.
Die schwere Tür lässt sich leicht öffnen:
»Herein«, sagt sie, »nur herein!«
So bist du, Gott.
Wie eine Tür:
Offen für uns Menschen.
Bei dir kann ich anklopfen:
Du machst auf.
Bei dir bin ich willkommen.

In einer Kirche
Dämmerig ist es und still.
Durch farbige Fenster fällt Licht herein.
Ganz leise kann ich reden und
doch hören mich die anderen.
Ganz langsam kann ich gehen,
denn keiner drängelt.
Ich rieche den Duft der Kerzen.
Ich lausche in die Stille,
weit draußen höre ich Autos und Lärm.
Wie aus einer anderen, fernen Welt.
Hier ist ein besonderer Ort, ein Ort der anders ist.
Hier bin auch ich anders.

Taufstein
Eine Schale mit Wasser
hier wurden viele Menschen getauft –
Andrea und Franz, Felix und Sabrina.
Hier wurden die alten Worte gesprochen:
»Ich taufe dich auf den Namen des Vaters
und des Sohnes und des Heiligen
Geistes.«
Dein Name und der Name Gottes
gehören nun zusammen.
Du und Gott gehören zusammen.
Der Taufstein ist klein und es ist
wenig Wasser darin.
Doch du Gott bist groß und reich –
aus deiner Quelle schöpfen wir
Wasser des Lebens, ganz umsonst.
Ganz viel, immer wieder.
Aus dir, Gott, sprudeln
Liebe und Güte und Wahrheit.

Kreuz
Auf dem Altar steht ein Kreuz.
Es erzählt uns von Jesus, wie er gestorben ist.
Aber Jesus ist auch auferstanden.
Deshalb macht uns das Kreuz Hoffnung.
An vielen Orten stehen Kreuze:
Auf dem Friedhof.
Am Straßenrand, wo ein Mensch verunglückt ist.
An manchen Plätzen und
manchmal an einem Weg.
Überall erinnert uns das Kreuz an Jesus.
Überall will das Kreuz uns Hoffnung machen.

Kirchturm
Siehst du den Kirchturm?
Er streckt sich hoch in den Himmel.
Der Wind fährt um seine Spitze,
der Blitz schlägt hinein.
Er steht trotzdem fest
und schaut weit ins Land.
Wie ein riesiger Finger zeigt er zum Himmel hinauf:
Er sagt uns:
»So groß und noch größer ist Gott.«
Er sagt mir:
»Schau nicht nur auf den Boden –
hebe deinen Kopf und schau hinauf,
hoch den Blick!«

1. Gehe an die verschiedenen Stellen in der Kirche und lies dort die jeweils passenden Texte.
2. Welches der folgenden Worte passt zu welcher Stelle in der Kirche?

| eintreten | sich erinnern | aufschauen | still werden | zusammengehören |

Wortkarten mit Bibelversen
für die Kirchenraumerkundung

¹Lobet Gott in seinem Heiligtum, lobet ihn in der Feste seiner Macht! ²Lobet ihn für seine Taten, lobet ihn in seiner großen Herrlichkeit! ³Lobet ihn mit Posaunen, lobet ihn mit Psalter und Harfen! ⁴Lobet ihn mit Pauken und Reigen, lobet ihn mit Saiten und Pfeifen! (aus Psalm 150)	²²Und als sie aßen, nahm Jesus das Brot, dankte und brach's und gab's ihnen und sprach: Nehmet; das ist mein Leib. ²³Und er nahm den Kelch, dankte und gab ihnen den; und sie tranken alle daraus. ²⁴Und er sprach zu ihnen: Das ist mein Blut des Bundes, das für viele vergossen wird. (aus Markus 14)
⁹Unser Vater im Himmel! Dein Name werde geheiligt. ¹⁰Dein Reich komme. Dein Wille geschehe wie im Himmel so auf Erden. ¹¹Unser tägliches Brot gib uns heute. (aus Matthäus 6)	⁷Selig sind die Barmherzigen; denn sie werden Barmherzigkeit erlangen. ⁸Selig sind, die reinen Herzens sind; denn sie werden Gott schauen. ⁹Selig sind die Friedfertigen; denn sie werden Gottes Kinder heißen. (aus Matthäus 5)
¹⁸Und Jesus trat herzu und sprach zu ihnen: Mir ist gegeben alle Gewalt im Himmel und auf Erden. ¹⁹Darum gehet hin und machet zu Jüngern alle Völker: Taufet sie auf den Namen des Vaters und des Sohnes und des Heiligen Geistes. ²⁰Und siehe ich bin bei euch alle Tage bis an der Welt Ende. (aus Matthäus 28)	³Gott, sei mir gnädig nach deiner Güte, und tilge meine Sünden nach deiner großen Barmherzigkeit. ⁴Wasche mich rein von meiner Missetat, und reinige mich von meiner Sünde. (aus Psalm 51)
⁵Und sie gingen hinein in das Grab und sahen einen Jüngling zur rechten Hand sitzen, der hatte ein langes weißes Gewand an, und sie entsetzten sich. ⁶Er aber sprach zu ihnen: Entsetzt euch nicht! Ihr sucht Jesus von Nazareth, den Gekreuzigten. Er ist auferstanden, er ist nicht hier. Siehe da, die Stätte, wo sie ihn hinlegten. (aus Markus 16)	³³Und als sie kamen an die Stätte, die da heißt Schädelstätte, kreuzigten sie ihn dort und die Übeltäter mit ihm, einen zur Rechten und einen zur Linken. ³⁴Jesus aber sprach: Vater, vergib ihnen; denn sie wissen nicht, was sie tun! Und sie verteilten seine Kleider und warfen das Los darum. (aus Lukas 23)

Bibelzitate aus: Lutherbibel

Segensblumen

Gott sagt: Ich will dich segnen, und du sollst ein Segen sein.
1. Mose 12,2

Der HERR segne dich und behüte dich.
4. Mose 6,24

Der HERR ist treu; der wird euch stärken und bewahren vor dem Bösen.
2. Thess 3,3

Du stellst meine Füße auf weiten Raum.
Ps 31,9b

Der HERR denkt an uns und segnet uns.
Ps 115,12

Der HERR behüte dich vor allem Übel, er behüte deine Seele.
Ps 121,7

Es sollen
wohl Berge weichen
und Hügel hinfallen,
aber meine Gnade soll
nicht von dir weichen, und
der Bund meines Friedens
soll nicht hinfallen, spricht
der HERR, dein Erbarmer.
Jes 54,10

Christus spricht:
Ich bin bei euch
alle Tage bis an
der Welt Ende
Mt 28,20b

Christus spricht:
Ich bin die
Auferstehung und
das Leben. Wer
an mich glaubt,
der wird leben!
Joh 11,25

Gott ist Liebe;
und wer in der
Liebe
bleibt, der bleibt in
Gott und Gott in
ihm.
1. Joh 4,16b

Alle eure Sorgen
werft auf Gott;
denn er sorgt
für euch.
1. Petr 5,7

Gott hat uns
nicht gegeben den
Geist der Furcht,
sondern der Kraft,
der Liebe und der
Besonnenheit.
2. Tim 1,7

Sorgt euch
um nichts,
sondern in allen
Dingen lasst eure
Bitten in Gebet und
Flehen mit
Danksagung vor
Gott kundwerden!
Phil 4,6

Wo der Geist
des Herrn ist,
da ist Freiheit.
2. Kor 3,17

Die Liebe hört
niemals auf.
1. Kor 13,8

Denn ist bin
gewiss, dass
weder Tod noch
Leben … uns
scheiden kann von
der Liebe Gottes.
Röm 8,38f

Ich schäme mich
des Evangeliums
von Christus nicht;
denn es ist eine
Kraft Gottes, die
selig macht alle, die
daran glauben.
Röm 1,16

In der Welt
habt ihr Angst;
aber seid getrost,
ich habe die Welt
überwunden.
Joh 16,33

Bibelzitate aus: Lutherbibel.

Im Haus Gottes und der Menschen Gemeinschaft erfahren

Lied: Die Kirche ist ein Haus

Auf die Melodie von: »Ins Wasser fällt ein Stein«.

Die Kirche ist ein Haus,
gemacht aus vielen Steinen,
im Ort können es sehn,
die Großen und die Kleinen.

Refrain:
Wo Gottes große Liebe
alles zusammenhält,
da leben wir, in einem Haus,
gemeinsam in der Welt.

Die Kirche ist ein Haus,
wir kommen uns entgegen,
zusammen stehen wir
unter Gottes Segen.

Refrain:
Wo Gottes große Liebe
alles zusammenhält,
da leben wir, in einem Haus,
gemeinsam in der Welt.

Die Kirche ist ein Haus
gemacht aus vielen Leuten.
Wo Gaben sind vereint,
da kann das nur bedeuten:

Refrain:
Wo Gottes große Liebe
alles zusammenhält,
da leben wir, in einem Haus,
gemeinsam in der Welt.

Die Kirche ist ein Haus,
in dem man sich gern beisteht,
Gemeinschaft zeigt sich da,
wo´s einem wirklich schlecht geht.

Refrain:
Wo Gottes große Liebe
alles zusammenhält,
da leben wir, in einem Haus,
gemeinsam in der Welt.

Die Kirche ist ein Haus,
zusammen feiern kann man da.
Am Sonntag nicht allein,
sondern auch das ganze Jahr.

Refrain:
Wo Gottes große Liebe
alles zusammenhält,
da leben wir, in einem Haus,
gemeinsam in der Welt.

Text: Michael Landgraf; auf die Melodie von: »Ins Wasser fällt ein Stein« (LJ 569 / in vielen EGs). Aus: Michael Landgraf, Kirche erkunden. Reihe: ReliBausteine primar, Calwer Verlag / Evangelischer Presseverlag Pfalz, Stuttgart / Speyer ²2014, S. 17.

Gott ruft Samuel bei seinem Namen

»Der Hörende« von Toni Zenz.

Ein junger Mann lebt bei einem alten Priester. Er macht dort sozusagen seine Ausbildung. Samuel, so heißt der junge Mann, lernt bei dem Priester Eli, was es beim Dienst für Gott zu beachten gibt. Eines Nachts wird Samuel wach, weil er etwas gehört hat. »Da war doch was?«, denkt Samuel. – Ja, ganz deutlich hat er seinen Namen gehört. Das kann nur Eli sein, der ihn da gerufen hat. Also heißt es, aufstehen und nichts wie rüber zu ihm, nachfragen, was er will.

Doch Eli ist erstaunt, dass der Junge zu ihm kommt. »Nein, ich hab dich nicht gerufen«, erklärt er. – Verwirrt geht Samuel wieder zurück. »Sollte ich mich so getäuscht haben?« Er liegt noch eine ganze Weile wach, schläft dann aber wieder ein.

Und – »da war doch was!?« – das gleiche Spiel. Diesmal ganz deutlich. Da ruft jemand seinen Namen. Also wieder, nichts wie raus und rüber zu Eli. Aber der habe ihn nicht gerufen, so behauptet er zumindest wieder. Er schickt ihn wieder zurück ins Bett. Das Ganze wiederholt sich noch ein drittes Mal.

Da dämmert es Eli. Das hat er auch schon einmal erlebt. Es ist Gott, der Samuel da ruft! Er gibt Samuel den Ratschlag: »Beim nächsten Mal antworte Folgendes: ›Rede, Herr, ich höre!‹«

Wieder wird Samuel gerufen und diesmal befolgt er genau Elis Rat. Und dann spricht Gott zu Samuel. In der Stille der Nacht offenbart er ihm seine Gedanken und beauftragt ihn, Eli eine Botschaft zu überbringen.

1. Stelle dir vor: Eben hat dich deine Mutter bei deinem Namen gerufen. Was möchte sie dir wohl sagen?
2. Kann ich wie Samuel Gott hören, wenn er mich bei meinem Namen ruft?
3. Was möchte Gott mir wohl sagen, wenn er mich ruft?

Kevin   Melanie   Anna   Lukas

Max

Dorothee   Benjamin   Stefanie

M 12 Gott begegnen – Die Fädchen-Gretel

Am Rande eines kleinen Dorfs lebte vor langer Zeit ein armes Mädchen, das hatte weder Vater noch Mutter. Um sich das tägliche Brot zu verdienen, sammelte das Mädchen Fäden und knüpfte daraus Armbänder. Die Menschen im Dorf nannten es deshalb auch Fädchen-Gretel. Wo auch immer sie war, sammelte die Fädchen-Gretel jeden noch so dünnen Faden, solang er sich noch verknoten und zu etwas flechten ließ. Wenn sie einige Armbänder geknüpft hatte, ging sie von Haus zu Haus und bot ihr Flechtwerk den Bewohnern an.

Die wiederum hatten Mitleid mit dem armen Mädchen und gaben ihm, was im Haus zu essen übrig war: Hier bekam die Fädchen-Gretel ein Stückchen Brot, dort einen Apfel. Viel hatte sie nicht, doch es reichte ihr zum leben.

Eines Tages, als das Mädchen mit neuen Bändern auf dem Weg ins Dorf war, saß am Straßenrand ein Mann. Er sah sehr arm aus und hatte nur Lumpen am Leib. Die Fädchen-Gretel setzte sich zu ihm auf die Erde und fragte: »Bist du ein Bettler?« Doch der Mann gab keine Antwort. Still saßen die beiden nebeneinander. Nach einer Weile sprach sie den Mann noch einmal an: »Hast du kein Zuhause?«

Und zum zweiten Mal blieb der Fremde stumm. Als wieder eine Weile vergangen war, ergriff die Kleine noch einmal das Wort: »Hast du Hunger?« Doch auch diesmal sagte der Mann keinen Ton.

Da dachte die Fädchen-Gretel bei sich: »Ich will ins Dorf gehen und für meine Bänder Essen erbitten. Wenn ich genügend bekomme, so kann ich dem Fremden etwas abgeben.« So tat sie es auch. Als sie auf dem Heimweg wieder an dem Mann vorbeikam, da legte sie stumm ein Stück von ihrem Brot und einen halben Apfel vor ihn hin. Dazu stellte sie einen Becher frischen Wassers, den sie sich von einem gütigen Bürger des Orts erbeten und bekommen hatte. Danach zog sie ihres Wegs.

Als sie nun ein Weilchen gegangen war, sah sie plötzlich, dass sich ein Gewitter zusammenbraute. Da musste sie sogleich wieder an den Mann am Straßenrand denken und sagte zu sich: »Der Elende hat kaum Kleider am Leib. Wenn es regnet und er hat keinen Ort, an dem er sich unterstellen kann, so wird ihn frieren und er wird krank werden. Ich will ihn in meine bescheidene Hütte mitnehmen, damit er sich an meinem Feuer wärmen kann.«

Also kehrte sie auf der Stelle um, und lief so schnell sie konnte zu dem Platz, wo der Fremde gesessen hatte. Doch als sie dort ankam, war niemand mehr zu sehen. Da dachte das Mädchen: »Hoffentlich hat er einen Unterschlupf gefunden. Für die Nacht will ich ihn Gott anbefehlen. Morgen will ich wieder nach ihm sehen und ihm zu essen bringen.« Darauf lief es durch den schweren Regen, der schon eingesetzt hatte, nach Hause.

Am nächsten Tag wurde das Mädchen auf höchst ungewöhnliche Weise geweckt: Vor der Türe hörte es den lauten Schall einer Trompete.

Verwundert trat die Fädchen-Gretel aus ihrer kleinen Hütte und traute ihren Augen kaum: Eine prächtige Kutsche mit einem halben Dutzend Pferden stand da auf der Straße. Der Kutscher saß auf dem Wagen und der Herold, der die Trompete geblasen hatte, rief nun mit lauter Stimme: »Auf Befehl des Königs hole ich die Fädchen-Gretel in den Palast!« Obwohl sich das Mädchen sehr wunderte und auch ein wenig ängstigte, dachte es: »Was bleibt mir schon übrig, wenn der König nach mir schicken lässt?« Und so stieg es in die Kutsche.

Beim Palast angekommen, wurde die Fädchen-Gretel sogleich zum König vorgelassen. Tief verbeugt stand sie also im Thronsaal und wagte es nicht, ihren Blick zu heben. Der König aber sprach: »Sieh mich an!« Da hob sie zaghaft ihre Augen und sah vor sich den Mann vom Straßenrand. Statt der Lumpen trug er jetzt nur die kostbarste Seide. Darüber einen purpurnen Umhang aus Samt. Auf dem Kopf eine goldene Krone.

»Nun will ich dir die drei Fragen beantworten, die du mir gestellt hast: Zunächst: Nein, ich bin kein Bettler, ich bin ein König. Mein Lebtag habe ich alles bekommen, was ich verlangt habe. Ich wollte aber sehen, wer mir noch etwas geben würde, sollte ich kein König mehr sein. Sodann: Mein Zuhause ist der Königspalast. Stets habe ich darin gewohnt. Ich wollte aber sehen, wer mich aufnehmen würde, sollte ich kein König mehr sein. Schließlich: Ja, ich hatte Hunger. Zum ersten Mal in meinem Leben litt ich bitteren Hunger. Du hast für mich gebettelt und meinen Hunger gestillt. Als aber der Sturm aufzog, sah ich dich zurückkehren, weil du mich in deine Hütte einladen wolltest. Da versteckte ich mich hinter einem Busch und musste weinen.

Meine Diener sind es mir schuldig, jeden Befehl auszuführen. Du aber warst mir nichts schuldig und hast mir doch von allem gegeben, was du selbst zum Leben hattest.

Weil du mich und meine Not gesehen und dich meiner erbarmt hast, sollst du von nun an in meinem Palast wohnen und an meinem Tisch essen. Jeden Ratschlag von dir werde ich achten, mehr als meine eigenen Einfälle. Und wenn ich einmal sterbe, sollst du mir auf den Thron folgen und mein ganzes Reich erben, mit allem, was darinnen ist.«

Und so geschah es, dass aus der Fädchen-Gretel eine Königin wurde.

Die regierte das Land in Weisheit und Frieden; viele Jahre lang.

Martin Siegrist aus: »Jesus hat Hunger! Ökumenischer Weltgebetstag der Kinder 2013, Ökumenischer Jugendrat in Österreich (Hg.), www.junge-oekumene.at.

Ergänze den Satz: »Wir begegnen Gott in dem, der ...«

Die Taufe

© epd-Bild / Jens Schulze (Ausschnitt)

Die Taufe mit Wasser

Das Wasser ist das sichtbare Zeichen in der Taufe. Es steht für *Jesus Christus*, der lebendig macht und ewiges Leben schenkt.

Bei der Taufe träufelt der Pfarrer *dreimal Wasser* über den Kopf des Kindes. Er spricht es mit seinem Namen an und sagt:

»Ich taufe dich auf den Namen Gottes, des Vaters und des Sohnes und des Heiligen Geistes.«

© Gerhard Ruhl

Die Taufkerze

Bei der Taufe bekommen die meisten Täuflinge eine Taufkerze. Auf ihr stehen häufig der Name des Täuflings und das Datum der Taufe. Der Pfarrer überreicht die brennende Kerze als *Zeichen für Jesus*, der sagt:

»Ich bin das Licht der Welt.«

Die Taufkerze ist ein Zeichen dafür, dass Jesus immer bei uns ist und uns in schweren Zeiten zeigen möchte, welche Wege wir gehen können.

© epd-Bild / Bertold Fernkorn

Die Eltern und Paten bei der Kindertaufe

Wenn ein Kind getauft wird, übernehmen meistens zwei Menschen für das Kind die *Patenschaft*. Sie sind von nun an *Paten für den Täufling*. Das meint, dass sie sich gemeinsam mit den Eltern für das Kind verantwortlich fühlen. Die Eltern und Paten versprechen bei der Taufe, dass sie das Kind christlich erziehen wollen. Die Aufgabe der Paten ist es, dafür zu sorgen, dass das Kind den *Glauben an Jesus* kennen lernt und davon erfährt, was es bedeutet getauft zu sein.

© Gerhard Ruhl

Die Bedeutung der Taufe

Getauft gehört man dazu!
Die Taufe findet immer im Gottesdienst mit der Gemeinde statt. Der Täufling wird durch die Taufe in die *christliche Gemeinde* und zugleich in die *Gemeinschaft der Kirche* aufgenommen. Er wird Christ. Man kann sich in jedem Alter taufen lassen.

Die Taufe – ein Geschenk Gottes.

Gott nennt das Kind in der Taufe bei seinem Namen und will ihm sagen: **»Ich bin bei dir und fest mit dir verbunden.«**
Das bedeutet: Gott ist in meinem Leben bei mir und begleitet mich auf allen Wegen.

Bilder für die Taufe

Bei der Taufe werden folgende Worte gesprochen: **»Ich taufe dich auf den Namen des Vaters und des Sohnes und des Heiligen Geistes.«** In der Taufe sagt Gott zu uns: »Wir gehören zusammen«. Die Bilder zeigen, wie das Zusammengehören gemeint sein kann.

Beende folgende Sätze:

Gott ist wie eine Lokomotive, sie _____

Gott ist wie ein Wassertropfen, der _____

Gott ist wie eine Hand, die _____

Gott ist wie ein Stempel, den _____

Segensworte

Gott schenke dir ein mutiges Herz.	Gott segne und behüte dich heute und alle Zeit.
Gott möge bei dir sein und dich trösten, wenn du traurig bist.	Gott möge dich wie einen kleinen Vogel in seiner Hand halten.
Gott möge um dich sein, um dich zu beschützen vor Gefahren.	Gott möge dich heute Nacht ruhig schlafen lassen und dir einen schönen Traum schicken.
Gott möge dir helfen, Gutes zu tun.	Gott segne alle, die Streit miteinander haben, auf dass sie Frieden schließen.
Gott beschützt uns am Tag, Gott behütet uns in der Nacht, wir brauchen uns nicht zu fürchten, denn Gott ist bei uns.	Gott möge auch dein kleinstes Gebet hören.
Viel Glück und viel Segen auf all deinen Wegen möge Gott dir geben.	Die Sonne möge dir warm ins Gesicht scheinen und der Wind möge immer in deinem Rücken sein.

Salvador Dalí: Pfingsten

Salvador Dalí, »Pfingsten« © Privatsammlung Alberetto, Turin.

1967–1969 erschienen in Mailand Dalís Illustrationen zur Bibel als »Biblia sacra« in fünf Bänden, aus denen auch dieses Bild stammt.

Die zwölf Jünger, auf dem Bild sind sie gezählt, sind in Jerusalem versammelt. Sie haben keinen Plan und haben nichts geplant. Sie haben den Karfreitag nicht geplant, die Kreuzigung Jesu steckt ihnen noch in den Knochen. Sie haben auch Ostern nicht geplant und ihre Begegnungen mit dem Auferstandenen waren ebenso aufwühlend wie verunsichernd. Noch wissen sie nicht, was sie tun sollen und wollen und wohin ihr Leben führt.

Dahinein bricht das Chaos von Pfingsten. Wie ein unendliches Feuerwerk, das nicht vergeht, brechen und fallen die Flammen von oben nach unten auf Erde und Menschen hernieder.

Es ist ein Feuerregen, der nicht vernichtet, sondern Lebensfeuer entfacht. Es ist ein Bild für die Kräfte des Heiligen Geistes, die sich nicht kontrollieren und planen lassen, auch von der Kirche nicht. Es ist der Geist Gottes, der weht, wo er will, und stark macht, was daniederlag.

Lehrer-Info zum Bild von Salvador Dalí: Pfingsten

Regen, Hagel, Schnee? Graue Bälle, die aus schweren Wolken fallen, in der unteren Bildhälfte aufschlagen.

Darunter gemischt: Funken, glühende Tropfen, heißer Hagel, der aus einem gelbroten Himmel nach unten schießt. Meteoritenhagel, Lava und Asche, Feuer und Schwefel, Sodom und Gomorrha, Tumult, Panik, Menschen auf der Flucht. Menschen?

Die grauen Bälle werden zu Köpfen. Schemenhaft, gesichtslos. Eine Hand, kaum mehr als ein verlaufender Pinselstrich am unteren Bildrand, greift zum Wanderstab, eine andere, mit Tusche an den rechten Bildrand gekritzelt, reckt sich kohlschwarz in den glühenden Regen. Wieder eine andere streckt sich aus, ruhig, empfangend, leicht wie Flügelschlag, der Aufregung ringsum wie enthoben.

Langsam beginnt sich das Bild zu teilen: in ein Oben und Unten, oder besser, in ein von oben und von unten.

Von unten, das ist blau, schwarz und grau. Von oben, das ist gelb und feuerrot. Von unten, das ist kalt, träge, schwer. Von oben, das ist spitz, scharf und glühend. Und beides durchdringt sich. Der Feuerhagel schlägt durch und bringt das Gelb bis an den unteren Bildrand. Das gesichtslose Grau der Masse erstreckt sich bis zum oberen, zum Sonnenlicht, zum Horizont, so weit das Auge reicht.

Wer sind diese Menschen?
Einige von ihnen tragen Nummern. Der Künstler hat sie in die grauen Kleckse gekritzelt, wie bei einer Skizze, vorläufig, achtlos beinahe. Von oben nach unten lassen sich die Gestalten durchzählen. Eins bis zwölf, das gibt einen Hinweis: Hier sind wohl 12 Apostel im Spiel.

Salvador Dalí malt den ersten Pfingsttag in Jerusalem. In Form von Fingerabdrücken dargestellt sind die zahlreichen Menschen, die am Tag des ersten Pfingsten der christlichen Gemeinde »hinzugefügt« wurden, Fingerabdrücke, Symbol für die Unaustauschbarkeit jedes Einzelnen. Zugleich bilden diese unzähligen Abdrücke auf dem Bild eine graue Masse: Jede Christin, jeder Christ ist Bestandteil eines übergeordneten Ganzen und geht in der Kirche, der Gemeinschaft der Heiligen auf.

Von der beschaulichen Vorstellung, für eine Weile hätten Feuerzungen über den Köpfen der Apostel geschwebt, und diese hätten vorübergehend Predigten in verschiedenen Sprachen gehalten, die sie eigentlich gar nicht beherrschten, bleibt hier nichts übrig. Dalís Bild hat nichts Langsames, nichts Beschauliches. Alles ist in Bewegung. Bunt gemischt, quirlig, lebendig. Die Feuerzungen werden zum Feuerhagel, der auf die Apostel einschlägt, sie aufstört, in Aufruhr versetzt. Sie entsetzten sich, sie wurden bestürzt, sie verwunderten sich, es ging ihnen durchs Herz – diese Sätze aus der Pfingstgeschichte entsprechen am ehesten dem Bild. Tumult, Geschrei, helle Aufregung, Schaulustige von allen Seiten. Nicht nur aus den Gassen ringsum strömen sie zusammen. Sie kommen – es ist hoher Festtag in Jerusalem – aus aller Herren Länder. So weit man schauen kann: Menschen. So weit der Erdkreis reicht: Zuschauer. Erst wollen sie mit dem Geschehen nichts zu tun haben. Sie gaffen, haben ihr Vergnügen, machen ihre Bemerkungen aus der Distanz. Doch schon werden sie von Zuschauern zu Zuhörern. Was sie hören, berührt sie, trifft sie, und mit einem Mal sind sie mittendrin, gehören dazu, sind Teil dieser Bewegung, die von oben nach unten in Feuer getaucht wird, erleuchtet wird, erhellt.

Spätestens jetzt sind auch wir nicht mehr nur Betrachter. Wir stehen selbst mitten im Geschehen, mitten im Bild. Wir sind Bestandteil dieses geistentflammten Wirrwarrs, dieser niemals stillstehenden Bewegung, dieses nicht zu bändigenden Chaos, das sich Kirche nennt.

Ulrich Pohl

In Bewegung sein

Lebendiger Geist. Guter Geist. Geist von Gott.
Pfingsten

In Bewegung sein,
Hände, Beine, Arme, Augen ...
Ein Wirbel.
Viele durcheinander. Viele miteinander.
Einer fasst den anderen an.
Du wirst hin- und hergerissen.
Du öffnest dich.
Für dich selbst. Für andere.
Du nimmst etwas auf.
Du willst hören. Du willst sehen.
Du willst rufen, schreien.
Einer nimmt. Einer gibt.
Einer gibt. Einer nimmt.
Anstecken. Weitersagen.
Du wirst frei.
Alles anders. Alles neu.
Alle zusammen. Alle eins.
Miteinander. In einem Geist.
Alles wird leichter.
Menschen sind fröhlich, glücklich.
Alle sind begeistert.
Wie frischer Atem ist das, wie brausender Wind.
Wie sprühende Funken. Wie loderndes Feuer.
Geist. Lebendiger Geist.
Guter Geist. Geist von Gott.
Pfingsten.

Dietrich Steinwede

farbige Vorlage
siehe S. 223

1. Beschreibe, was und wen du auf dem Bild entdecken kannst.
2. Vielleicht ist Jesus auf dem Bild, ohne dass wir ihn erkennen?
3. Setzt euch um einen Tisch und bringt die Körpersprache und Handhaltung der Figuren im Bild zum Ausdruck.
4. Drücke als eine Person im Bild deine Gedanken und Gefühle aus!
5. Gib dem Bild eine passende Überschrift.
6. Ergänze die beiden Satzanfänge: Jesus ist bei uns, wenn …; Jesus ist bei uns wie ….

Lehrer/innen-Info zum Bild

Das Bild zeigt zwölf Jünger, die mit Maria in einer Tischrunde sitzen. In der Bildmitte befindet sich eine kleine weiße Scheibe, eine Abendmahlshostie, die der Gemeinschaft Ordnung und Gestalt gibt. Von der Tischmitte gehen rote Strahlenlinien zu den Mündern der um den Tisch Versammelten aus. In die Tischgemeinschaft bricht golden eine Taube mit einer weißen Hostie von oben ein. Das vom pfingstlichen Geist bestimmte Leben der Urchristen findet in diesem Bild seinen Ausdruck.

Pfingsterzählung

Ein verschlossenes Haus

Stellt euch vor, wir sind mitten in der großen Stadt Jerusalem. Viele Straßen und Gassen führen hinauf zum Tempel. Ein Fest wird vorbereitet. Menschen aus vielen Ländern sind gekommen, um zu feiern, sie stammen aus Persien im Osten und dem fernen Rom im Westen. Viele Sprachen werden gesprochen, ein buntes Stimmengewirr klingt durch die Gassen.

Aber dort steht ein Haus, da feiert wohl niemand. Alle Fenster sind fest geschlossen, die Tür ist fest verriegelt.
(*Auf einem roten Tuch wird der Umriss eines Hauses mit einem weißen Tuch und Bausteinen gelegt. Vor dem Haus steht eine brennende Kerze*).
Wie mag es in diesem Haus aussehen? 12 Menschen sitzen darin. (*12 Teelichter im Kreis aufstellen, noch nicht anzünden.*)
Dunkel ist es darin. Und die Menschen, sie sind ängstlich und traurig. (*Haus mit dünnem schwarzem Tuch abdecken – Chiffon o.Ä.*)
Es sind Frauen und Männer, die mit Jesus gegangen waren. Nun ist er nicht mehr bei ihnen. Doch er hatte versprochen: Gottes guter Geist wird kommen, und ich werde für immer bei euch sein. Aber sie warten schon so lange!

Gottes Geist öffnet Fenster und Türen

Plötzlich geschieht etwas. Alle Türen sind geschlossen, und doch weht ein warmer Wind durch das Haus.
(*Chiffontuch mit einer wehenden Bewegung wegnehmen. Evtl. dazu klangliche Untermalung: Glissando auf einem Glockenspiel.*)

Die Jüngerinnen und Jünger schauen sich an: »Was ist das?«
(*Brennende Kerze ins Haus stellen, dazu Element »Friedenstaube« aus dem Friedenskreuz.*)

Es wird ganz hell, und auf ihren Köpfen erscheint etwas, es sieht aus wie kleine Feuerfunken. (*Teelichter anzünden.*)
Und auf einmal kommt die Freude zu den Menschen in dieses Haus zurück. Die Dunkelheit ist vertrieben. Und sie stehen auf, machen Türen und Fenster weit auf und rufen: »Jesus lebt! Er ist bei uns, freut euch mit uns!« (*Einige Klötze aus dem Hausumriss entfernen und eine »Tür« öffnen.*)

Ein Haus voller Leben lädt zum Feiern ein

Draußen sind die Leute zusammengelaufen. Etwas Besonderes ist in diesem Haus geschehen!
(*Die Teelichter rund um das Haus auf kleine Feuerzungen stellen.*)
Petrus steht in der Tür und erzählt es allen: »Ihr könnt euch mit uns freuen, lasst euch anstecken von uns und wundert euch nicht! Jesus lebt bei uns, Gottes Geist ist mit uns!
Und ihr seid alle eingeladen, zu Jesus zu gehören. Damals ist er zu Zachäus ins Haus gegangen, heute ist er bei uns eingekehrt und schenkt neues Leben.«
Viele Menschen lassen sich taufen in diesen Tagen. Sie wollen auch zu Jesus gehören. Sie nehmen seinen guten Geist mit in ihre Häuser. Da wird es ganz hell bei ihnen und sie haben keine Angst mehr. Wo Gottes Geist frischen Wind bringt, da wird es lebendig in den Häusern der Menschen.

»Pfingsten – Gottes Geist öffnet Fenster und Türen«. Bilder, Text und Gestaltungsideen aus: »Mit dem Friedenskreuz durch das Kirchenjahr« © KONTAKTE Musikverlag, 59557 Lippstadt.

Ausweitung der Deutung

Auch dort, wo in unserem Leben Dunkles hell wird, dürfen wir vom Heiligen Geist sprechen.
Wir können füreinander den frischen Wind des Geistes bringen, indem wir das Dunkle vertreiben. Das möge uns gelingen!

1. Welches Bild zu der Erzählung ist dir am stärksten in Erinnerung?
2. Was siehst du, wenn du die Augen schließt? – Zeichne es!
3. Welche Person siehst du am deutlichsten vor dir, wenn du an die Erzählung zurückdenkst?
4. Gib der Geschichte eine eigene Überschrift!

Lehrer-Info: Pfingstsymbole

Feuer: Auf den meisten traditionellen Pfingstdar-stellungen sind Feuerzungen über den Köpfen der Jünger zu sehen – ein Zeichen für ihre Er-leuchtung, für den Heiligen Geist.

Die **Taube** ist ein Symbol für den Heiligen Geist und für Pfingsten geworden, obwohl sie in der Pfingsterzählung nicht vorkommt. Eine Taube als Symbol für den Heiligen Geist findet sich aber in allen vier Evangelien in den Erzählungen zur Taufe Jesu: »Ich habe den Geist wie eine Taube vom Himmel herabkommen sehen« (Joh 1,32). In Pfingstgottesdiensten wurde mancherorts eine hölzerne Taube in die Kirche hinuntergelassen oder Wasser von der Empore geschüttet.

Die **Farbe Rot** ist die liturgische Farbe des Pfingstfestes. Sie steht für die Erneuerung des Lebens, für die Sonne, für Liebe und Freude, aber auch für das Blut der Märtyrer.

Wind: Es ist kein Zufall, dass beim Erscheinen des Heiligen Geistes der Wind eine große Rolle gespielt hat. Denn Wind bringt etwas in Bewe-gung – bei den Jüngern und auch bei uns.

Sturm: Der Sturm der Begeisterung ist frei und unwiderstehlich. Es ist unmöglich, ihn zu hemmen oder aufzuhalten.

M 16b # Feuer und Wind

Ein **Feuer** – es ist warm und hell.
Die Flammen zappeln.
Wie spitze Zungen recken sie sich nach oben.
Es knistert und kracht.
Gelb leuchtet das Licht, dann rot.

Hoch oben in den Bergen
war das Feuer im Busch.
Der Busch brannte.
Und Gott redete mit einem Mann – es war Mose.

Im Feuer war Gott.
Darum schaue auch ich in die Flammen.
Ist Gott rot, dass er sich verstecken kann im Feuer?
Ich spüre die Wärme, ganz nah.
Gott, bist du warm? Bist du da?

Siehst du den **Wind**?
Er fährt über die Erde.
Er biegt Büsche und Bäume.
Er wirft sich aufs Meer,
dass die Wellen hochspringen wie wilde Tiere.
Er zieht als sanfter Abendwind über die Wiesen
und trägt die Samen des Löwenzahns in den Garten.
Er streicht um die feuchte Nase des Hundes
und zeigt ihm, wo sich die Katze versteckt.
Der Wind säuselt und singt,
weht leise und klingt,
bläst, saust und stürmt.

Gott – wie du: Plötzlich bist du da,
um uns, in uns, in allen Menschen!
Windgott, du!

Text aus: Regine Schindler: Wohnt Gott im Wind © Verlag Ernst Kaufmann GmbH, Lahr.

Im Haus Gottes und der Menschen Gemeinschaft erfahren

M 16c

Lied: Wind kannst du nicht sehen

1. Wind kannst du nicht se - hen, ihn spürt nur das Ohr

flüs - tern o - der brau - sen wie ein mächt - ger Chor.

2. Wind kannst du nicht sehen, ihn spürt nur das Ohr
   flüstern oder brausen wie ein mächt'ger Chor.

3. Geist kannst du nicht sehen; doch hör, wie er spricht
   tief im Herzen Worte voller Trost und Licht.

4. Wind kannst du nicht sehen, aber was er tut:
   Felder wogen, Wellen wandern in der Flut.

5. Geist kannst du nicht sehen; doch, wo er will sein,
   weicht die Angst und strömt die Freude mächtig ein.

6. Hergesandt aus Welten, die noch niemand sah,
   kommt der Geist zu uns, und Gott ist selber da.

Text: Markus Jenny, 1983 (aus dem Schwedischen), © Herder Verlag, Freiburg; Melodie: Erhard Wikfeldt, 1958, © Edition Egtved Dänemark.

Redewendungen, die Wind und Feuer bildlich verwenden

Feuer und Flamme sein

Feuer fangen

Mit Feuereifer dabei sein

Der Funke springt über.

Die Angst ist wie weggeblasen.

brausender Jubel

flammende Worte

Ein Sturm der Begeisterung bricht los.

1. Wähle eine der Redewendungen, die dir gut gefällt.
2. Erkläre mit eigenen Worten, was diese Redewendung für die Jüngerinnen und Jünger Jesu bedeuten könnte.
3. Überlegt euch in Kleingruppen, was sich mit Hilfe der Redewendungen zu Wind und Feuer über den Geist Gottes sagen lässt. Zum Beispiel: Die Jüngerinnen und Jünger waren plötzlich Feuer und Flamme, …

Halleluja

Hannas Mutter singt im Kirchenchor mit. Manchmal übt sie ihre Lieder auch zu Hause. Hanna hört andächtig zu. Sie kann die Worte nicht verstehen, aber es klingt schön, wenn die Mutter singt. Ein Wort singt die Mutter immer wieder. Es kommt in vielen Liedern vor. Es heißt HALLELUJA.

»Was heißt HALLELUJA?«, fragt Hanna.

»Es heißt: Lieber Gott, ich liebe dich und lobe dich und ehre dich«, sagt die Mutter. »Deshalb kommt es so oft vor.«

»Wissen denn auch alle Leute, die euch zuhören, was es heißt?«, fragt Hanna.

»Natürlich«, sagt die Mutter. »Das wissen nicht nur die Leute in unserem Land. Das wissen auch die Leute, die in Frankreich und England und Italien und Spanien und Russland und Amerika und in vielen anderen Ländern leben. Sie singen und sprechen es, wenn sie den lieben Gott loben und ehren wollen.«

»Halleluja«, sagt Hanna. »Halleluja«, singt sie. »Ein schönes Wort«, meint sie.

Ein paar Tage später kommt Besuch aus Amerika. Hanna und Vater und Mutter fahren auf den Flughafen, um Tante Milly und Onkel Jeff abzuholen. Sie müssen lange warten. Das Flugzeug hat sich verspätet. Hanna hat viel Zeit, um sich umzuschauen. Was für ein Trubel! So viele Leute gehen in der Halle hin und her, steigen Treppen hinauf und hinunter, warten an den Schaltern, sitzen und stehen herum.

Hanna schaut die Leute an. Manche sehen merkwürdig aus. Sie haben braune Gesichter oder schiefe Augen oder ganz krauses Haar. Manche Leute haben komische Kleider an und seltsame Mützen und Hüte auf. Hanna hört ihnen zu. Aber viele von ihnen sprechen so, dass Hanna sie nicht verstehen kann. Sie sprechen fremde Sprachen. Aber HALLELUJA verstehen sie, denkt Hanna. Sie schaut eine junge Frau an, die langes schwarzes Haar und eine braune Haut hat.

»Halleluja«, sagt Hanna erwartungsvoll zu ihr. Die junge Frau lächelt ihr zu und antwortet: »Halleluja.«

Da freut sich Hanna und geht weiter. Zwei Männer sitzen auf einer Bank und reden miteinander in einer fremden Sprache. Die Männer haben krauses Haar und Schnurrbärte und weiße Anzüge.

»Halleluja!«, sagt Hanna laut.

Die beiden Männer hören auf zu reden. Sie lachen. Sie nicken Hanna zu und sagen: »Halleluja.«

Hanna strahlt. Sie denkt: Wenn ich HALLELUJA sage, verstehen sie mich. Es ist wie ein Zauberwort.

»Halleluja, Halleluja!«, ruft sie allen zu. Sie läuft durch die Halle und jubelt: »Halleluja, Halleluja!«

»Pst, Hanna«, mahnt die Mutter.

Aber die Leute freuen sich. Viele drehen sich nach Hanna um, lächeln und nicken und winken ihr zu, und manche rufen »Halleluja!« zurück. Ein dicker Mann fängt sogar an zu singen. Er singt auch so wie die Mutter im Kirchenchor. Er singt dreimal »Halleluja«, dann fängt er an zu lachen und schenkt Hanna ein Stück Schokolade. Hanna staunt. Wie freundlich die Leute von diesem Wort werden!

Später, als Tante Milly und Onkel Jeff schon angekommen sind und mit Vater und Mutter und Hanna durch die Halle zum Ausgang gehen, winkt eine Frau und ruft: »Halleluja!«

»Sie meint sicher dich«, sagt der Vater zu Hanna.

»Halleluja!«, ruft ihr Hanna zu und winkt zurück.

Tante Milly und Onkel Jeff wundern sich. »Ist das ein Gruß?«

»Es ist Hannas Gruß«, erklärt die Mutter. »Wirklich ein schöner Gruß, viel schöner als GUTEN TAG oder AUF WIEDERSEHEN. Versuch doch mal, Hanna, ob du den Menschen deinen neuen Gruß angewöhnen kannst.«

»Ja«, sagt Hanna ernst, »ich will's versuchen.«

Text: Gudrun Pausewang: Halleluja, in: Neues Vorlesebuch Religion 1, Verlag Ernst Kaufmann, Lahr 1996, S. 311ff.

Bild aus: Spuren lesen. Religionsbuch für das 3./4. Schuljahr © Calwer Verlag / Diesterweg, Stuttgart / Braunschweig 2011.

Thomas Zacharias, Pfingsten, 1993 © VG Bild-Kunst, Bonn 2014.

1. Betrachtet das Bild und erzählt euch, was ihr auf dem Bild alles entdecken und erkennen könnt.
2. Zeichne die Umrisslinien der Gesichter mit Farb- oder Filzstiften nach.
3. Was könnten die Jünger gesagt haben? Schreibt das, wofür die Jünger nun Feuer und Flamme sind, in einige der Sprechblasen hinein.
4. Male in die Mitte des Bildes ein Herz, ein Kreuz oder eine Taube und male das Bild mit hellen Farben aus.

Lehrer-Info zum Bild von
Thomas Zacharias: Begeisterung in die Welt tragen

Thomas Zacharias selbst sagt über sein Bild: »Von einem Zentrum aus geht eine Bewegung nach allen Himmelsrichtungen«.

Auf den ersten Blick erkennen wohl viele Kinder die Gesichter der Apostel nicht, sondern sehen eher eine Art Wolke. Nach und nach entdecken sie aber die Konturen der Gesichter. Diese blicken nach allen Seiten. Sie sind erfüllt von einer Kraft, die sie nicht für sich behalten können. Die Profile sind verschieden, keines gleicht dem anderen.

Auf dem Bild geht Gottes Geist, sein Atem, durch die Menschen hindurch. Wer sich im Umkreis dieser Menschen befindet, wird von ihrem Hauch erfasst.

Die angedeuteten Sprechblasen drängen nach außen, die Botschaft von Jesus Christus wird hinausgetragen.

Christen sind mit ihrem Glauben nie allein. Eine Wolke vieler Zeugen umgibt sie (Hebr 12,1). Diese waren vor uns da, und wir gehören zu ihnen. Die Quelle ist die Kraft der Liebe, die von Gott kommt und unerschöpflich ist. Vielleicht entdecken die Kinder das kleine Herz in der Mitte, noch bevor sie die Gesichter sehen. Wo die Liebe fehlt, löst sich alles Reden von Menschen, auch das Zeugnis der Christen, in »Rauch« auf. Wie das Herz dem menschlichen Körper, so gibt der Geist Gottes der jungen Kirche Lebenskraft.

Nach: Walter Zwanzger 1993: »… und sie wurden erfüllt von dem Heiligen Geist«. In: Helmut Anselm u.a. (Hg.): Radierungen zur Bibel von Thomas Zacharias. Bilder und Bildbetrachtungen. Deutsche Bibelgesellschaft, Stuttgart 1993. S. 136.

Segensgebet

Guter Gott,

dein guter Heiliger Geist ist stets bei uns,

er erfüllt uns und will uns Kraft geben.

Er ist die Kraft, die uns wieder froh macht.

Er ist das Licht, das unsere Trauer vertreibt.

Segne uns mit den guten Gaben des Heiligen Geistes,

heute und an allen Tagen unseres Leben.

Du, der Vater, der Sohn und der Heilige Geist.

Amen.

M 21 ist eine farbige Materialseite und befindet sich deshalb auf Seite 220.

Symbol des Weltgebetstags der Frauen

Das Symbol für den Weltgebetstag haben Frauen aus Irland gestaltet. Es wurde 1982 als internationales Logo angenommen.

Die vier Ecken, die wie Pfeile auf den Mittelpunkt ausgerichtet sind, symbolisieren die vier Himmels-richtungen.

Jede dieser Ecken stellt eine stilisierte Figur einer knienden Beterin dar.

Der Kreis, der alle verbindet, bedeutet die Welt, auf der wir gemeinsam unterwegs sind.

Quelle: Weltgebetstag der Frauen – Deutsches Komitee e.V., www.weltgebetstag.de

Lernkarten

<table>
<tr>
<td>

Lernkarte »Im Haus Gottes und der Menschen ...«   1a

»Im Namen des Vaters und des Sohnes und des Heiligen Geistes.«

Wo kommt dieser Satz im Gemeindeleben vor?

</td>
<td>

Lernkarte »Im Haus Gottes und der Menschen ...«   1b

➢ Zum Beginn des Gottesdienstes
➢ Bei der Taufe

</td>
</tr>
<tr>
<td>

Lernkarte »Im Haus Gottes und der Menschen ...«   2a

Nenne verschiedene Kirchengemeinden in dem Ort oder in der Stadt, in dem / in der du lebst.

</td>
<td>

Lernkarte »Im Haus Gottes und der Menschen ...«   2b

➢ Evangelische Gemeinde
➢ Katholische Gemeinde
➢ Sie heißen: ...

</td>
</tr>
<tr>
<td>

Lernkarte »Im Haus Gottes und der Menschen ...«   3a

Schreibe auf, was die Kirchengemeinde in deinem Ort für Veranstaltungen anbietet.

</td>
<td>

Lernkarte »Im Haus Gottes und der Menschen ...«   3b

Zum Beispiel:

➢ Gottesdienst
➢ Kinderkirche
➢ Pfadfinder
➢ ...

</td>
</tr>
</table>

> Der Bürgermeister leitet die Kirchengemeinde.
> Den »Geburtstag der Kirche« feiern wir an Weihnachten.
> Die Christen feiern ihren Gottesdienst im Schwimmbad.
> In den meisten Kirchen ist irgendwo ein Mercedes-Stern zu sehen.

Formuliere die falschen Aussagen in richtige Aussagen um.

> Der Pfarrer und der Ältestenkreis leiten die Gemeinde.
> Den »Geburtstag der Kirche« feiern wir an Pfingsten.
> Die Christen feiern ihre Gottesdienste meistens in der Kirche.
> In den meisten Kirchen ist irgendwo ein Kreuz zu sehen.

Nenne drei Personen (Männer und Frauen), die in einer Kirchengemeinde mitarbeiten.

Zum Beispiel:

> Pfarrer
> Mesner
> Jungscharleiterin
> Kindergottesdiensthelferin
> Orgelspieler (Organist)
> Chorsänger

Zeige an einem Beispiel, wie evangelische Gemeinden sich gegenseitig helfen.

Manche evangelischen Gemeinden in der Welt sind sehr klein und arm. Deshalb hilft das *Gustav Adolf Werk* diesen Gemeinden.

Es unterstützt sie zum Beispiel, wenn sie eine Kirche bauen oder reparieren möchten.

Deine Welt. Meine Welt. Eine Welt – Als Kinder im gemeinsamen Haus der Einen Welt leben: Voneinander lernen – miteinander teilen – weltweit

**Schwerpunkt-
kompetenz**
und weitere
Kompetenzen

Die Schülerinnen und Schüler
- **schildern Situationen des menschlichen Miteinanders und bringen sie mit biblischen Texten in Zusammenhang** (hier: Gerechtigkeit und Frieden für alle, Hoffnung für sich und die Welt) (2.1).
- können einander in Verschiedenheit wahrnehmen, einander achten und loben (2.3).
- wissen, dass biblische Geschichten dazu helfen, das eigene Leben zu verstehen und zu gestalten (3.4).
- bringen existenzielle Grundfragen in altersgemäßer Weise mit Gott in Verbindung (4.2).
- entdecken, dass in vielen biblischen Texten Erfahrungen mit Gott erzählt werden (Gott befreit, begleitet, stärkt, macht Mut …) (4.1).
- kennen einen biblischen Text, der zur Nächstenliebe (hier zum Teilen) auffordert (2.2).
- bringen ein Beispiel religiöser Kunst mit der biblisch-christlichen Tradition in Verbindung und erklären deren Bedeutung (6.4).

Themenfeld 5: Kinder leben in der Einen Welt
- In der Einen Welt leben Kinder unterschiedlich.
- Wir können ohne Angst miteinander teilen.
- Wir können voneinander lernen. Gott macht Mut zum gemeinsamen Leben.

**Zur Lebens-
bedeutsamkeit**

Im persönlichen Lebenskontext von Kindern und Jugendlichen

In ihrem persönlichen Lebenskontext haben die SuS vielfache Begegnungen mit der Wirklichkeit in anderen Teilen der »Einen Welt«: Sie haben in ihrer Klasse und in ihrer Nachbarschaft vielfältige Kontakte mit Menschen aus anderen Kulturkreisen. Einige unternehmen mit ihren Familien Fernreisen in Entwicklungsländer und nehmen dort – zumindest unterschwellig – krasse Unterschiede zwischen arm und reich wahr.

Durch Zeitungs- und Fernsehberichterstattung sind sie unmittelbar und zeitgleich Zeugen des Elends und Unrechts in anderen Teilen unseres Planeten. Zum Teil kennen sie Armut auch aus eigener Erfahrung.

Die SuS fragen nach Ursachen und Zusammenhängen und dürfen nicht mit belanglosen Antworten abgespeist werden. Sie wissen zudem, dass viele Produkte unseres täglichen Bedarfs aus Entwicklungsländern stammen. Da Kinder sich selbst oft als schwach und hilfsbedürftig empfinden, sind sie auch auf den Schutz- und die Hilfsbedürftigkeit anderer gut ansprechbar und bereit, sich mit deren Geschick zu identifizieren.

In der Unterrichtseinheit lernen die SuS exemplarisch Leben und Alltag eines Kindes aus einem Entwicklungsland kennen. Indem sie sich über die Lebenssituation und den Alltag dieses Kindes informieren, Geschichten kennen lernen und Spiele und Rezepte erproben, entdecken sie Unterschiede und Gemeinsamkeiten und nehmen »Reichtum« und »Armut« in der fremden und der eigenen Lebenssituation wahr. Ziel ist es, die Freuden und Nöte der Kinder weltweit lebendig werden zu lassen. Dabei ist es wichtig, die Ambivalenzen hier wie anderswo zur Sprache zu bringen, ohne allerdings die gravierenden Differenzen zu nivellieren. Es geht also um die Darstellung der Lebenswelten von Kindern auf der ganzen Welt, wie sie wohnen, leben, arbeiten, lernen, essen, spielen, … und um eine Didaktik der Begegnung und der Empfindsamkeit.

Im gesellschaftlichen (kulturellen, historischen) Kontext

Die Schülerinnen und Schüler erleben die Globalisierung in doppelter Weise: Zum einen kennen sie Kinder aus anderen Ländern, die hier leben, und zum anderen erfahren sie durch die Medien über andere Länder und die dort lebenden Kinder. Sie nehmen die von den Medien transportierten Informationen über Länder der sogenannten »Dritten Welt«, vor allem im Kontext von Kriegen und Naturkatastrophen wahr. Einige werden das Internet bereits als globale Informationsquelle genutzt haben. Kurz: Sie werden in einem gesellschaftlichen Kontext der wirtschaftlichen, kulturellen und medialen Globalisierung groß. Weltweit lebt nahezu jedes zweite Kind in Armut mit gravierenden Folgen: enges Zusammenwohnen, mangelhafte oder keine sanitären Anlagen; zu wenig Wasser, Unterernährung; Gesundheitsschädigungen, mangelnde medizinische Versorgung, hohe Sterblichkeit; mangelnde Bildungschancen und Zugänge zu Informationssystemen. In einem Entwicklungsland geboren zu werden, bedeutet für viele der Kinder lebenslange Armut und Chancenlosigkeit. In vielen Entwicklungsländern werden Mädchen noch immer vielfältig benachteiligt, diskriminiert und sind Gewalt oft schutzlos ausgeliefert. In Deutschland sind mehr als 50.000 Kinder obdachlos (Off-Road-Kids), und das in einem der reichsten Länder der Erde mit ausgebauten Sozialsystemen.

Im Kontext kirchlicher Tradition

Seltener begegnen den Kindern in ihrem Alltag vermutlich christliche Kirchen und das Christentum als weltweite »globale« Gemeinschaft. Gerade die weltweite ökumenische Bewegung (»oikoumene« bedeutet ja »den Erdkreis umspannend«) hat sich in den letzten Jahrzehnten zu einer Art »alternativer globaler Gemeinschaft« entwickelt.

Der »Oikos-Gedanke« des Lebens in der Einen Welt als einem gemeinsamen Haus für unterschiedliche Kulturen, Nationen und Religionen lässt Menschen einander als Nachbarn begreifen, deren Geschick einem nicht gleichgültig ist und mit denen man Freud und Leid, Ressourcen u.v.m. teilt.

Gegenseitiges Verstehen, der Reichtum der Verschiedenheit (z.B. Lieder, Mythen, Märchen, Tänze, Speisen, …) das »Voneinander lernen« und Konzepte von »Ökumenischem Teilen« stehen hier im Vordergrund.

All das kann Anlass des Staunens und des Entdeckens, auch des Entdeckens neuer Zusammenhänge und des Voneinander-Lernens sein.

Armut und Hunger sind nicht gottgegeben und unabänderlich, sondern von Menschen gemacht und darum auch prinzipiell veränderbar. Wie ein roter Faden zieht sich z.B. der Kampf gegen ungerechten Reichtum und für soziale Gerechtigkeit durch die prophetische Botschaft. Im Neuen Testament werden die Armen und Hungrigen seliggepriesen (Lk 6,20ff).

Die »Haus-Gemeinschaft«, d.h. die Ökumene, hat ihren Grund in der »Einheit und Zusammengehörigkeit des Leibes Christi« – der sich aus vielen Gliedern und Organen zusammensetzt, die einander brauchen und die leiden, wenn ein Glied leidet (1. Kor 12,12ff) – und in der biblischen Vision von einem gerechten und friedlichen Zusammenleben der Menschen (z.B. in Jes 65). Die Sehnsucht nach einem menschenwürdigen Leben und die Visionen vom Frieden und von einer gerechten Welt sind die Grundthemen der Bibel.

Typisch für die Tradition im Judentum und Christentum ist auch die hohe Wertschätzung des Lebens, besonders desjenigen der Kinder. In kirchlichen Partnerschaften und »Eine-Welt-Projekten« haben SuS die Möglichkeit, etwas davon mitzuerleben.

In der Geschichte von der Brotvermehrung (z.B. Mk 6,35ff) erfahren die SuS, dass *Teilen im umfassenden Sinn* »Geben und Nehmen« und »Voneinander Lernen« bedeutet, dass Teilen alle satt macht und dass Gottes Reichtum nicht weniger meint als das Wunder, dass es mehr als genug gibt – an Brot, an Trost, an Leben. Sie erleben, wie Menschen in einer ganz anderen Weltregion die gleiche biblische Geschichte für ihren Alltag auslegen.

Die Vision des Jesaja (Jes 65,17ff) gewinnt für sie an Bedeutung als Mut-Mach-Vision für ein gerechtes und friedliches Miteinander der Menschen untereinander und im Umgang mit der Schöpfung.

Die SuS erfahren von Menschen in ihrem Umfeld, die kleine Schritte tun und sich z.B. in einem Partnerschaftsprojekt der Kirchengemeinde, in einem »Eine-Welt-Laden«, im Rahmen der »Brot-für-die-Welt-Aktion« oder eines Schulprojekts für ein gerechtes und friedliches Miteinander der Menschen einsetzen. Sie entwickeln Ideen, welche Schritte und Aktionen sie selbst tun können. So erleben sie sich nicht als ohnmächtig in einer globalen und komplexen Welt, sondern als Menschen, die diese Welt gestalten und verändern können.

Elementare Fragen

Was ist ein Kind? / Was darf ein Kind, was nicht? / Was brauchen Kinder zum Leben? / Welche Rechte haben Kinder? / Was brauchen Menschen/Kinder zum Leben? / Wann ist jemand reich und wann arm? / Wie leben Kinder in anderen Ländern/Kontinenten? / Warum geht es einigen Kindern (sehr) gut und andere kämpfen ums Überleben? / Welche Rechte haben Kinder? / Warum gibt es Ungerechtigkeit in der Welt? / Warum lässt Gott das (Ungerechtigkeit) zu? / Ist unser Leben hier gut und sinnvoll? – Was könnten wir von Kindern der sogenannten »Dritten Welt« lernen? / Was kann ich denn tun? / Ist es überhaupt möglich, »Eine Welt« aufzubauen? / Haben Gott und mein Glaube damit etwas zu tun?

Blick auf katholische Bildungsstandards

Die Schülerinnen und Schüler
- können an Beispielen erläutern, wie Kinder in anderen Ländern leben (2.1).
- kennen Möglichkeiten, den Kindern der Einen Welt zu helfen (2.2).
- können an biblischen Texten (Erzählungen und Taten von Jesus) erläutern, dass wir anderen Menschen respektvoll begegnen sollen (2.3).
- können an Beispielen aufzeigen, wie sie als Christen in ihrer Lebenswelt Verantwortung für sich und andere übernehmen können (2.4).
- können an konkreten Beispielen aufzeigen, wie Menschen heute die Gegenwart Jesu Christi erfahren (zum Beispiel im Wort des Evangeliums, im Sakrament, im Gebet, im Nächsten) (5.5).

Leitmedien

- Vereinfachte Weltkarte (**M 1**)
- Die Geschichte eines Kindes aus einem anderen Land / Kontinent (vgl. **M 6**).
- Kurzfilme zum ausgewählten Land (als Einstieg).
- Gerichte aus dem ausgewählten Land (vgl. **M 11**).
- Kinderlieder, z.B. »Alle Kinder dieser Erde« von B. Schlaudt (in: Menschenskinderlieder I, 63) und / oder von D. Jöcker: »Wir sind Kinder dieser Erde«, Tänze, Spiele und Märchen aus dem ausgewählten Land, z.B. von Unicef: »Spiele rund um die Welt«: www.unicef.de/fileadmin/content_media/mediathek/Spiele_rund_um_die_Welt_2009.pdf
- Ursula Kuckert: »Das Affenherz« – Ein afrikanisches Märchen in der Grundschule: www.weltinderschule.uni-bremen.de/maerche1.htm
- Spielzeug aus Naturprodukten des Landes.
- Misereor-Hungertücher (z.B. Brotvermehrung, **M 15**) oder andere Bilder mit Darstellung biblischer Geschichten vom Teilen und Zusammenleben aus anderen Kontinenten.
- Eine eigene Reportage über ein Kind aus dem ausgewählten Land.
- Die Gestaltung einer Kinderzeitung.
- Eine-Welt-Ausstellung: »So lebt XY in … – so lebe ich«.
- Zukunftswerkstatt – Vom Ist-Zustand zur Vision: So wünschen sich Kinder uns die »Eine Welt«.
- Material für ein Eine-Welt-Fest.
- Info-Kiste mit Material über ein Partnerschaftsprojekt.
- Regine Schindler: Ein Apfel für Laura (vgl. **M 14a**). Bilderbuch zu den Fragen »Warum lässt Gott Ungerechtigkeit zu? Wie hilft uns der Glaube zu handeln?«
- Mögliche Klassenlektüre zu den Kinderrechten in Deutschland: Alexa Plass-Schmid, Bloß keine Ferien. Lesebuch: ca. 50 Seiten, 3.–5. Schuljahr mit Lehrer-Arbeitsbuch: ca. 80 Seiten; und Hörbuch-CD: ca. 78 Min.

Die Schülerinnen und Schüler können zeigen, was sie schon können und kennen.	■ Die Welt als gemeinsames Haus: Die SuS gestalten gemeinsam ein großes Herkunfts-Wandbild und erzählen von ihren Herkunftsländern, wo sie wohnen, welche Städte sie schon kennen, wo ihre Familien herkommen, wo sie schon einmal im Urlaub waren. ■ Die Lehrkraft (L) legt in die Kreismitte verschiedene Bilder und Gegenstände aus aller Welt wie z.B.: verschiedene Gewürzsorten, Instrumente (Trommel), verschiedene Obstsorten (Mango), weitere Nahrungsmittel (Reis), Fußball, Kunsthandwerkgegenstände, Tiere, … ■ SuS tragen eigene Erlebnisse, Fotos, Musik aus anderen Ländern zusammen (beispielsweise in Form einer Collage oder einer Minipräsentation). ■ SuS beschriften eine Weltkarte in Gruppenarbeit: Wo liegen die Länder, die ihr kennt? Mit welchem Land wollt ihr euch näher beschäftigen? (**M 1**; Weltkarten, Schulatlanten, Globus). ■ Anhand der beiden Wortkarten »arm« und »reich« überlegen sich die SuS, wer arm und wer reich ist, und begründen ihre Meinung an einem Beispiel. ■ SuS füllen eine Fragebogen zum Thema »Arm sein – reich sein« aus (**M 2**). Wichtig ist dabei, die offenen Fragen festzuhalten, gemeinsam zu überlegen, wie und wo entsprechende Informationen beschafft werden können, und den Fragebogen am Ende der UE wieder aufzunehmen und zu ergänzen.
Die Schülerinnen und Schüler wissen, welche Kompetenzen es zu erwerben gilt, und können ihren Lernweg mitgestalten.	■ Mit Hilfe einer an der Tafel skizzierten Lernlandschaft mit Tälern und Höhen die Themenfelder des Unterrichts gemeinsam absprechen, z.B.: Lebenssituation und Alltag von Kindern in aller Welt (Wohnen, Arbeiten, Lernen, Essen, Spielen, …), Kinder im Krieg, Kinder auf der Flucht, Kinderrechte, Auswanderung und Einwanderung, Hungertücher, Regeln für den Umgang mit Fremden, biblische Geschichten, … Die SuS skizzieren eine Lernreise durch die Lernlandschaft und formulieren, was sie wissen und lernen möchten. ■ Gemeinsame Auswahl des exemplarischen Landes, z.B. Brasilien. ■ SuS wählen die Methode(n) zur Erarbeitung der Thematik wie z.B.: Stationenarbeit, Interviews, Reportagen, Ausstellung, Lerngang, Zukunftswerkstatt nach Robert Jungk, …
Die Schülerinnen und Schüler kennen Informationsmöglichkeiten über ein Leben unter fremden Bedingungen und nutzen verschiedene Möglichkeiten, sich zu informieren.	■ Bild-Impuls: Öffne deine Augen für meine Welt (**M 3**). Die SuS formulieren erste Fragen an die Welt der im Bild dargestellten Kinder. ■ DVD-online »Kinder aus aller Welt. Eine Klasse – viele Sprachen« oder Videoclip »Kinder in der Einen Welt« (s. in YouTube: www.youtube.com/watch?v=YxH8XuW2hV8&feature=related), ein Lied von Martin Buchholz und Eberhard Rink im Auftrag der Kindernothilfe: Die SuS entdecken filmgestützt im eigenen Erfahrungsbereich der Schulklasse andere Sprachen und Kulturen, nehmen Andersartigkeit und Anderssein wahr und setzen sich damit auseinander. ■ Die Lebensweise von Kindern in oder aus anderen Ländern und Kulturen erkunden: Sammlung der Informationsmöglichkeiten zum Thema »Kinder aus aller Welt« im UG: Wie leben die Kinder in diesem Land? Was essen sie, wie kleiden sie sich, wie lernen sie? … ■ SuS erproben in Gruppen eine Informationsmöglichkeit und präsentieren ihre Ergebnisse: a) Sichtung von Sachbüchern und Lexikonartikeln und Kinderbüchern über Kinder in aller Welt. b) Sammeln von Zeitungsartikeln zum Thema. c) Recherche in der Schulbücherei. d) DVD »Willi in Tansania: Unterwegs für die Sternsinger«, 26 Min., 2013. Wie leben Kinder in Tansania, welche Wünsche und Interessen haben sie, was spielen sie und was passiert, wenn sie krank werden? Welche Unterstützung brauchen sie? e) Im Internet Kinderportraits recherchieren, z.B.: www.tdh.de; www.unicef.de/kids; www.younicef.de/kinderdieserwelt.html oder www.hanisauland.de/spezial/kinderstimmen/kinderstimmen-kapitel-4.html; Auf dieser interaktiven Seite der Bun-

deszentrale für politische Bildung wurden Mädchen und Jungen aus aller Welt interviewt. Sie berichten aus ihrem Leben: 1. Aleph aus Australien; 2. Andreew aus Russland; 3. Antonio aus Brasilien; 4. Jessica, George und Ramatu aus Ghana; 5. Quynh Anh aus Vietnam; 6. Shruti aus Indien; 7. Su aus China; 8. Toprak aus der Türkei. Die SuS können einzelne Interviews anklicken, hören und wichtige Informationen über das Leben der interviewten Kinder zusammenfassen und darstellen.

- Der / die Religionslehrer/in oder Deutschlehrer/in erarbeitet mit den SuS den Aufbau und wichtige Elemente eines Interviews, z.B. für eine Expertenbefragung, eine Umfrage auf der Straße, auf dem Schulhof, unter Mitschüler/innen, …
- Alternative: Gemeinsamer Besuch der Stadtbücherei mit Bibliothekseinführung und gemeinsamem Sammeln von Informationen über das gewählte Land.
- Die SuS stellen mit den gesammelten Informationen, Materialien, Büchern … einen Infotisch zusammen, auf den sie im Laufe der UE immer wieder zurückgreifen und den sie ergänzen können.
- Die SuS gestalten eine Collage mit Kinderbildern zum Thema »Kinder aus aller Welt« aus Zeitschriften, Kalendern, Postkarten und Materialien aus dem Internet.

- Lied: »Alle Kinder dieser Erde« von Bernd Schlaudt (Menschenskinderlieder I, 63).
- SuS interviewen sich gegenseitig mit Hilfe eines Steckbriefs (**M 4a**), den sie dabei ausfüllen. Die Steckbriefe können bei einem »Who-is-Who«-Spiel spielerisch ausgewertet werden: L sammelt die Steckbriefe ein und lässt die SuS erraten, zu wem sie gehören: Beispiel: Gesucht wird ein Schüler mit einem Bruder namens Tom … Er möchte gerne Fußballer werden … usw.
- Kinder aus der Schule in die Religionsklasse einladen, die aus anderen Ländern kommen und von ihrer Heimat erzählen.

Die Schülerinnen und Schüler kennen die Geschichte eines Kindes aus einem Entwicklungsland und können Informationen über das Land und das Leben des Kindes sammeln, auswerten und darstellen.

Kindern aus Brasilien begegnen

- L legt Fotos brasilianischer Kinder (**M 5**) aus: Die SuS betrachten diese (schweigende Wandelausstellung), entscheiden sich für ein Bild und füllen für das Kind auf dem Bild einen entsprechenden Steckbrief (**M 4b**) aus. Da sie die realen Antworten nicht kennen (können), müssen sie sich in die Situation des jeweiligen Kindes hineinversetzen. Die Steckbriefe können wieder in einem Who-is-Who-Spiel erraten werden. L kann hierbei noch Informationen zu den Bildern und der Situation der Kinder anfügen. Die SuS lokalisieren Brasilien auf der Weltkarte (s. **M 1**).
  Alternative: Die SuS werden angeregt, sich ein Kind, z.B. in Brasilien, Indien, …, vorzustellen. Impuls: Ich sehe auf meiner inneren Reise (Phantasiereise) einen Jungen / ein Mädchen im Fenster eines Hauses und überlege mir, wie dieser Junge / dieses Mädchen wohl lebt.
- SuS lesen den Bericht von »Paolo« (**M 6**) und versetzen sich in Paolos Situation, indem sie seinen Bericht illustrieren. Dann tragen sie die dort enthaltenen Informationen über die Lebenssituation armer brasilianischer Kinder auf dem Land und in der Stadt zusammen.
- Die SuS überlegen, was bei Paolo und Kindern in Deutschland schön und was schwierig ist, und tragen in die Tabelle ein, wie das Leben eines Kindes bei uns und in Brasilien aussieht, vergleichen die beiden Situationen miteinander und erzählen davon, inwieweit die dortigen Lebensbedingungen, z.B. hohe Armut, keine kostenlose Schulbildung und ärztliche Versorgung, … von den ihnen vertrauten abweichen.
- Die SuS erhalten einen lachenden Mund und eine Träne aus Tonpapier und notieren auf dem lachenden Mund: »Was gefällt Paolo in seinem Leben besonders gut?« Und auf die Träne: »Was macht Paolo traurig?« Die SuS malen Paolos Träume und vergleichen dessen Träume mit ihren Träumen.
- UG zum Impuls: Was braucht Paolo, um seine Träume verwirklichen zu können? Mögliche Stichworte könnten sein: ausreichende Ernährung, Wohnung, kostenloser Arztbesuch, weiterführende Schulen, gute Ausbildung, sauberes (Trink-)Wasser, gute Freunde, Sicherheit und Frieden, …

- Ein Bild der Zukunft anderer und der eigenen Zukunft entwerfen – Imaginations-Impuls: Ihr macht heute einen ganz besonderen Ausflug, einen Ausflug in eure eigene Zukunft und in die Zukunft anderer junger Menschen. Ihr alle seid nun Zukunftsforscherinnen und Zukunftsforscher. In Forscherteams vervollständigt ihr die folgenden Aussagen über die Zukunft, tragt eure Ergebnisse in die Tabelle auf eurem Plakat ein und stellt euch die Ergebnisse gegenseitig vor.

Wenn ich an meine eigene Zukunft denke, …	Wenn Paolo an seine Zukunft denkt, …
freue ich mich ganz besonders auf …	freut er sich ganz besonders auf ….
habe ich ein wenig Angst vor …	hat er ein wenig Angst vor …
ist mir für mein Leben am wichtigsten …	ist ihm für sein Leben am wichtigsten …
möchte ich gerne von Beruf … sein	möchte er gerne von Beruf … sein

Vergleicht eure Zukunftsvorstellungen mit den Vorstellungen Paolos und tauscht euch über die möglichen Gründe für die Gemeinsamkeiten, aber auch für die Unterschiede aus.
- Lied: Wir sind Kinder einer Erde (Detlef Jöcker).
- Zeitintensivere Alternative, z.B. für Stationenarbeit / Projektarbeit (nach AHR 2000, 4. Schuljahr – Extra: Voneinander lernen – Miteinander teilen): Die SuS stellen aus der **Kinderzeitung** (AHR 2000, 4. Schuljahr – Extra: Voneinander lernen – Miteinander teilen), aus Freiarbeitsmaterial (s. Literaturliste: Unterrichtspraktische Literatur / Unterrichtsmaterialien) oder exemplarischen Geschichten (s. Literaturliste) Informationen über das Leben eines Kindes im gewählten Land zusammen, z.B. über:
  - den Tagesablauf eines Kindes
  - seine Familie: Eltern, Geschwister, Großeltern, Tanten, Onkel etc.
  - verschiedene Arbeiten im Haus / auf dem Feld …
  - den Schulalltag: Wer kann zur Schule gehen? Wie sehen die Schulen aus? (Schuluniform, Schulgeld, Schulbücher etc.)
  - das soziale Umfeld und die Lebensbedingungen: Wirtschaft, Arbeitsbedingungen / Kinderarbeit, Krankenversicherung, ärztliche Versorgung, Infrastruktur etc.

Was Kinder zum Leben brauchen
- Aktion: L hat Süßigkeiten mitgebracht und verteilt sie an die SuS so, dass nur wenige der SuS mehrere Süßigkeiten in die Hand gelegt bekommen und die Hände der meisten anderen leer bleiben. Im sich anschließenden UG äußern die SuS ihre Meinung über die Art der Süßigkeitenverteilung durch L. Einige wenige SuS sind zwar sehr zufrieden – denn die Süßigkeiten schmecken richtig gut! – die meisten anderen aber sind enttäuscht und beurteilen die Art der Verteilung durch L als unfair und (voll) ungerecht!
- L markiert mit einem Seil einen Kreis in der Mitte, der die Welt darstellen soll, und gestaltet mit zwei verschiedenfarbigen Tüchern (golden und dunkel) die zwei Hälften der Welt. Die SuS äußern sich zum Bodenbild der zweigeteilten Welt, z.B.: In der einen Welthälfte (helles Tuch) lässt es sich ganz gut leben, in der anderen Hälfte der Welt (dunkles Tuch) ist das (Über-)Leben für die Menschen deutlich schwieriger.
- Bild- und Sprechimpuls: Kinder aus der Einen Welt fragen uns … Mögliche Antworten auf die Fragen eines Kindes (**M 7**) aus einem armen Land überlegen, die Wünsche dieses Kindes auf ein Wünsche-Herz schreiben und in einem Brief an das Kind dessen Fragen beantworten.
- Die SuS erarbeiten anhand der Table-Set-Methode, die Frage, was Kinder zum Leben brauchen.
- Theologisieren zu der Frage »Wann ist jemand reich und wann arm?« anhand der beiden Satzanfänge »Reich ist ein Mensch, wenn …; Arm ist ein Menschen, wenn …«
- Bild-Impuls: »Hungernde Kinder« (s. **M 14d**). Die SuS stellen das Bild nach und spre-

chen die möglichen Gedanken, Wünsche und Gefühle der hungernden Kinder aus. Sie tauschen sich darüber aus, was es für die Kinder heißt, Hunger zu haben und nicht satt zu werden, und schreiben ein Gebet: „Du, Gott, ich bin …, ich fühle mich wie …, ich bitte dich … Sie gehen der Frage nach, warum es so ist, dass viele Kinder dieser Erde an Hunger leiden, und was wir dagegen tun können.

- Etwa ein Drittel der Weltbevölkerung sind Kinder. Zur Veranschaulichung der ungerechten Verteilung der Ressourcen auf der Welt kann der Text »Die Welt als Dorf« gemeinsam erarbeitet (**M 8a**) und / oder der Film »Wäre die Welt ein Dorf« (s. Literaturhinweise) gezeigt werden. Die Darstellung der Ergebnisse in einer Mindmap (**M 8b**) bietet einen guten Überblick. Mithilfe dieser Informationen kann der Fragebogen (**M 2**) ergänzt werden.

Menschen verlassen ihre Heimat – Auswanderung und Einwanderung

- Flüchtlingskinder: Opfer von Verfolgung und Krieg. *Lehrer-Info:* Jährlich verlassen 64 Millionen Menschen ihre Heimat. Über die Hälfte von ihnen sind Kinder. Impulsfrage: Warum verlassen Menschen ihre Heimat und was bedeutet es für Eltern und Kinder, auf der Flucht zu sein?
- Forscherauftrag: Die SuS fragen ihre Eltern und Großeltern, ob Mitglieder ihrer Familie in andere Länder gezogen sind. Sie erkundigen sich nach den Gründen für ihre Auswanderung, nach den Reiseumständen und nach ihrem Reiseweg. Sie zeichnen diesen Weg in eine Europa- bzw. Weltkarte ein und stellen ihre Ergebnisse auf einem Plakat ihren Mitschüler/innen vor.
- Bild-Impuls 1: Kinder auf der Flucht (**M 9a** oder »Boatpeople«-Bild). SuS äußern erste Assoziationen zum Bild. Was haben die Kinder wohl alles erlebt? Wie fühlen sie sich und was sind ihre Wünsche und Hoffnungen für die Zukunft?
- Imaginations-Impuls: Stellt euch vor, ihr müsst mit eurer Familie von heute auf morgen euer Heimatland verlassen, um überleben zu können und nicht getötet zu werden. Ihr habt nur 10 Minuten Zeit, um eure Sachen zu packen und das mitzunehmen, was euch wichtig ist. Die SuS zeichnen das, was sie unbedingt mitnehmen möchten, in einen Kofferumriss hinein und nennen die Menschen, die sie am meisten vermissen würden, wenn sie ihr Heimatland verlassen müssten.
- Die SuS nennen Gründe dafür, warum Kinder / Menschen ihre Heimatländer verlassen müssen, z.B. Krieg, Naturkatastrophen, Hunger, Verfolgung, keine Arbeit, … Welche Geschichten könnten diese Kinder erzählen? Wo kommen unsere Familien her?
- Anhand der Fotogalerie »Kindergesichter unserer Erde« (**M 9b**) ordnen die SuS die dort abgebildeten Kinder ihrem möglichen Herkunftsland bzw. -kontinent zu. Eine eindeutige Zuordnung dürfte allerdings schwierig sein, da eine Eindeutigkeit von äußeren Merkmalen und Herkunftsland nicht gegeben ist.
- Forscherauftrag: Die SuS fragen ihre Eltern und Großeltern, ob Mitglieder ihrer Familie in andere Länder eingewandert sind. Sie erkundigen sich nach den Gründen für ihre Auswanderung, nach den Reiseumständen und nach ihrem Reiseweg. Sie zeichnen diesen Weg vom Herkunftsland zum Einwanderungsland in eine Europa- bzw. Weltkarte ein und stellen ihre Ergebnisse auf einem Plakat ihren Mitschüler/innen vor. Die SuS erzählen nun in Kleingruppen von den Herkunfts- und Auswanderungsgeschichten ihrer Eltern und Großeltern, ihrer Sprache und Religion.
- Bildimpuls 2: Die Heilige Familie auf der Flucht (**M 9c**): SuS äußern erste Assoziationen zum Bild. Was haben Jesus, Maria und Josef alles erlebt? Wie fühlen sie sich und was sind ihre Wünsche und Hoffnungen für die Zukunft?
- Die SuS vergleichen die Bilder aus **M 9a** und **M 9c** anhand der möglichen Leitfragen: Was haben die beiden Bilder gemeinsam? Was verbindet die Menschen auf den beiden Bildern, z.B. Fluchtsituation, Ortswechsel von A nach B, Lebenssituation, Fluchtgründe, Hoffnungen …
- Anhand ausgewählter biblischer Fluchtgeschichten stellen die SuS in einer kurzen Szene dar, weshalb die Menschen der Bibel ihr Heimatland verlassen, wie sie ihr Heimatland verlassen, sowie ihre Ankunft und Aufnahme im fremden Land.

Abraham: 1. Mose 12,1–9	Jakob: 1. Mose 27,41–45; 29,1–14	Josef: 1. Mose 37,23–28; 39,1–6
Mose: 2. Mose 2,11–22	Ruth: 1,6a.14b–2,3a	Maria: Lukas 2,1–7
Josef: Matthäus 2,1–18		

- In Kleingruppen erzählen die SuS von einem Erlebnis, bei dem sie sich einmal fremd gefühlt haben, und wie es ihnen dabei ergangen ist. Die genannten Gefühle werden auf Gefühlsblasen notiert und mit Hilfe von Mimik und Gestik zum Ausdruck gebracht.

Regeln für den Umgang mit Fremden

- In Gruppen formulieren die SuS zum einen fünf hilfreiche Tipps dafür, wie ein Einwanderer empfangen werden sollte und wie er sich im neuen Land wohlfühlen und zurechtfinden könnte (z.B. wichtige Verhaltensregeln, Verkehrsmittel, Freizeit, Treffpunkte, …) Zum anderen erarbeiten sie anhand der folgenden Bibeltexte die vier wichtigsten Regeln für den Umgang mit Fremden:

2. Mose 20,10	2. Mose 22,20	2. Mose 23,9	Mt 25,31–36

Sie vergleichen ihre eigenen Ideen mit den in den Bibeltexten formulierten Regeln und gestalten gemeinsam ein Regelplakat für den Umgang mit Fremden.

- Die SuS informieren sich auf der Seite www.save-me-kampagne.de über aktuelle Flüchtlingsgruppen, die durch die Kampagne »Save me Flüchtlinge aufnehmen« unterstützt werden, und berichten davon in der Klasse.
- Auf Plakaten sammeln die SuS Ideen, was sie als Schulklasse aktiv dazu beitragen könnten, Flüchtlinge und schutzbedürftige Menschen zu unterstützen, z.B. durch Informationen, Aktionen, Spenden, …
- Impuls: »Stell' dir vor, du könntest dafür sorgen, dass alle Menschen glücklich werden. Was würdest du tun?« – Z.B. allen Menschen ermöglichen, genügend Nahrung zu haben, dass sie gesund sind, dass die Natur nicht zerstört wird, dass Frieden herrscht, alle ein Dach über dem Kopf haben …

Die Schülerinnen und Schüler erproben Elemente des Alltags in einem »Entwicklungsland« und lernen Formen einfachen Lebens, Spiele, Lieder und Tänze anderer Kulturen kennen.

- Ein afrikanisches Lied »Masithi Amen« (**M 10a**) und weitere (fremdsprachige) Lieder, z.B. »Singt Gott, unserem Herrn« (**M 10b**), kennenlernen, singen und gegebenenfalls mit einfachen (selbstgebauten) Instrumenten begleiten. (Das Lied »Mashiti« findet sich unter diesem Stichwort auch in YouTube: www.youtube.com)

Backen und kochen in anderen Ländern

- Projekt »Brot backen«. Mögliche Teilschritte: Korn mit Handmühle oder Mörser mahlen, Wasser von einem weit entfernten Ort holen, ggf. einen Ofen / eine Feuerstelle bauen, Holz sammeln und Fladenbrot backen.
- Einfache landestypische Gerichte kochen, z.B. Pelé-Kuchen und Bananenmilch (Rezepte in **M 11**).
- Einfache Formen typischer »Kinderarbeit« ausprobieren, z.B.: Schuhe putzen, Bonbons verkaufen (dazu einen Bauchladen herstellen) und die eigenen Erfahrungen auswerten.

Spielen und feiern in anderen Ländern

- Spiele, Spielzeug und Spielformen hier und anderswo zusammentragen, erproben und vergleichen. Zwei Spielesammlungen sind als pdf-Dateien verfügbar unter: www.unicef. de/fileadmin/content_media/mediathek/Spiele_rund_um_die_Welt_2009.pdf und www. gugg-emol.de/bilder/INTSPIEL-fohoe.pdf (40 Spielanleitungen aus 30 Ländern und weitere zahlreiche internationale Spielideen).
- Herstellen von Spielzeug aus Abfall oder Naturprodukten wie z.B.: ein Fußball aus Lumpen, eine Kordel und einfache Murmelspiele.
- Einen Tanz zu landestypischer Musik einüben und gestalten (Lieder s. **M 10a/b**).

- Gemeinsame Feste oder Feiern in der Schule oder im Ort mit Kindern aus anderen Ländern planen und durchführen: Einander den Tisch decken (die SuS bringen Speisen aus aller Welt auf den Tisch), voneinander Geschichten hören, miteinander spielen, singen, tanzen, beten, …

- Einstieg: Ein gemeinsamer Frühstückstisch ist nur mit einem kleinen Kuchen und einer Flasche Saft (o.Ä.) gedeckt. – Die SuS regeln selbständig die Verteilung der Lebensmittel und tauschen sich anschließend über ihre Erfahrungen aus.
- Die SuS hören und gestalten die biblische Geschichte »Elia und die Witwe von Zarpat« (1. Kön 17,1–16), die zum Teilen ermutigt: Sie gestalten zu den sechs Szenen der biblischen Geschichte auf dem Arbeitsblatt (**M 12a**) eigene Bilder und kleine, die Bilder beschreibende Texte. Sie vergleichen ihre Ergebnisse mit dem Lösungsblatt (**M 12b**) und ergänzen den Lückentext (**M 12c**) zur biblischen Geschichte.
- Die SuS erarbeiten die Bilder / Visionen eines biblischen Textes (z.B. Jes 65,17–25), der deutlich macht, wie Gott sich ein gerechtes und friedliches Zusammenleben vorstellt: Die SuS gestalten dazu zunächst in Gruppenarbeit Plakate zum Thema: »Mein Traum von einer besseren Welt – Zusammenleben von Menschen auf der Erde, wie ich es mir wünsche und wie ich es mir nicht wünsche«.
  Sie beschreiben und deuten dann die »Zukunftsbilder« bei Jesaja und entwerfen eigene Bilder von einem gerechten und friedlichen Zusammenleben der Menschen:
  - SuS hören den Text mehrfach in meditativer Stimmung und wiederholen einzelne Wörter oder Sätze.
  - SuS geben in Partnerarbeit den Text in ihren eigenen Worten wieder.
  - SuS ergänzen die Bilder, die ihnen aus dem Jesaja-Text wichtig geworden sind, auf dem bereits erstellten Plakat.
- Theologisieren mit Kindern über die Aussage: »Jeder von uns kann seinen Teil für eine bessere Welt beitragen!«
- Ich träume von einer Welt, die … – Eine bessere Welt ist möglich: SuS entwerfen ihre persönlichen Wünsche und Ideen für eine gerechte Welt in Bildern und Lebensregeln und gestalten ein Plakat mit der Überschrift »Kinder einer Erde«.
  Gegebenenfalls Wiederholung der Zehn Gebote und Einschätzung ihrer Relevanz für das Leben der Menschen heute.

Die Schülerinnen und Schüler kennen und deuten biblische Texte zum Thema »Gerechtigkeit« und entwickeln eigene Vorstellungen von einer gerechten Welt heute.

Alle Kinder haben Rechte und brauchen Schutz

- Lied: Kinder haben recht (Menschenskinderliederbuch II, 68)
- Die Vereinten Nationen (UN) geben der Klasse den Auftrag, zehn Kinderrechte zu formulieren. Erarbeitung in Gruppen mit dem Satzanfang: „Jedes Kind hat das Recht …" und Erstellung eines gemeinsamen Katalogs.
- Einführung in die »UN-Kinderrechtskonvention« und Arbeit mit der »Wertepyramide« (**M 13a**). In Kleingruppen erarbeiten die SuS dann von den zehn Kinderrechten ein Kinderrecht, das sie selbst wählen. Das heißt, sie überlegen, wie dieses Recht zu seiner Geltung kommt, z.B.:

Alle Kinder

haben das Recht, gesund zu leben. (Recht auf Gesundheit)	haben das Recht, mit ihren Eltern zusammenzuleben.	haben das Recht auf Spiel, Freizeit und Ruhe.	haben das Recht auf Schutz vor Gewalt und Ausbeutung.
haben das Recht auf ärztliche Behandlung.	haben das Recht, dass sich ihre Eltern um sie kümmern (Recht auf elterliche Fürsorge).	haben das Recht auf ein gutes Leben.	haben das Recht auf Schulbildung.

Sie begründen ihre Wahl und gestalten ein Plakat zu ihrem gewählten Kinderrecht, das sie den anderen vorstellen.

Die Kinder recherchieren zu ihrem gewählten Recht in Zeitungen, Zeitschriften, in Büchern und im Internet. Infos und Materialien erhalten sie z.B. bei: unicef for Kids/ Kinderrechte (zwei Power-Point-Präsentationen zum Thema »Kinderrechte« für Kinder und für Lehrer finden sich unter): www.unicef.de/kids/basisfilm.php?startscreen und www.unicef.de/kinderrechte20.html.

Auf der interaktiven Seite der Bundeszentrale für politische Bildung (Hanisauland) werden einige Kinderrechte in kindgerechter Sprache vorgestellt: www.hanisauland.de/ spezial/kinderrechte-dossier; www.hanisauland.de/spezial/kinderrechte/

Die zehn besten 30 Sekunden-Trickfilme zu den Kinderrechten bietet: www.unicef.de/ projekte/themen/kinderrechte/30-sekunden-kinderrechte/

Zum Thema »Kinderarbeit«: »Kleine Hände – krummer Rücken – Eine Ausstellung über Kinderarbeit« findet sich unter www.unicef.de. Ein UNICEF-Film (20 Videos) über Kinderarbeit findet sich unter: www.unicef.de/aktionen/kinderrechte20/videos. Möglich ist auch die vertiefende Lektüre der Grundrechtefibel für Kinder »Voll in Ordnung – unsere Grundrechte«. Die Fibel und die »Lehrerhandreichung zur Grundrechtefibel« sind kostenlos und können im Webshop der Landeszentrale für politische Bildung Baden-Württemberg (www.lpb-bw.de/shop) bestellt werden. Download der Fibel: www.grundrechtefibel.de.

- Die SuS überlegen, wie sie ihr gewähltes Kinderrecht gestalterisch umsetzen und bearbeiten können, – z.B. ein Sitzmöbel für den Ruheraum malen oder bauen. Sie gestalten Entwürfe und bestimmen die künstlerische Form von deren Umsetzung.
  - Sie informieren sich über die Arbeit des Deutschen Kinderschutzbundes und über die Bedeutung des Weltkindertages z.B. unter http://de.wikipedia.org/wiki/Kindertag.
  - Die SuS wenden die Kinderrechte auf die Erzählung »Der Teppich aus Schiras« (**M 13b**) und die unten genannten Kindergeschichten der Bibel an. Sie identifizieren, welches Recht in welcher Geschichte eingehalten bzw. welches Recht nicht eingehalten wird.
- Die SuS gestalten mit Hilfe von Zeitschriften eine Collage zu den Kinderrechten, entwerfen einen Comic oder schreiben einen Rap.
- Wichtige Geschichten von Kindern und Kinderrechten in der Bibel:

AT	Josefs Träume: 1. Mose 37,3–11	Moses Geburt und Errettung: 2. Mose 2,1–10	Samuels Berufung: 1. Samuel 3
NT	Jesu Geburt: Mt 2,1–12	Flucht nach Ägypten und Kindermord in Bethlehem: Mt 2,13-23	Jesu Geburt: Lk 2,1–21
	Der zwölfjährige Jesus im Tempel: Lk 2,41–52	Jesus erweckt die Tochter des Jairus zum Leben: Mk 5,21–24.35–43	Jesus segnet die Kinder: Mk 10,13–16

Die Geschichten können wahlweise erzählt, gestaltet und der Bezug zu einzelnen Kinderrechten hergestellt werden. Prüffragen: Wo wurden Kinderrechte verletzt? Wo wurden sie eingehalten?

- Anhand der gemeinsamen Lektüre des Kinderbuchs »Ein Apfel für Laura« (Text in **M 14a**) von Regine Schindler setzen sich die SuS mit den Fragen von Laura »Warum lässt Gott Ungerechtigkeit zu? Was kann man gegen Ungerechtigkeit tun? Wie hilft uns der Glaube zu handeln?« auseinander.
- Die Einstimmung in die Thematik der Geschichte und auf die religiösen und gesellschaftskritischen Fragen des Bilderbuchs kann mithilfe einer Phantasiereise (**M 14b**) geschehen. Im Anschluss an die Phantasiereise erzählen die SuS von ihren Eindrücken und notieren, was sie bereits über Elendsviertel und die Not von Menschen dort wissen. Alternativ oder ergänzend: Bild-Impuls: Mädchen aus dem Elendsviertel (**M 14c**). Die SuS beschreiben das Mädchen und die Welt, in der es lebt, und formulieren ihre Fragen zum Bild, z.B.: Passt das Mädchen in diese Welt? Warum müssen Kinder in Armut leben? Hat das Mädchen eine Zukunft, wenn ja, wie sieht diese wohl aus, …?

- Die Geschichte kennenlernen und gestalten: Die SuS erhalten eine Kopie des Textes (**M 14a**) und lesen ihn abschnittsweise gemeinsam. Wenn der Text so kopiert wird, dass nach jedem Abschnitt eine Leerseite eingefügt wird, können die SuS dazu jeweils ein Bild malen. So entsteht ein zwölfseitiges illustriertes Büchlein.
- Die SuS gestalten mit Bildern (aus Illustrierten, Fotokarten, Kalenderblättern) eine Collage, die auf der einen Seite Menschen in Leid und Notsituationen und auf der anderen Seite Menschen zeigt, denen es gut geht.
- Mit Laura theologisieren:
  - In einer Lesepause am Ende jedes Abschnitts nimmt die Lehrkraft wichtige Fragen (im Haupttext kursiv gedruckt) aus Lauras Perspektive auf und regt die SuS an, Laura zu antworten: Beispiel zu Abschnitt 2: Laura (L): *Ich verstehe das alles hier nicht. Warum kann mir niemand sagen, warum Gott diese Leute so reich gemacht hat? Und dann sagt die Köchin auch noch, Gott ist gar nicht hier. Er ist in der Kirche. Aber wieso ist er nicht hier, wenn es hier so schön ist und alle genug zu essen haben? Könnt ihr mir vielleicht helfen?*
  - Die SuS tragen wichtige Sätze aus Lauras Gesprächen und Gedanken in Sprechblasen in die Bilder (ihres Büchleins) ein. Sie tauschen sich darüber aus, warum Laura das »reiche Haus« verlässt, wie es ihnen wohl selbst in diesem Haus ergangen wäre und was sie sich selbst für ein glückliches Leben wünschen.
  - Im Anschluss singen sie das Lied: »Du bist da, wo Menschen leben« (LJ 498).
- Die Geschichte von Laura weiterdenken: Die SuS erweitern in Gruppenarbeit die Geschichte um ein weiteres Kapitel und erarbeiten mit dem Motiv des Apfels eine liturgische und eine handlungsorientierte Dimension. Mögliche Arbeitsaufträge hierzu:
  - Stellt euch vor, Laura trifft ihre alte Freundin, das reiche Mädchen. Das Mädchen fragt sie: »Warum bist du einfach weggegangen? Und was hast du jetzt vor?« Überlegt euch, was Laura antworten könnte. Spielt den anderen die Szene vor.
  - In der Mitte des Sitzkreises liegt ein Apfel. Die SuS erzählen, welche Bedeutung der Apfel in der Geschichte hat, was es für Laura und den Bettler bedeutet, den Apfel zu bekommen, und was es bedeutet, den Apfel weiterzugeben.
  - Die SuS lassen den Apfel erzählen, was er in dieser Geschichte erlebt hat und ergänzen die Satzanfänge zum Impuls »Lauras Apfel ist mehr als ein Apfel«: »Der Apfel ist ein …; Er ist ein Zeichen für …« Die Ergebnisse der SuS werden auf einem großen Tonpapier-Apfel festgehalten.
  - Die SuS schneiden Äpfel aus farbigem Papier und sitzen um eine gestaltete Mitte mit Kreuz und Kerze. Sie schreiben auf grüne Äpfel, worum sie Gott bitten möchten, wenn sie an Laura, ihre Mutter oder das reiche Mädchen denken, und auf rote Äpfel, was Laura tun könnte, und auch, was sie selbst tun könnten, um die Not von Menschen zu lindern.
  - Im Rückblick auf die Geschichte erzählen die SuS, was ihnen gefallen hat, aber auch, was schwierig für sie zu verstehen war. Sie sammeln wichtige Fragen aus der Geschichte und suchen in Kleingruppen nach möglichen Antworten auf die aufgeworfenen Fragen.
- Theologisieren mit Kindern zu einer Psalm-Karte mit der Aufschrift »Er wird Recht verschaffen den Gebeugten im Volk und Hilfe bringen den Kindern der Armen (Psalm 72,4)«. Die Aussage des Psalmverses in einem Gebet formulieren und als Gebet vor Gott bringen.

- L erzählt die biblische Geschichte von der »Speisung der 5000« nach Mk 6,30ff.
- Die SuS sammeln Ideen zu einem eigenen Bild »Jesus macht 5000 Leute satt«. Impulsfragen: Was malt ihr auf dieses Bild? Was ist das wichtigste? Was soll im Vordergrund und in der Bildmitte stehen? Wie könnten der Hintergrund und die Umgebung aussehen?
- Entdeckungsreise auf Hungertüchern / Fastentüchern (**M 15a**).
  - Die SuS wählen und betrachten Darstellungen der »Speisungsgeschichte« aus verschiedenen Kontexten (z.B. das Bild von Josué Sánchéz oder das äthiopische Hungertuch mit der vergrößerten Brotvermehrungsszene in **M 15b**).

Die Schülerinnen und Schüler können biblische Geschichten mit den Augen von Menschen aus anderen Kontinenten lesen und verstehen.

- Die SuS entdecken die verschiedenen biblischen Geschichten auf den beiden Bildern. Informationen zu beiden Bildern findet die Lehrkraft im Lehrer-Info (**M 15c**).
- Die SuS suchen nach Gemeinsamkeiten und Unterschieden zu den eigenen Vorstellungen. Die Lehrkraft erklärt die kontextuellen Elemente. Die SuS deuten das jeweilige Bild unter den Leitfragen: Wie stellt der Künstler die Geschichte dar? Was ist ihm wichtig? Was erfahren wir über sein Land und seinen Alltag? Wird in arbeitsteiligen Gruppen mit mehreren Bildern gearbeitet, können die SuS in einer kleinen Museumsführung anderen Gruppen ihr eigenes Bild vorstellen und erläutern.

Tipp: Die Hungertücher (seit 1976) virtuell erleben: Auf einer überkonfessionellen Onlineplattform für Religionspädagogik und Religionsunterricht sind die Hungertücher der Jahre 1976 bis 2011 in zwei virtuellen Räumen ausgestellt. Sie finden alle Hungertücher mit ausführlichen Begleittexten in der Artothek von rpi-virtuell: http://artothek. rpi-virtuell.net/artothek/arssacra/raum_hungertuch/index1.htm; und bei Misereor: www.misereor.de/aktionen/hungertuch/galerie.html.

- Die SuS gestalten (in Gemeinschaftsarbeit) ein Bild: »Jesus macht – hier und heute – 5000 Menschen satt« und erläutern ihr Bild. Sie bringen es in Zusammenhang mit Mt 25,40.
- Malaktion »Eine bessere Welt für Kinder«: Die SuS malen die Welt, wie sie für Kinder sein sollte, z.B. bunt, friedlich, gerecht, fröhlich, … und gestalten so ihre persönlichen Wünsche für eine bessere Welt für Kinder in einem Bild.

Die Schülerinnen und Schüler kennen einen Eine-Welt-Laden in ihrer Wohnumgebung und können eine Liste der fünf wichtigsten Produktangebote erstellen.

- Eine/n Mitarbeiter/in eines Eine-Welt-Ladens mit ausgewählten Produkten in die Schule einladen und einen Fragebogen für das geplante Gespräch entwerfen, z.B.: Aus welchen Ländern stammen die Produkte? Welche Produkte werden in ihrem Laden angeboten? Was unterscheidet ihre Produkte von den Produkten im Supermarkt. Warum braucht es Eine-Welt-Läden? Wer kauft bei ihnen ein?
- Lernen an außerschulischen Lernorten – Lerngang zum Eine-Welt-Laden: Die SuS besichtigen einen Eine-Welt-Laden, verschaffen sich einen Überblick über das Produktangebot (z.B. Kakao, Schokolade, Tee, Zucker, Kaffee, Reis, Gewürze, Bananen, Datteln, Orangensaft, Baumwolle, Kunsthandwerk, …) und erstellen eine Liste der fünf wichtigsten / meistverkauftesten Produktangebote.
- Die Lehrkraft bringt verschiedene fair gehandelte Produkte zum Anschauen und zum Probieren in den Unterricht mit. L erzählt, wie diese Produkte im Unterschied zu den herkömmlichen Produkten angebaut, produziert und fair gehandelt werden (z.B. Schokolade, Orangensaft, Tee, Zucker, Bananen, Gewürze, Fußbälle). Das Thema Kinderarbeit wird angesprochen. Es wird thematisiert, wie das unterschiedliche Preisniveau zustandekommt und begründet ist. In einer Phantasiereise kann eine Frucht bzw. ein Produkt auf seiner Reise aus dem Herkunftsland bis nach Deutschland begleitet werden.
- Die SuS informieren sich auf den Internetseiten www.transfair.org, www.gepa3.de und www. forum-fairer-handel.de über die verschiedenen Organisationen, deren Produkte, Produzenten, prominente Unterstützer, engagierte Verbraucher, den fairen Handel etc. und gestalten für jede Organisation ein Infoplakat, das sie ihren Mitschüler/innen vorstellen.
- Lernen an außerschulischen Lernorten: Die SuS fragen im örtlichen Supermarkt nach fair gehandelten Produkten und stellen das Produktangebot in einer TOP-5-Liste zusammen.

Die Schülerinnen und Schüler kennen zwei Selbsthilfe-Projekte, bei denen Menschen geholfen wird, sich selbst zu helfen. Sie wissen, wie man mit wenig viel erreichen kann, und gestalten ein »Eine-Welt-Projekt«.

- Die SuS singen das afrikanisches Lied »Masithi Amen« (s. **M 10a**) und begrüßen sich mit einer afrikanischen Geste.
- Die Lehrkraft informiert anhand einer Power-Point-Präsentation (www.donbo.de/fileadmin/Munyu/Schule_in_Kenia_komp.pps) über ein afrikanisches Land ihrer Wahl, z.B. Kenia, und ermöglicht den SuS so, erste Eindrücke über die Menschen und ihr Leben in diesem Land zu sammeln.

Alternativ oder ergänzend informieren sich die SuS selbst anhand der Internetseite von »unicef für Kids – Kinder der Welt« www.unicef.de/kids/basisfilm.php?startscreen.

- Eine Fotogalerie (**M 16**) macht exemplarisch auf Probleme von Kindern in Afrika aufmerksam (Hunger, Krankheit, Wasserknappheit, Krieg, Vertreibung …). Die SuS beschreiben, was sie auf den Bildern entdecken können, und entwickeln Ideen, wie den Kindern geholfen werden kann, z.B. durch Nahrungsmittelhilfe, Wasserversorgung, Bau von Brunnen, medizinische Hilfe, …

- Die SuS tragen aus dem Internet Informationen über bestimmte Kinderhilfsorganisationen und deren Engagement beispielsweise in Afrika zusammen. Infrage kommen z.B.: UNICEF: www.unicef.de; Terre des Hommes: www.tdh.de; Ärzte ohne Grenzen: www.aerzte-ohne-grenzen.de; Aktion Deutschland Hilft: www.aktion-deutschland-hilft.de; www.brotfuerdiewelt.de/schule-aktiv; www.misereor.de/; www.welthungerhilfe.de; www.sos-kinderdorf.de; www.AerzteDerWelt.org/Afrika; www.Johanniter-helfen.de/Kinder; www.schulenfuerafrika.de; Deutscher Kinderschutzbund: www.dksb.de; Deutsche Kindernothilfe: www.kindernothilfe.de.
  Die SuS stellen dar, welche Ziele die jeweilige Organisation hat, für wen sie sich einsetzt und wer in der Organisation sich wie für Kinder engagiert.

- Zwei »Hilfe-zur-Selbsthilfe-Projekte« kennenlernen: Material- und leitfragengestützt (**M 17a–b**) informieren sich die SuS – arbeitsteilig in Kleingruppen – über die beiden Selbsthilfeprojekte in einem afrikanischen Land: Projekt 1 »Eine Schule bauen und unterhalten« (**M 17a**) und Projekt 2 »Mobile Krankenstation« (**M 17b**). Sie gestalten ein Informations-Plakat zu ihrem Projekt und stellen das Projekt anhand des Plakates ihren Mitschüler/innen vor.

- Der Begriff »Selbsthilfe« wird anhand der beiden Projekte geklärt. Der Spruch: »*Gib dem Hungernden einen Fisch und er hat für einen Tag zu essen. Lehre ihn das Fischen und er hat für sein Leben zu essen!*« und die Fragestellung: »Wie können wir Menschen helfen, damit sie lernen, sich selbst zu helfen?« können für die Begriffserklärung unterstützend eingesetzt werden.

- Was-kann-ICH-denn-TUN?-Aktion: »Projekte für Kinder hier und in aller Welt unterstützen«: Die SuS singen den Kanon »Viele kleine Leute« von Bernd Schlaudt (**M 18**) und äußern sich zum Liedvers-Impuls (d.h. zum afrikanischen Sprichwort): »*Viele kleine Leute an vielen kleinen Orten, die viele kleine Schritte tun, können das Gesicht der Welt verändern!*«: Im UG überlegen die SuS gemeinsam, was sie selbst oder als Klasse für Kinder in anderen Ländern helfend tun könnten, damit sich deren Lebensbedingungen und -möglichkeiten verbessern, z.B. kann im »Projekt Schule« für 40 Euro ein Kind ein Jahr lang die Schule besuchen, z.B.: Kindern in Not helfen. Jetzt Pate werden: www.worldvision.de; die Aktion von Misereor »two for one world«: www.2-euro-helfen.de sowie die Aktion: www.sternstunden.de/projekte/weltweit.

- Die Schulklasse engagiert sich an der jährlichen »Brot für die Welt«-Aktion vor Ort.

- Das Projekt »weltweit Wichteln« miteinander planen und durchführen. Kultureller Austausch im Advent (vermittelt z.B. durch die Evangelische Mission in Solidarität).

- Projekt »Klassen- und Schulpartnerschaft«: Die Schulklasse stellt den Kontakt mit Kindern / Schulklassen aus anderen Ländern bzw. zur Partnergemeinde der örtlichen Kirchengemeinde her.

- Die SuS gestalten eine Ausstellung zum Thema »So wünschen sich Kinder ihre Stadt« mit Beiträgen aus Deutschland und einem Partnerland / Projekt.

- Die SuS gestalten eine Wandtafel im Schulhaus zum Thema »Kinder in aller Welt«.

- Einen Projekttag zum Thema »Kinder einer Erde« durchführen und Produkte eines Eine-Welt-Ladens verkaufen. Mit einer Diashow oder PowerPoint-Präsentation Einblicke in den Lebensalltag z.B. in Afrika geben, den Gästen Speisen und fair gehandelte Getränke (Kaffee, Tee und Kakao) aus verschiedenen Ländern anbieten, ein Netz knüpfen, es miteinander halten und einen großen Erdball darauf legen.

- Ideen für eine bessere Welt / eine »one world family«: Die SuS gestalten ein Plakat zum Thema »Alle für EINE WELT – EINE WELT für alle«: Sie schreiben kurze Texte, malen Bilder, wählen für die Plakataktion eine passende Überschrift und singen das Lied: »Alle Kinder dieser Erde«.

- Ein gemeinsames Klassenfrühstück planen und gestalten – einander den Tisch decken. Die SuS bringen Speisen aus aller Welt auf den Tisch. Alle SuS tragen einen Teil zum

Frühstück bei, so dass letztendlich alles in ausreichender Menge vorhanden ist, untereinander geteilt werden kann und alle satt werden.

- Voneinander Geschichten hören. Miteinander Lieder singen.
- Die SuS feiern ein Eine-Welt-Fest: Miteinander essen, Geschichten erzählen, singen, tanzen und miteinander spielen. Den Kanon »Lobet und preiset ihr Völker den Herrn« (EG 337/LJ 196) (wenn verfügbar in verschiedenen Sprachen) singen und gestalten.
- Einen Schulgottesdienst zum Thema »Kinder einer Erde« gestalten. Darin die Freuden und Sorgen von Kindern aus aller Welt im Fürbittengebet vor Gott bringen.

Die Schülerinnen und Schüler können darstellen, was neu gelernt wurde.	- Die SuS präsentieren ihre in der UE erarbeiteten Materialien in einer »Eine-Welt-Ausstellung«. Sie können als Museumsführer Besuchern ausgewählte (auch biblische) Bilder, Gegenstände, Texte und Inhalte der Ausstellung beschreiben und erklären. - Die SuS können bei einem »Eine-Welt-Fest« ein Lied singen, einen Tanz vorführen und zu ausgewählten Spielen aus einem anderen Land anleiten. - Die SuS können anhand von Bildern und Texten über das Leben von Paolo erzählen. - Die SuS können eine biblische Vision vom Leben in einer gerechten Welt darstellen und beschreiben, wie sie sich selbst eine gerechte Welt vorstellen und wünschen.

Literatur zur Unterrichtsgestaltung

Fachliteratur

- Bibel heute 163 3/2005. Kinder in der Bibel, Schweizerisches Katholisches Bibelwerk
- »Dekade für eine Kultur des Friedens und der Gewaltfreiheit für die Kinder der Welt« Artikel in: http://de.wikipedia.org
- Stille Botschaften aus dem Prekariat – Die Welt der armen Kinder, Südwestrundfunk, swr2 Wissen – Manuskriptdienst, Sendung vom 23.04.2011, im Archiv von SWR2 Wissen zu finden als Manuskript zum Download (Pdf-Datei)

Unterrichtspraktische Literatur / Unterrichtsmaterialien

- »Gottes Kinder in aller Welt – zu Gast bei den Völkern der Erde«, in: Feste feiern mit RU praktisch 1–4. Vandenhoeck & Ruprecht, Göttingen ²2003
- »grenzenlos – Eine Welt in der Schule«. Ausgaben 1 und 2/2012. Materialien zum Download beim Kindermissionswerk »Die Sternsinger« e.V. (s. www.sternsinger.org/home/schule/materialien-fuer-den-unterricht/grenzenlos-kinder-dieser-welt.html)
- »Kinder hier und anderswo«, Freiarbeitsmaterial, hg. von Ute Schuler, Quell Verlag, Stuttgart 1997
- Landgraf, Michael: Eine Welt. Unterwegs zu mehr Gerechtigkeit (ReliBausteine sekundar 5), Calwer Verlag, Stuttgart 2009
- Pakulat, Dorothee / Thomas, Sonja: Lernwerkstatt. Nahes, Fernes Afrika, Buch Verlag Kempen, Kempen ⁵2010
- Schindler, Regine: Ein Apfel für Laura, Verlag Ernst Kaufmann, Lahr 1991
- »Spagett – ein Kind aus Zambia«, in: Religionsunterricht praktisch. 6. Schuljahr, Vandenhoeck & Ruprecht, Göttingen 1999, S. 145–164
- Voneinander lernen – Miteinander teilen. Sieben Lernzonen für fächerübergreifenden Unterricht. Arbeitshilfe Religion Grundschule 4. Schuljahr EXTRA, Calwer Verlag, Stuttgart 2000
- »Wie leben Kinder anderswo?« Unterrichtsmaterialien für die Grundschule, hg. vom Evangelischen Missionswerk in Deutschland (EMW), Hamburg 1991

Internetseiten

- 20 Jahre Kinderrechte: www.unicef.de/kinderrechte20.html; www.tdh.de/content/themen/schwerpunkte/kinderrechte/index.htm; www.hanisauland.de/spezial/kinderrechte-dossier; www.dksb.de/Content/start.aspx
- www.unicef.de/kinderrechte_02.html In nur 30 Sekunden informieren die von UNICEF als zehn beste Trickfilme ausgezeichneten Beiträge über die Rechte der Kinder. Zum 15.

Jahrestag der Kinderrechtskonvention haben Fachleute aus Rundfunk und Fernsehen unter 80 Spots aus aller Welt die zehn besten ausgewählt.

- Jugend-Internetseite von unicef: www.younicef.de Kinder benötigen besonderen Schutz und haben deshalb auch besondere Rechte. Alles über die Konvention zu den Rechten des Kindes und viele weitere Informationen bietet diese Seite. Mit einer eigenen Rubrik für Eltern und Lehrkräfte. Aus dem Inhalt: Aids, Armut, Bildung, Information, Kinderarbeit, Kinderhandel, Kinderrechte, Krieg, Mädchen, Gewalt, Straßenkinder, Umwelt, Wasser, Juniorbotschafter.
- www.younicef.de/kinderdieserwelt.html Auf dieser Seite werden die Lebensumstände von Kindern in aller Welt beschrieben. Sehr geeignet für die Eigenrecherche der SuS.
- Posterserie Kinderrechte 2009 (6 Poster) und 10 Kinderrechte, erklärt in kindgerechter Sprache auf: www.kindernothilfe.de
  Inhalt: Kinder aus Südafrika, Indien, Kenia, Afghanistan, Brasilien und Russland fordern in der neuen Posterserie ihre Rechte ein, die ihnen die UN-Kinderrechtskonvention garantiert: Das Recht auf Bildung und Ausbildung; Das Recht auf Gesundheit; Das Recht auf Gleichheit; Das Recht auf Schutz vor Ausbeutung; Das Recht auf Förderungen von Kindern mit Behinderungen; Das Recht auf angemessene Lebensbedingungen. Ein Begleitheft enthält die UN-Kinderrechtskonvention im Wortlaut und Beispiele für eine kindgerechte Umsetzung.
- Unterrichtseinheit »Kinder haben Rechte« für die Grundschule. Als Download unter: www.kindernothilfe.de/Rubriken/Service/Material/Unser_Material_von_A___Z--135/Unterrichtsmaterial/Unterrichtseinheit__Kinder_haben_Rechte_.html
  Baustein I setzt an der Selbstwahrnehmung an, um eine Idee davon zu bekommen, sich selbst, aber auch alle anderen Kinder als wertvolle und würdevolle Individuen mit gleichen Rechten zu begreifen. Baustein II enthält Übungen, um die UN-Kinderrechtskonvention kennen zu lernen. Baustein III stellt arbeitende Kinder mit ihren Problemen und mit ihren Lösungen auf einem Markt in Cajamarca (Peru) vor. Baustein IV gibt Anregungen, seine eigenen Interessen vor Ort zu vertreten oder sich allgemein für die Verwirklichung der Kinderrechte einzusetzen.
- www.bmfsfj.de/bmfsfj/generator/BMFSFJ/Service/Publikationenpublikationsliste,did=3844.html Die Rechte der Kinder von logo! einfach erklärt. Erklärung der UN-Kinderkonvention für Kinder, [8]2008, PDF zum Download.
- www.tivi.de/fernsehen/logo/index/00130/ Die Rechte der Kinder stehen in der Kinderrechtskonvention. Das ist ein Vertrag, den fast alle Länder der Welt unterschrieben haben. Bei logo! erfahrt ihr mehr über eure Rechte.
- www.kindersache.de/bereiche/deine-rechte/uebersicht
- Grundrechtefibel für Kinder »Voll in Ordnung – unsere Grundrechte«. Die Fibel und die »Lehrerhandreichung zur Grundrechtefibel« sind kostenlos und können im Webshop der Landeszentrale für politische Bildung bestellt werden: www.lpb-bw.de/shop. Download der Fibel: www.grundrechtefibel.de.
  Erstmals liegt damit eine Fibel zu den Grundrechten für Kinder im Grundschulalter vor. Mit unterhaltsamen Geschichten rund um Menschenwürde, Freiheit und Gleichheit vermittelt die Autorin Christine Merz anschaulich Artikel 1 bis 19 des Grundgesetzes und ihre Bedeutung. Ein Glossar erklärt wichtige Begriffe altersgerecht. Nicht als klassisches Schulbuch, sondern als Lesebuch zum Nachschlagen konzipiert, eignet sich die Fibel für den Unterricht in der dritten und vierten Klasse, aber auch zur selbstständigen oder durch die Eltern begleiteten Lektüre.
- UNHCR: Amt des Hohen Flüchtlingskommissars der Vereinten Nationen, der internationale Maßnahmen zum weltweiten Einsatz für Flüchtlinge leitet und koordiniert – Webseite von UNHCR www.unhcr.de mit Schulmaterialien und der Zeitschrift »Flüchtlinge«.
- Hungertücher im Internet: www.hungertuch.de
- Unterrichtsmaterial und Projektbeispiele: Brot für die Welt: www.brot-fuer-die-welt.de
- Evangelische Mission in Solidarität: EMS (z.B. Projekt: »Weltweit Wichteln« www.weltweit-wichteln.org, Länderinformationen): www.ems-online.org

- Informationen zum Fairen Handel bei Transfair: www.transfair.org oder dem »Gepa Fair Handelshaus GmbH«: www.gepa3.de
- Internetportal des Fairen Handels: www.forum-fairer-handel.de/
- So leben Kinder in Afrika. Fünf Farbposter DIN A1 bei: Brot für die Welt, Stuttgart
- www.faszinierendes-afrika.de/afrika-menschen.htm
- www.kinderhilfetansania.de
- Material zur jährlichen Misereor-Kinder-Fastenaktion. Diese stellt die Geschichte eines Kindes aus einem Entwicklungsland in den Mittelpunkt und stellt in diesem Zusammenhang ein Projekt vor. Das Material liefert dazu Hintergrundinformationen, ein Musical (auf CD), eine Diaserie, einen Comic u.a.m. www.kinderfastenaktion.de

Kinderbücher zum Thema

- Christiansen, Sabine: Gibt es hitzefrei in Afrika? So leben die Kinder dieser Welt, Heyne Verlag, München 2006
- »Das Affenherz«. Ein afrikanisches Märchen von Martin Moffor, siehe: www.weltinder-schule.uni-bremen.de/maerche1.htm; In dem Märchen »Das Affenherz« sind die Akteure Tiere, ferner spielen fremde Früchte eine bedeutende Rolle. Das Märchen eröffnet den Zugang zu folgenden Aspekten: 1. Tiere, die es in Afrika gibt; 2. verschiedene Früchte, die man teils auch in Deutschland kaufen kann und 3. Sprechanlässe zu den Themen Teilen, Freundschaft, Neid (mit Unterrichtsanregungen).
- Kindersley, Barnabas und Anabel: Kinder aus aller Welt, Loewe, Bindlach [3]1997
- Laffon, Caroline / Laffon, Martine: Kinder in fernen Ländern – für uns erzählt, Knesebeck, München 2005
- Landgraf, Michael: Akwaaba. Ein Nachdenk- und Aktionsbuch über Ghana in Westafrika, Evangelischer Presseverlag Pfalz, Speyer 2009
  Akwaaba – das heißt Willkommen! Elsi und Kofi nehmen uns mit auf eine Erlebnisreise durch ihr Land Ghana in Westafrika. Sie geben uns Einblick in den Alltag von Mädchen und Jungen in den Dörfern und in den Städten. Viele Fragen werden beantwortet: Wie sehen Arbeit, Schule und Freizeit in Ghana aus? Welche Gebräuche gibt es? Wie gestaltet sich das religiöse Leben in ihrem Land? Was bedeutet Gemeinschaft? Akwaaba gibt Impulse für Aktionen und regt zum Nachdenken über Menschen anderswo und ein besseres Miteinander an.
- Meine Schule. Kinder aus aller Welt erzählen. In Zusammenarbeit mit UNICEF, Dorling Kindersley, München 2008
- Plass-Schmid, Alexa: Bloß keine Ferien. Lesebuch (Klassenlektüre): ca. 50 Seiten, 3.–5. Schuljahr mit Lehrer-Arbeitsbuch: ca. 80 Seiten + Hörbuch-CD: Spielzeit ca. 78 Min. »Bloß keine Ferien« erzählt von dem neunjährigen Mädchen Sina. Sie wohnt mitten in Deutschland, sozusagen »direkt nebenan«, und erlebt eine traurige Kindheit, weil sie unter vielfachen Kinderrechtsverletzungen leidet. In der Geschichte kommt es zu einem guten Ende. So werden Kinder ermutigt, sich Hilfe zu suchen. Das Kinderbuch eignet sich besonders als Klassenlektüre für die Klassen 3/4. Das begleitende Lehrer-Arbeitsbuch bietet Hintergrundinformationen, aufeinander aufbauende Unterrichtsanregungen und -material zum Thema »Kinderrechte« sowie eine konkrete Unterrichtsreihe mit Kopiervorlagen zur Lektüre. Parallel dazu gibt es die Hörbuch-CD »Bloß keine Ferien«.
- Schreiber, Gudrun / Heilmann, Peter: Karibuni Watoto. Spielend Afrika entdecken, Ökotopia Verlag, Münster [9]2009
- Schwarz, Annelies: Meine Oma lebt in Afrika (Taschenbuch), Beltz & Gelberg, Weinheim 2010

Filme / DVD's

- Online-DVD des FWU zum Thema »Kinder aus aller Welt: Eine Klasse – viele Sprachen« mit Filmsequenzen, Grafiken und Arbeitsblättern, zu finden in der FWU Mediathek unter www.fwu-mediathek.de
  Die Welt, in der Kinder heute aufwachsen, ist von kultureller und sprachlicher Vielfalt geprägt. Der für das FWU neu produzierte Film »Kinder aus aller Welt: Eine Klasse

– viele Sprachen« porträtiert, ausgehend von einer vierten Klasse drei Kinder, die neben Deutsch zuhause eine zweite Sprache sprechen. Christa spricht mit ihrer Familie Englisch, Jessica ist in El Salvador geboren und Lukas' Mutter kommt aus Frankreich. In ihrer Klasse gibt es außerdem Kinder, die z.B. serbisch, griechisch oder russisch sprechen. Auf adressatengerechte Weise regt der Film an, andere Sprachen und Kulturen im eigenen Erfahrungsbereich zu entdecken. Das Arbeitsmaterial liefert zahlreiche Verwendungsmöglichkeiten für den kompetenzorientierten Einsatz im Unterricht.

- DVD »Willi in Tansania: Unterwegs für die Sternsinger«, 26 Min., 2013
  Wie leben Kinder in Tansania, was spielen sie und was passiert, wenn sie krank werden? Reporter Willi Weitzel, bekannt aus der Kindersendung »Willi will's wissen«, ist für die Sternsinger in das ostafrikanische Land gereist, um diesen Fragen auf den Grund zu gehen. Er besucht eine Gesundheitsstation auf dem Land, sieht sich ein Krankenhaus an und ist bei den Zwillingen Pepo und Zunda zu Gast.
  Unter http://www.sternsinger.org/sternsingen/sternsingeraktion-2013/sternsinger-materialien/sternsingerfilm.html kostenlos herunterzuladen oder zu bestellen.
- DVD educativ: Wäre die Welt ein Dorf. Zu den Themen: Globalisierung, Toleranz, Eine Welt. DVD-Ebene: Animationsfilm – 23 Minuten, nach dem Kinderbuch von David J. Smith / Shelagh Armstrong, Kanada 2005. DVD-ROM-Ebene: Materialsammlung als PDF-Datei
- DVD: Kleine Hände – krummer Rücken. Ein UNICEF-Film über Kinderarbeit: Der Film gibt einen Überblick über die verschiedenen Formen von Kinderarbeit, zum Beispiel in der Teppichindustrie, in privaten Haushalten oder auf der Straße. Ursachen und Folgen von Kinderarbeit sowie Lösungsansätze werden aufgezeigt. 28 Minuten, 1997
- Multimediales Angebot: Kinder Afrikas / Africa's Child ist eine informative Reise durch den statistisch gesehen ärmsten Kontinent der Erde, der kulturell und ethnisch jedoch einer der reichsten ist. Die Reihe steckt voller Überraschungen und zeigt Afrika aus der Sicht von Kindern. Planet Schule stellt viele Filme mit Unterrichtsmaterialien zur Verfügung: www.planet-schule.de/wissenspool/kinder-afrikas/inhalt/sendungen.html

Liederbücher / CD's
- Budde, Pit / Kronfli, Josephine: Karibuni Watoto: Kinderlieder aus Afrika. Audio-CD. Ökotopia Verlag, ⁷2000
- Das Robinson Kindermusical – Rechte für Kinder in Äthiopien, Indien, Brasilien und anderswo. CD, ca. 60 Min. mit Begleitbuch, hg. von Kindernothilfe und Kontakte Musikverlag, 2009
  Das Begleitbuch enthält die Noten und Dialoge, Tipps für die Aufführung des Musicals sowie Aktionsvorschläge für die Unterrichtsgestaltung.
- Welt-Lieder für Kinder zusammengestellt von Eckart Bücken und Reinhard Horn, Kontakte Musikverlag u.a., 1998 (incl. CD, Begleitrhythmen, Spiel- und Tanzideen)
- Welt-Musikreise für Kinder, 23 Kinderlieder der Welt und 3 Kindermusicals hg. von Eckart Bücken und Reinhard Horn, Kontakte Musikverlag u.a., 2004 (gleichnamige CD lieferbar)

Spiele zum Thema »Rund um die Welt« (als pdf-Datei)
- www.welthaus.de/fileadmin/user_upload/Bildung/pdf_fuer_Downloads/UnicefSpiele RundUmDieWelt.pdf
- Internationale Spielesammlung: www.gugg-emol.de/bilder/INTSPIEL-fohoe.pdf

Wo liegen die Länder, die ihr kennt? Mit welchen Ländern wollt ihr euch beschäftigen? Trage diese Länder in die Karte ein und male sie farbig an!

Äquator

M 2   # Fragebogen: »Arm und reich«

1. Was fällt dir ein, wenn du das Wort »arm« hörst? Schreibe es hier auf:

_____

_____

2. Was fällt dir bei dem Wort »reich« ein? Schreibe es hier auf:

_____

_____

3. Was denkst du? Bist du eher arm oder eher reich? Trage ein Strichmännchen an dem Punkt der Skala ein, wo du deiner Meinung nach stehst.

sehr arm   sehr reich

 -1-   -2-   -3-   -4-   -5-   -6-   -7-   -8-   -9-   -10-

-+---------+---------+---------+---------+---------+---------+---------+---------+---------+-→

4. Was denkst du über Deutschland? Ist es ein armes oder ein reiches Land? Trage noch ein »D« in die Skala von Frage 3 ein.

5. Kennst du Länder, in denen sehr viele arme Menschen leben? Wie heißen sie?

_____

6. Gibt es auf der Welt mehr arme oder mehr reiche Menschen?

_____

7. Nehmen wir einmal an, die Weltbevölkerung bestünde aus 10 Menschen. Wie viele davon wären arm? Schätze!

_____

8. Kinder sind besonders von Armut betroffen. Wann ist für dich ein Kind arm?

_____

9. Was meinst du: Warum sind manche Menschen arm?

_____

   Warum sind andere reich?

_____

_____

10. Hast du schon eine Idee, wie man armen Menschen helfen kann?

_____

_____

   Und was ist für arme Kinder besonders wichtig?

_____

_____

 Deine Meinung ist gefragt! Es gibt kein »richtig« oder »falsch«.
Fülle den Fragebogen aus und bewahre ihn für spätere Ergänzungen auf!

Öffne deine Augen für meine Welt

© Stephen Lynch/shutterstock.com

© nevenm/shutterstock.com

1. Wie leben die Kinder in anderen Ländern?
2. Was essen sie, wie kleiden sie sich, wie lernen sie? …

Deine Welt. Meine Welt. Eine Welt – Als Kinder im gemeinsamen Haus der Einen Welt leben

Steckbrief

Name: _____

Geburtstag: _____

Geburtsort: _____

Wohnort: _____ Land: _____

Eltern: _____

Geschwister: _____

Schule: _____ Klasse: _____

Hobbys: _____

Berufswunsch: _____

Vorbild: _____

Wunsch für die Zukunft: _____

_____

Unterschrift des Reporters: _____

Foto

Fingerabdruck:

Steckbrief eines brasilianischen Kindes

Name: _____ Alter: _____

Wohnort: _____ Land: _____

Eltern: _____

Geschwister: _____

Arbeit: _____

Das gefällt ihm / ihr: _____

Das macht ihm / ihr keinen Spaß: _____

Wunsch für die Zukunft: _____

_____

Das würde ich _____ gerne fragen: _____

_____

Unterschrift des Reporters: _____

Foto

Meninos de Rua – Straßenkinder in Brasilien

»Wir müssen alle arbeiten. Irgendwas verkaufen, ab und zu gibt es für einen Tag Arbeit auf dem Bau oder so. Wenn wir nicht arbeiten gehen, haben wir kein Geld, um was zu kaufen.
Meine Mutter sehe ich nicht so oft – nur abends. Morgens geht sie ganz früh weg. Sie muss zwei Stunden mit dem Bus zu dem Haus fahren, wo sie putzt und kocht.«

»Ich habe Glück gehabt. Ich verdiene zwar nicht viel, aber ich hab 'ne feste Arbeit. Ich bin Eisverkäufer. Für die anderen Kinder wird es immer schwieriger. Es gibt so viele Erwachsene ohne Arbeit. Die machen jetzt Arbeit, die vorher nur Kinder gemacht haben. So was wie Schuhe putzen und Zeitung verkaufen.«

»Wenn die Leute mit dem Einkauf fertig sind, fahr' ich die Sachen bis zu ihrem Haus. Manchmal wohnen sie ganz schön weit weg. Meistens bezahlen sie wenig und manche geben mir nur was von dem Zeug – 'ne Banane oder so. Aber dann kann ich nichts machen. Und wir brauchen doch das Geld für die Miete.«

»Márcio und ich, wir sind Straßenhändler. Wir verkaufen Nähgarn, Nadeln und anderen Kleinkram. So helfen wir, dass wir zu Hause genug Geld haben, um Essen zu kaufen.«

»Wir wohnen in einer Hütte mit einem Zimmer. Wir sind sieben. Es ist total eng. Hier wohnen viele Leute am Hang, und wenn es regnet stürzen manchmal Häuser ab. Es gibt nur Wasser aus dem Brunnen unten am Bach. Der Bach stinkt immer und da sind Ratten, weil da so viel Müll drin liegt. Müllabfuhr gibt's nicht. Eigentlich dürften wir hier gar keine Häuser bauen. Der Hang gehört der Stadt. Wenn wir Glück haben, lassen sie uns 'ne ganze Zeit in Ruhe wohnen.«

»Ich verkaufe geröstete Erdnüsse an die Leute, die mit dem Bus vereisen. Die sind nämlich oft zwei oder drei Tage unterwegs. Die Erdnüsse röstet meine Mutter und verpackt sie in die Tüten. Manchmal schlafe ich am Busbahnhof. Denn vom Busbahnhof nach Hause an den Stadtrand, wo wir wohnen, brauche ich fast zwei Stunden – und ein großer Teil des Geldes, das ich verdient habe, ist dann auch wieder weg.«

»Meine Schwester und ich arbeiten hier mit den anderen. Wir haben die Straße aufgeteilt. Jeder hat einen Platz. Wenn der Verkehr anhält, putzen wir die Scheiben. Viele Fahrer geben nichts, sie fahren so los. Wir müssen schnell zur Seite springen, da sie uns sonst umfahren.«

»Mein Vater hat immer getrunken, es gab viel Streit und Schläge. Jetzt bin ich auf der Straße. Meistens gehe ich betteln. Die Kleinen tun den Leuten eher leid. Wenn du älter bist, wollen sie dir nichts mehr geben. Die sagen, wir können ja arbeiten, aber es gibt doch gar keine richtige Arbeit für uns.«

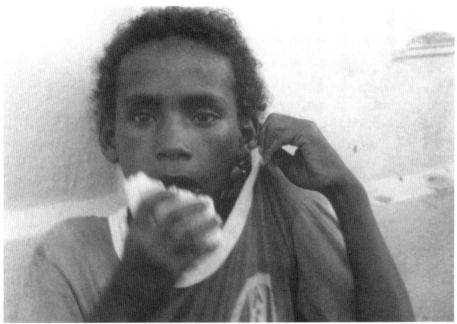

»Wir essen das, was die anderen wegwerfen – in die Mülleimer, auf die Straße. Manchmal kriegen wir auch etwas von dem ab, was die Supermärkte rausschmeißen. Es sind viele Leute, die dort nach Essbarem suchen – aber meistens ist es schon faul. Trotzdem macht es satt.«

»Nachts schlafen wir möglichst zusammen an einem Platz. Dann sind wir sicherer. Wenn einer von uns krank ist und nichts verdienen kann, bringen wir ihm was mit. Alleine kannst du das Leben so gar nicht aushalten.«

Paolo aus Brasilien

Geboren wurde ich irgendwo im Norden Brasiliens. Da hatte mein Vater früher eine kleine Farm. Aber dann kamen Männer mit Gewehren und haben gesagt, dass das Land gar nicht uns gehören würde, sondern dem »Patron«. Sie drohten meinen Eltern mit den Gewehren: Wenn wir nicht am nächsten Tag verschwunden wären, würden sie unsere Hütte anzünden. Meine Eltern haben unsere Hühner und unser anderes Zeug mitgenommen, was man so tragen konnte, und sind mit uns weggegangen. Was sollten sie auch machen? Trotzdem bin ich heute noch manchmal wütend auf meinen Vater. Ich war zwar noch ziemlich klein damals, vielleicht sieben oder acht, aber daran erinnere ich mich noch genau: Er hat immer nur auf den Boden geschaut, hat die Männer nicht einmal angesehen! Und nichts gesagt, gar nichts. So viel Angst hatte er.

Wir sind dann so rumgezogen, haben immer nur einige Monate an einem Ort gewohnt, weil mein Vater Wanderarbeiter war. Wenn die Ernte vorüber war und der Patron keine Arbeit mehr für ihn hatte, sind wir weitergezogen. Aber während der Ernte, da mussten wir alle mit ran: Meine Mutter, meine Schwester, meine Brüder und ich. Sonst hätte mein Vater das Soll nicht geschafft und wäre gleich rausgeflogen. Wir haben Tabakblätter gepflückt und Kaffeekirschen, Baumwolle und Bananen, und manchmal musste ich auch bei den Rindern helfen – was gerade so kam. Vor allem für meine Schwester war das schwer. Die war ja erst drei, vier Jahre alt und ist oft unter den Kaffeesträuchern eingeschlafen, so müde war sie.

Zur Schule gehen konnte ich zu dieser Zeit natürlich nicht, weil ich meinen Eltern eben helfen musste. Außerdem waren wir sowieso nie lange an einem Ort.

Paolo arbeitet.

Nach zwei Jahren hatten es meine Eltern wohl satt. Dieses Herumziehen, meine ich.

Also, wir sind dann nach Recife gezogen, in die große Stadt. So was hatten wir alle noch nie gesehen: Zuerst die Hüttenstädte, Bruchbuden aus Kartons und Blech und Plastikplanen und dann so viele richtige Häuser und Straßen und Geschäfte und Autos und gut gekleidete Menschen. Und dieser Lärm überall.

Ich weiß noch, wie wir am ersten Tag rumgelaufen sind, immer nur rumgelaufen, immer neue Straßen, immer nur Krach und Autos und Häuser. Wir wussten nicht, wo wir bleiben sollten und irgendwann haben wir uns dann in den Hof hinter einem Geschäft gelegt und geschlafen. Am nächsten Tag sind wir weitergezogen, bis wir wieder zu einer Hüttenstadt kamen, die am Stadtrand liegt. Dort haben meine Eltern auch eine Hütte gebaut. Aus Pappkartons und Plastiktüten. Irgendwo, wo es ein kleines freies Stück Land gab.

Die große Stadt …

Meine Eltern hatten gedacht, dass es in der großen Stadt leichter sein würde, eine Arbeit zu finden. Aber mein Vater hat sich die Hacken abgelaufen und nichts Richtiges gefunden. Meine Mutter hat begonnen, für reichere Leute Wäsche zu waschen, und mein Bruder Paulinho und ich haben den Händlern auf dem Markt geholfen, ihre Kisten und Körbe mit Gemüse und Obst zu schleppen. Dafür kriegten wir zwar kein Geld, aber wir durften abends etwas zu essen mit nach Hause nehmen. Bald nahmen wir auch unseren kleinen Bruder mit zum Markt – meine Schwester Maria kochte dann für uns alle und wusch unsere Sachen. Meinem Vater passte das alles nicht. Er war der einzige, der kaum etwas verdiente. Erst hat er angefangen zu trinken und meine Mutter zu schlagen, und dann war er plötzlich weg.

Die Arbeit auf dem Markt war hart und nicht ganz ungefährlich. Manchmal lauerten uns größere Jungs auf, wenn wir nach Hause gingen, und nahmen uns das Essen ab. Dann mussten wir hungrig schlafen gehen. Schließlich kam ein Junge von vielleicht 17 Jahren – Huberto – und bot uns seinen Schutz an. Er würde dafür sorgen, dass wir immer heil nach Hause kämen – aber dafür müssten wir ihm Geld geben. Wir hatten keine andere Wahl. Huberto war stark. Von nun an kassierten er oder sein Bruder jede Woche ein paar Reais* von uns – aber es stimmte: Wir brachten unser Essen immer heil nach Hause.

* Real, Reais (Mehrzahl) = Währung in Brasilien

Es war eine ganze Gruppe von Kindern, die für Huberto arbeiteten. Irgendwann nahm er mich beiseite und fragte, ob ich nicht mal »richtiges Geld« verdienen wollte. Ich ging mit und stand Schmiere, als Huberto und ein paar andere einen Mann überfielen. Einen, der einen schicken Anzug anhatte und eine goldene Uhr trug. Von dem, was er in der Tasche hatte, bekam ich auch etwas ab. Nicht viel, verglichen mit den anderen, aber ich hatte noch nie so viel Geld in der Hand gehabt. Ja, so hat das angefangen. Von da an ließ ich meine Brüder auf dem Markt die Arbeit allein machen und arbeitete mit Huberto. Meine Mutter durfte nichts wissen, aber irgendwann merkte sie doch etwas. Schließlich schaffte ich es manchmal abends nicht mehr bis in unsere Favela und schlief mit den anderen in Hinterhöfen oder Hauseingängen.

Paolo als Straßenkind.

Huberto passte immer gut auf uns auf. Er fand immer sichere Schlafplätze für uns und stellte zusätzlich Wachen auf. Nie sind wir überfallen worden. Ab und zu gab's mal Kämpfe mit einer anderen Gang, und das ging dann schon mal bis auf die Knochen. Aber wir waren immer die Stärkeren. Natürlich mussten wir das tun, was Huberto sagte, aber das ist ja klar. Er hatte niemals Angst. Wenn ihm einer dumm kam, hat er ihn nur scharf angeguckt – so angefunkelt. Das reichte meistens schon. Ich ging nur noch selten zu meiner Mutter und den Geschwistern in die Favela, aber wenn ich ging, konnte ich ihnen immer etwas Besonderes mitbringen. Zum Essen oder zum Anziehen, oder ich gab Mutter Geld. Sie hat nie gefragt, wo ich blieb oder was ich tat, ich glaube, sie wollte gar nichts wissen. Das war sicher auch besser so – ich glaube nicht, dass sie mit Stehlen, Raubüberfällen oder Drogenhandel zu tun haben wollte.

Irgendwann begannen uns Leute auf unserem Platz zu besuchen, die einfach nur so bei uns sitzen und mit uns reden wollten. Das war erst ziemlich nervig, aber mit der Zeit merkten wir, dass sie eigentlich ganz in Ordnung waren. Sie brachten den Kleineren aus unserer Gruppe etwas zum Malen mit, uns Älteren schon mal Zigaretten oder ein neues T-Shirt. Wir kriegten schließlich heraus, dass sie »Sozialarbeiter« waren und von der Kirche angestellt sind, um sich um solche, wie wir es waren, zu kümmern. Richtig interessiert habe ich mich erst für sie, als ich merkte, dass sich

Huberto gern mit Marcus und Iracyla unterhielt. Dass es ihn wurmte, wenn er sich von ihnen die Zeitung vorlesen lassen musste, weil er selbst kaum lesen konnte. Und es standen wirklich interessante Sachen darin. Zum Beispiel über ein neues Gesetz für Kinder und Jugendliche in Brasilien, dass wir mehr Rechte haben sollten. Zuerst haben wir gelacht – denn wer kümmert sich schon um die »Rechte« von Straßenkindern? Aber Marcus und Iracyla haben uns erklärt, dass wir einen Anspruch zum Beispiel auf Essen, Unterkunft, Schule und Berufsausbildung haben, und wo wir hingehen müssten, um das auch zu kriegen, was uns zusteht. Aber was viel wichtiger war: Sie sind schließlich mitgegangen, zum Kinder- und Jugendrat von Recife. Und sie haben uns auch erzählt, dass sich schon viele Straßenkinder in Brasilien zusammengetan hätten zur »Bewegung der Straßenkinder«.

Jedenfalls haben wir es geschafft: Wir leben jetzt in einem Zentrum am Stadtrand von Recife, Huberto, sieben andere aus unserer Gruppe und ich. Es wollten gar nicht alle weg von der Straße – vielleicht haben manche auch gehofft, den Platz von Huberto als Chef der Gruppe einnehmen zu können. Aber mich hat es gereizt: Irgendwann doch einmal einen richtigen Beruf zu haben und nicht mit viel Angst und manchmal leerem Magen auf der Straße schlafen zu müssen. Hier im Zentrum gehe ich jetzt zur Schule – zum ersten Mal in meinem Leben. Ich lerne lesen und schreiben und rechnen – und später kann ich auch einen Beruf lernen. Vielleicht Elektrotechniker, das bringt sicher Geld ein. Zu reparieren gibt es immer etwas in der Favela. Und vielleicht kann ich dann auch eine eigene Familie haben – mit Kindern, die nicht auf der Straße leben müssen.

Paolo träumt von der Zukunft …

Harald Gruber, nacherzählt von Regina Karasch Quelle: Brot für die Welt, Stuttgart

 Male passende Bilder in die Kästchen.

Wir Kinder aus der Einen Welt fragen euch

Warum gehe ich nicht zur Schule?

Warum werde ich nie satt?

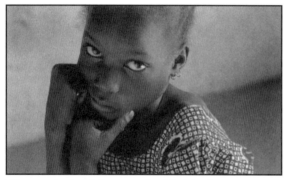

Warum habe ich nur alte Kleider?

Warum darf ich das Wasser nicht trinken?

Aus: entwurf 4/2004, S. 28.

© worldvision

Warum muss ich so viel und so hart arbeiten?

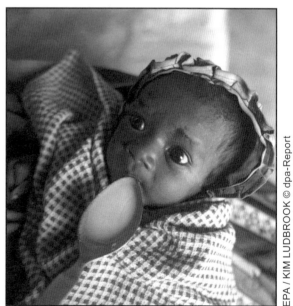

EPA / KIM LUDBROOK © dpa-Report

Warum muss ich Hunger leiden?

»Die Welt ist ein Dorf«

Illustration © Rainer E. Rühl, Alsheim

Die Welt, sagt man, ist ein Dorf. Stellt euch vor, die ganze Weltbevölkerung wäre tatsächlich ein Dorf mit sagen wir mal 100 Einwohnern. Wenn man jetzt noch berücksichtigt, welches Volk und welche Gruppe von Menschen wie groß ist, dann kommt man auf folgende Verteilung:

In unserem Welt-Dorf mit 100 Einwohnern leben:

- 57 Asiaten
- 21 Europäer
- 14 Amerikaner (Nord und Süd)
- 8 Afrikaner
- 52 sind Frauen und 48 Männer
- 30 sind weiß, 70 haben eine andere Hautfarbe
- 30 sind Christen, 70 sind Nicht-Christen
- 80 von den 100 Einwohnern leben in ungeeigneten oder viel zu kleinen Unterkünften
- Ganze 6 Personen besitzen 59 Prozent des gesamten Reichtums und alle diese 6 Personen kommen aus den USA
- Von den 100 Dorfbewohnern sind 70 Analphabeten
- 50 leiden an Unterernährung
- Einer wird heute geboren und einer liegt heute im Sterben
- Einer besitzt einen Computer und einer hat einen Universitätsabschluss.

Und ich, wo gehöre ich hin? Wo ist mein Platz in diesem Welt-Dorf?

Ich bin ein weißes, europäisches Mädchen / ein weißer, europäischer Junge.

Ich musste noch nie hungern, lebe in einer ordentlichen Wohnung, kann lesen und schreiben. Ich habe einen Computer und besuche die Schule. Damit bin ich ganz schön gut dran.

Für mich ist das Bild vom Hundert-Einwohner-Dorf wie ein Dolmetscher: Es übersetzt Zahlen in Menschen, in Menschen mit Gesichtern und Schicksalen.

Fremde werden so auf einmal zu Nachbarn, weil sie letztlich doch alle im selben Dorf leben.

Und ich mittendrin. In diesem Dorf mit dem Namen »Welt«.

Eigentlich hätte ich Lust, sozusagen mal rüberzugehen zu diesen »Welt-Nachbarn«. Ich würde sie gern kennen lernen und mich vorstellen.

Ich würde ihnen gern sagen, dass hier im Dorf alle einander helfen, geben und teilen und dass sie immer kommen können, wenn sie mal Hilfe brauchen, auch zu mir.

Ich frage mich, ob dies nur ein Traum oder bereits Wirklichkeit ist?

Wenn die Welt ein Dorf wäre – Mindmap

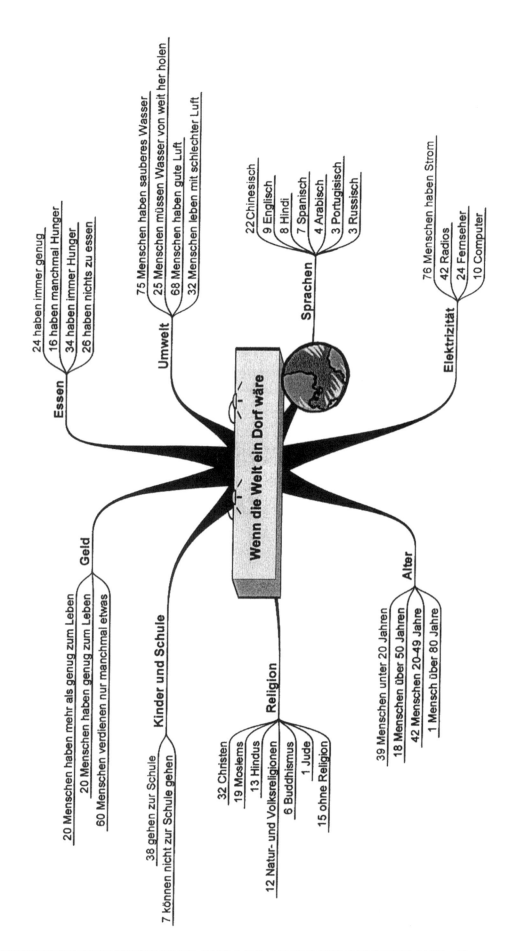

Essen
- 24 haben immer genug
- 16 haben manchmal Hunger
- 34 haben immer Hunger
- 26 haben nichts zu essen

Umwelt
- 75 Menschen haben sauberes Wasser
- 25 Menschen müssen Wasser von weit her holen
- 68 Menschen haben gute Luft
- 32 Menschen leben mit schlechter Luft

Sprachen
- 22 Chinesisch
- 9 Englisch
- 8 Hindi
- 7 Spanisch
- 4 Arabisch
- 3 Portugisisch
- 3 Russisch

Elektrizität
- 76 Menschen haben Strom
- 42 Radios
- 24 Fernseher
- 10 Computer

Geld
- 20 Menschen haben mehr als genug zum Leben
- 20 Menschen haben genug zum Leben
- 60 Menschen verdienen nur manchmal etwas

Kinder und Schule
- 38 gehen zur Schule
- 7 können nicht zur Schule gehen

Religion
- 32 Christen
- 19 Moslems
- 13 Hindus
- 12 Natur- und Volksreligionen
- 6 Buddhismus
- 1 Jude
- 15 ohne Religion

Alter
- 39 Menschen unter 20 Jahren
- 18 Menschen über 50 Jahren
- 42 Menschen 20-49 Jahre
- 1 Mensch über 80 Jahre

Wenn die Welt ein Dorf wäre

Kinder auf der Flucht

Massenflucht der Hutus nach Ruanda. © picture-alliance / dpa / epa AFP.

Überschwemmungen in Indien: Zwei Kinder auf der Flucht vor den Fluten © picture-alliance / dpa / epa Money Sharma.

M 9b ist eine farbige Materialseite und befindet sich deshalb auf Seite 221.

Die Heilige Familie auf der Flucht

Albrecht Dürer, Die Flucht nach Ägypten.

Bamberger Dom, Meuhlhausener Altar, Flucht nach Ägypten.

Ägypten, Kairo, Koptisches Viertel, Mosaik in der »Schwebenden Kirche« © Gina Sanders/fotolia.com.

Lied aus Afrika: Masithi Amen

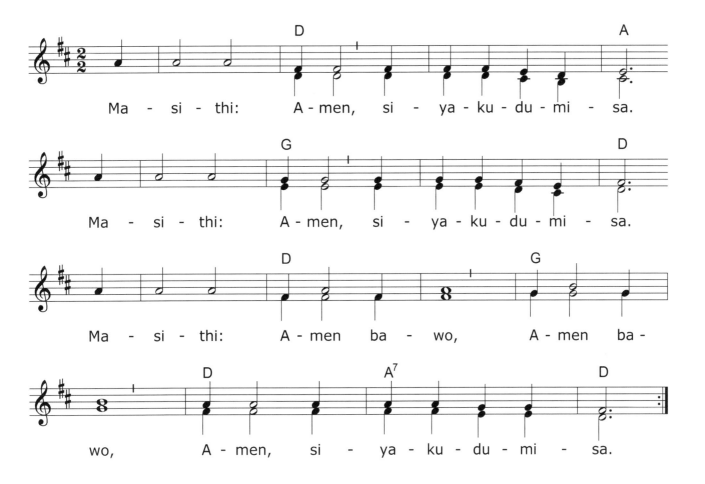

Ma - si - thi: A - men, si - ya - ku - du - mi - sa.

Ma - si - thi: A - men, si - ya - ku - du - mi - sa.

Ma - si - thi: A - men ba - wo, A - men ba-

wo, A - men, si - ya - ku - du - mi - sa.

Text und Musik: Stephan Cuthbert Molefe; Deutscher Text: Dieter Trautwein © Strube Verlag, München

Aussprache:
»s« immer scharf wie das deutsche »ß«

Deutscher Text:
Singt: Amen – Amen, wir preisen Gott, den Herrn!
Singt: Amen – Amen, wir preisen Gott, den Herrn!
Singt: Amen – Amen bawo, Amen bawo, Amen, wir preisen Gott, den Herrn!

Lied aus Brasilien: Singt Gott, unserm Herrn

Deutscher Text: Renate Schiller nach Psalm 98, © Weltgebetstag der Frauen – Deutsches Komitee e.V., 1988; Musik: brasilianische Volksweise.

Deine Welt. Meine Welt. Eine Welt – Als Kinder im gemeinsamen Haus der Einen Welt leben

Rezepte aus Brasilien

Bolo Pelé (Pelé-Kuchen)

Zutaten:
- 2 El. Margarine
- 9 El. Zucker
- 2 El. Instant-Kaffee
- 2 El. Instant-Kakao
- 10 El. Mehl
- 1 El. Backpulver
- 3 Eier (Eigelb und Eiweiß trennen)
- 1 Tasse Milch
- 1 Prise Salz

Zubereitung:
Margarine, Zucker, Kaffeepulver, Kakao und die Eigelbe in eine Schüssel geben und gut verrühren.
Nach und nach die restlichen Zutaten (außer dem Eiweiß) unterrühren.
Das Eiweiß steif schlagen und zuletzt vorsichtig unterheben.
Den Teig in eine gefettete Springform füllen und bei 200 Grad etwa 50–60 Minuten backen.

Vitamina de Banana (Bananenmilch)

Zutaten:
- 1 Glas Milch pro Person
- 1 Banane
- 1 El. Zucker
- 1 Teel. Zitronensaft

Zubereitung:
Milch, Banane und Zucker im Mixer sämig schlagen. Dann den Zitronensaft zufügen.
Die Bananenmilch nochmals kräftig mixen. Vor dem Servieren kalt stellen.
Mit einem El. Haferflocken und etwas Kakaopulver kann die **Vitamina de Banana** noch verfeinert werden.

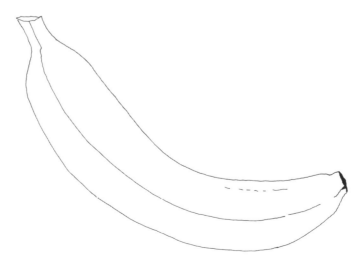

El. = Esslöffel

M 12a Elia und die Witwe von Zarpat (1. Könige 17,1–16)

① ______________________

② ______________________

③ ______________________

④ ______________________

⑤ ______________________

⑥ ______________________

Schreibe auf, wozu die Geschichte ermutigt:

→ ______________________

Elia und die Witwe von Zarpat (1. Könige 17,1–16)
(Mögliche Szenen)

① In Israel regnet es nicht. Elia wird am Bach Krit von Raben versorgt.

② Gott sagt zu Elia: »Geh nach Sarepta zu einer Witwe.«

③ Elia trifft die Witwe beim Holzsammeln und bittet sie um Wasser und Brot.

④ Die Witwe hat nur noch sehr wenig Mehl und Öl.

⑤ Elia sagt: »Back zuerst Brot für mich. Für dich kannst du später backen.« Das tut die Witwe.

⑥ Mehl und Öl werden nicht leer, bis es wieder regnet.

→ Gott möchte, dass alle Menschen genug zum Leben haben. Die Geschichte ermutigt, miteinander zu teilen.

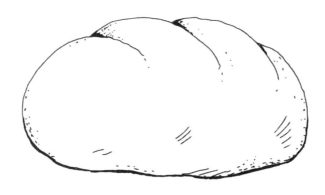

Elia und die Gedanken der Witwe
(Lückentext zu 1. Könige 17,1–16)

Erzähler: Elia war ein _____ im alten Israel. Gott redete zu ihm und er musste den Menschen weitersagen, was er von Gott hörte.

Elia: Gott hat zu mir geredet. Er sagt: Im nächsten Jahr wird es in Israel nicht _____. Ich aber soll mich am Bach Krit verstecken. Aus dem Bach soll ich trinken und die _____ werden mich mit Essen versorgen.

Erzähler: Und Elia tat, was Gott gesagt hatte. Er blieb am Bach Krit und die Raben brachten ihm am Morgen Brot und am Abend Fleisch. Aber dann wurde der Bach _____. Und Elia hörte wieder, wie Gott sprach.

Elia: Gott sagt zu mir: Mach dich auf den Weg nach Zarpat und bleibe dort. Du wirst dort eine _____ treffen, die für dich sorgt.

Erzähler: Elia machte sich auf nach Zarpat und am Stadttor traf er eine Witwe, die _____ sammelte.

Elia: Bringe mir einen Krug mit Wasser. Ich habe Durst.

Erzähler: Die Witwe kannte Elia nicht. Sie dachte:

Witwe: _____

_____

_____

Elia: Ich möchte auch einen Bissen Brot.

Witwe: So wahr Gott lebt, ich habe kein Brot, nur eine Handvoll _____ im Topf und ein wenig _____ im Krug. Jetzt sammle ich Holz für das Feuer. Dann backe ich für meinen _____ und mich. Und wenn wir dies gegessen haben, werden auch wir verhungern.

Elia: Mach dir keine Sorgen. Tu, wie du gesagt hast. Aber mach davon zuerst ein kleines Brot für mich und bringe es mir heraus. Für dich und deinen Sohn kannst du nachher backen. _____ hat nämlich gesagt: Das Mehl im Topf geht nicht aus und der Ölkrug wird nicht leer, bis zu der Zeit, da Gott dem Land Regen schenkt.

Erzähler: Die Witwe musste sich entscheiden. Das war schwierig. Sie musste einiges bedenken. Sie überlegte:

Witwe: _____

_____

_____

_____

_____

Erzähler: Dann ging sie und tat, was Elia ihr gesagt hatte. Und das Mehl im Topf ging nicht aus und der Ölkrug wurde nicht leer, bis es wieder regnete.

Das sind die 10 Kinderrechte

Kinder haben Rechte! Die einzelnen Rechte stehen im Vertrag der UN-Kinderrechtskonvention. Die Rechte gelten für alle Kinder bis 18 Jahre – egal, ob Junge oder Mädchen, und unabhängig von Herkunft, Religion oder Hautfarbe.

1. Das Recht auf Gleichheit

Alle Kinder sind gleich. Niemand darf auf Grund seiner Hautfarbe, Religion oder seines Geschlechts benachteiligt werden.

2. Das Recht auf Gesundheit

Jedes Kind hat das Recht, die Hilfe und Versorgung zu erhalten, die es braucht, wenn es krank ist.

3. Das Recht auf Bildung

Jedes Kind hat das Recht, zur Schule zu gehen und zu lernen, was wichtig ist. Zum Beispiel die Achtung vor den Menschenrechten und anderen Kulturen. Es ist wichtig, dass Kinder in der Schule ihre Fähigkeiten entwickeln können und dass sie dazu ermutigt werden.

4. Das Recht auf Freizeit, Spiel und Erholung

Jedes Kind hat das Recht, zu spielen und in einer gesunden Umgebung aufzuwachsen und zu leben.

5. Das Recht auf eine eigene Meinung

Jedes Kind hat das Recht, seine Gedanken frei zu äußern. Seine Meinung soll bei allem, was es direkt betrifft, beachtet werden. Kinder haben das Recht auf Information über ihre Rechte. Jedes Kind darf Informationen durchs Radio, TV, Zeitungen und Bücher bekommen und weitergeben.

6. Das Recht auf gewaltfreie Erziehung

Jedes Kind hat das Recht auf eine Erziehung ohne Anwendung von Gewalt.

7. Das Recht auf Schutz vor wirtschaftlicher und sexueller Ausbeutung

Kein Kind soll schlecht behandelt, ausgebeutet oder vernachlässigt werden. Kein Kind soll zu schädlicher Arbeit gezwungen werden.

8. Das Recht auf Schutz im Krieg und auf der Flucht

Ein Kind, das aus seinem Land flüchten musste, hat dieselben Rechte wie alle Kinder in dem neuen Land. Wenn ein Kind ohne seine Familie kommt, hat es das Recht auf besonderen Schutz und Unterstützung. Wenn es möglich ist, soll es mit seiner Familie wieder zusammengebracht werden.

9. Das Recht auf eine Familie, elterliche Fürsorge und ein sicheres Zuhause

Jedes Kind hat das Recht, mit seiner Mutter und seinem Vater zu leben, auch wenn diese nicht zusammenwohnen. Eltern haben das Recht, Unterstützung und Entlastung zu bekommen.

10. Das Recht auf Betreuung bei Behinderung

Jedes Kind hat das Recht auf ein gutes Leben. Wenn es behindert ist, hat es das Recht auf zusätzliche Unterstützung und Hilfe.

Quelle: www.worldvision.de/unsere-arbeit-wofuer-wir-uns-einsetzen-kinderrechte.php, © worldvision

 Trage die Kinderrechte in die Wertepyramide ein. Welches Recht erscheint dir wichtig, welches weniger wichtig?

Trage das für dich wichtigste Recht ganz oben ein, dann die beiden zweitwichtigsten Rechte darunter, dann die drittwichtigsten und so weiter.

Der Teppich aus Schiras

Die Tür öffnet sich und sie treten ein. Der Weihnachtsbaum reicht vom Fußboden bis zur Decke. Das kennen Fredi und Ilse schon. Der Baum hängt voll guter Dinge. Auch das kennen die Kinder. Ein Knopfdruck und alle elektrischen Kerzen leuchten. Das kennen die beiden auch schon. Sie kennen auch alle Geschenke. Sie haben ihre Wünsche aufgeschrieben. Sie bekommen alles. Das wissen sie. So ist es jedes Jahr.

Heute ist Onkel Philipp zu Besuch. Die Mutter sagt: »Und Onkel Philipps Geschenk gefällt euch nicht?« Fredi und Ilse suchen. Sie finden es nicht. »Ihr steht darauf«, sagt die Mutter und lacht. Ilse schaut nach unten und schreit: »Ein Teppich!« »Ja, ein Schiras«, sagt der Onkel. »Was heißt das, ein Schiras, Onkel Philipp?«, fragt Fredi.

»Setzt euch. Ich will es euch erzählen«, sagt der Onkel. »Das war so: Im vorigen Jahr war ich in Schiras, im Iran. Dort habe ich eine Teppichfabrik besucht. Ihr müsst euch Folgendes vorstellen: In einem großen Raum stehen viele Holzgestelle. Daran hängen die halbfertigen Teppiche. Vor den Gestellen sitzen Frauen und Kinder. Die Kinder sind so alt wie ihr. Sie knüpfen Teppiche. Ich bin zu einem Jungen gegangen und habe ihn gefragt: »Wie heißt du?« »Hamid, Herr.« »Wie alt bist du?« »Zehn Jahre, Herr.« »Wie lange arbeitest du an einem Tag, Hamid?« »Zehn Stunden, Herr!«

Ilse schreit auf: »Zehn Stunden am Tag? Und wann geht er in die Schule?« Auf einmal findet Ilse die Schule schön.

Der Onkel sagt: »Er geht nicht in die Schule. Nicht mehr. Er hat vier Schulklassen durchgemacht. Jetzt arbeitet er. Kinderarbeit ist billiger für den Fabrikherrn.« Fredi bittet: »Erzähl weiter, Onkel Philipp.«

Der Onkel erzählt weiter: »Ich habe Hamid gefragt, ob der Teppich im Dezember fertig sein wird. Hamid hat mit dem Kopf geschüttelt, aber der Fabrikherr hat es mir versprochen. Und jetzt habe ich den Teppich für euch geholt.«

»Und was ist mit Hamid? Hast du ihn wiedergesehen?«, fragt Ilse. »Nein. Hamid ist krank geworden. Der Fabrikherr hat ihn entlassen. Mehr weiß ich nicht«, sagt der Onkel. Fredi und Ilse schweigen. »Ihr habt euch noch gar nicht bedankt«, sagt die Mutter. Die Kinder bedanken sich. Sie nehmen ein Buch und setzen sich auf die Couch. Auf den Teppich setzen sie sich nicht.

Am nächsten Tag schlafen die Großen länger. Fredi und Ilse sind zeitig auf. Die Mutter hört ein Huschen und Wispern. Sie achtet nicht darauf.

Später läutet es an der Tür. Die Mutter öffnet. Der kleine Huseyin aus dem Nachbarhaus steht draußen. Er lehnt eine Teppichrolle gegen die Tür. Er sagt: »Das Fredi und Ilse mir geschenkt. Ich nicht wollen.« Er geht.

Die Mutter rollt den Teppich ein wenig auf. »Der Schiras!«, schreit sie. Dann stehen alle im Kinderzimmer, die Eltern und der Onkel. Fredi und Ilse spielen mit Holzkugeln auf ihrem alten Teppich. Ilse sagt: »Wir wollen den Schiras nicht! Wegen Hamid! Vielleicht ist er schon tot.« Und Fredi sagt: »Wir haben ihn Huseyin geschenkt. Bei ihm ist es kalt in der Wohnung. Er hat keinen Teppich.«

Die Eltern sagen nichts. Noch am selben Tag fährt Onkel Philipp weg. Den Schiras nimmt er mit.

Die Eltern brauchen lange, bis sie alles verstehen.

Aus: Kinder sehen dich an. Adventskalender, © Verlag Ernst Kaufmann, Lahr.

 Erkläre, warum die Kinder den geschenkten Teppich nicht haben wollen.

Ein Apfel für Laura

1. Laura lebt am Stadtrand und lernt eine andere Welt kennen

Es war einmal ein kleines Mädchen. Es hatte nur ein einziges Kleid, das aus lauter Lumpen zusammengesetzt war. Die Mutter hatte die bunten Stofffetzen aus den Abfalleimern der Reichen gefischt. Laura, so hieß das Mädchen, wohnte mit ihrer Mutter in einer kleinen Hütte am Rande einer riesigen Stadt. Die Hütte hatte keine Fensterscheiben, nur ein Fensterloch, das nachts mit Pappe zugedeckt wurde und offenstand, wenn die Sonne schien. An der Wand, dem Fensterloch gegenüber, hing ein kleines Kreuz.

Weil sie keine Lampe hatten, legten sie sich schlafen, wenn es dunkel wurde.

Jeden Abend betete die Mutter mit ihrem Kind. Immer wieder sagte dann Laura: *»Warum hilft er nicht, dieser Gott, zu dem wir beten? Mutter, ist Gott nicht mächtig. Ein neues Kleid könnte er mir schenken oder wenigstens einen Apfel!«*

Laura ging oft durch die Straßen der reichen Leute. Sie schaute in die Gärten, durch die Fenster. Diesen Menschen hilft der liebe Gott, das sieht man ja, dachte sie.

Vor einem besonders schönen Gittertor blieb Laura immer wieder stehen. Hinter dem Tor, in einem herrlichen Garten, sah sie ein kleines Mädchen, das mit seinen Hunden spielte. Jeden Tag trug das fremde Kind ein anderes Kleid: weiß, hellblau, rosa. So schön hatte Laura sich einen Engel vorgestellt.

Sie blieb lange vor dem Tor stehen. Manchmal warf das fremde Mädchen einen Apfel in die Luft, als wäre es ein Ball.

Mit der Zeit schloss Laura durch die Gitterstäbe Freundschaft mit dem Kind im Garten. Und weil sie gut klettern konnte, stieg sie über das Gittertor. Die beiden Mädchen spielten zusammen.

2. Laura wird ein reiches Mädchen

Eines Tages sagte die Mutter des vornehmen Kindes zu Laura: »Willst du für immer bei uns bleiben? Unsere Tochter ist sehr allein.« Lauras Herz klopfte. Sie freute sich, aber sie sagte: »Vielleicht ist meine Mutter traurig, wenn ich weggehe. Ich will sie fragen.«

Laura rannte zur kleinen Hütte. Sie umarmte ihre Mutter und redete schnell und laut, bis die Mutter sagte: »Geh, mein Kind. Dort wird es dir gut gehen. Du wirst es besser haben.«

Laura tanzte davon. Sie summte vor sich hin: »Dort wohnt der liebe Gott. Ich freue mich.« Sie fühlte sich ganz leicht. Jetzt hatte sie fast alles, was sie sich immer gewünscht hatte: eine Freundin, zu essen, zu trinken und schöne Engelskleider.

Laura bewunderte den bunten Fußboden in dem großen Haus, auch die schönen weichen Kleider der Menschen. *»Warum hat Gott euch so reich gemacht?«*, fragte sie. Aber niemand hörte ihr zu. Laura sah, dass der Gärtner und die Köchin schwer arbeiten mussten. Laura dachte: Nie wird meine Freundin umarmt. Sie bekommt keinen Gutenachtkuss. Niemand betet mit ihr.

»Betet ihr nicht?«, fragte Laura eines Tages. Sie fragte leise. Nur die Köchin hatte zugehört und sah Lauras Tränen. Später in der Küche, flüsterte sie dem Kind zu: »In diesem Haus betet niemand. Sie denken nicht an den lieben Gott.«
»Aber war er nicht hier, der Gott? Ist er jetzt weggegangen?«, fragte das Kind. Die Köchin zuckte die Achseln. *»Manche sagen: In der Kirche, da kann man ihn finden«*, flüsterte sie.

In der nächsten Nacht konnte Laura nicht schlafen. Ganz leise stand sie auf. Sie schlüpfte in eines ihrer vielen Kleider. Und sie sah: Das Morgenlicht kroch langsam durch die Schlitze der Fensterläden. Zum Abschied streichelte Laura das Haar ihrer Freundin und verließ auf Zehenspitzen das Kinderzimmer.

3. Laura sucht Gottes Haus und trifft einen Bettler

Durch die Küchentür wollte sie fortgehen. Aber die Tür war verschlossen. Da drehte sich von außen ein Schlüssel. Die Köchin stand vor Laura. Beide erschraken. »Kommst du schon jetzt zur Arbeit?«, fragte das Kind. Die Frau nickte und sagte: »Geh nur, du hast recht. Ich muss bleiben, um hier mein Essen zu verdienen.«

Die Köchin ließ Laura auf die Straße schlüpfen. Schnell hatte sie in den Korb gegriffen, in dem alles war, was sie zum Kochen brauchte. Sie schenkte dem Kind einen großen roten Apfel.

Die Straßen der Stadt waren noch beinahe leer. Laura rannte barfuß direkt auf einen Hügel außerhalb der Stadt zu. Denn dort leuchtete in der

Morgensonne ein großes Kuppeldach mit einem Kreuz. Es leuchtete, als wäre es aus Gold und Glitzersteinen.

Immer bunter wurde die Kirche, je näher Laura kam. »So schön ist dein Haus, lieber Gott«, rief sie in den Morgen hinaus und lachte.

Ihr Herz klopfte vor Freude.

»Vornehmes Fräulein, gib mir einen Taler«, rief da ein Bettler, der neben der Kirchentür saß.

Warum bettelt er? dachte Laura. Ist hier nicht das Haus Gottes, der allen helfen kann? »Ich habe nichts«, sagte sie. Sie blieb stehen und wollte ihre leeren Hände zeigen. Erst da entdeckte sie den Apfel in ihrer Hand wieder. Der Bettler schaute auf ihre nackten Füße, dann in ihr Gesicht.

»Laura! Bist du unter die vornehmen Damen geraten?«, fragte er. Und Laura erkannte den Nachbarn aus der allerkleinsten Hütte. Sie erschrak und sagte dann: »*Bist du immer noch lahm? Ist das nicht Gottes Haus?*«

Der Mann lächelte. Hungrig schaute er auf den Apfel. Und bevor Laura in die Kirche tanzte, legte sie den Apfel in den Schoß des Bettlers.

4. Laura in der Kirche

Der Kirchenboden unter ihren Füßen war kalt und glatt. In den Bänken saßen wenig Menschen. Es war still.

Plötzlich erklang der Gesang einer Pfeife. Eine zweite kam dazu. Engelsgesang, dachte das Kind. Es erinnerte sich an ein Lied, das ihm die Großmutter früher gesungen hatte. Noch mehr Pfeifen kamen dazu. Voller Brausen war die Kirche. Schön war das, aber auch unheimlich. Gerne hätte sich Laura an einem Menschen festgehalten. Doch alle waren ihr fremd.

»Bist du das, Gott? Bist du so laut?«, rief sie in die Kirche hinaus. »Lass doch Taler regnen!«, rief sie weiter. Aber nichts geschah. Ganz vorn stand ein großes Kreuz. Laura schlug die Hände vors Gesicht. Sie wollte den Mann aus Holz, der dort am Kreuz hing, nicht sehen. Sein Gesicht war voller Schmerzen. *Gott, bist du nicht stärker als die Schmerzen? Hilfst du nicht?* hätte sie gern gefragt. Aber sie wusste: Niemand antwortet.

Laura erinnerte sich plötzlich an das kleine Kreuz zu Hause. Sie erinnerte sich an die Mutter, die vor dem Kreuz betete: »Jesus hilf! Jesus, du bist auf die Erde gekommen. Du kennst unsere Not. Hilf doch!«

Die Kälte der Kirche wurde unerträglich. Auf dem glatten Marmorboden ging Laura zurück zum Ausgang. Der Weg schien ihr endlos lang.

5. Laura kehrt nach Hause zurück

Laura war froh, als sie draußen stand, mitten in der hellen Sonne. Es war heiß geworden. Aber ihre kleinen Füße trugen sie schnell. Sie rannte zur Stadt. Durch die riesige Stadt hindurch. Weiter. Weiter. Viele Stunden, bis ihr alles bekannt vorkam. Die Straßen waren jetzt schmutziger, die Häuser ärmer. Laura blieb stehen.

Sie strich über den reinen grünen Stoff ihres Kleides. Sie dachte an ihre kleine Freundin, die jetzt allein war. Dann zog sie das Kleidchen schnell über den Kopf und hängte es an einen Busch am Straßenrand. Ein anderes Kind wird es hier finden; es wird sich freuen, dachte sie.

In großen Sprüngen eilte sie auf die kleine Hütte zu. Da stand die Mutter und wartete. Ihre Arme waren weit ausgebreitet. Sie drückte ihr Kind an sich. Beide weinten vor Freude.

6. Laura macht einen Plan

Als Laura alles erzählt hatte, wurde es dunkel. Wie früher legten sich Mutter und Kind auf die alte Schlafmatte. Die Mutter betete: »Gott, ich danke dir, dass Laura wieder bei mir ist. Jesus, du hast geholfen.« Und zu Laura sagte sie: »Du bist mein kleiner Engel. Gott hat dich zu mir zurückgeschickt.«

Laura spürte die Wärme der Mutter. Sie lauschte auf ihre Stimme. Sie sagte: »*Jetzt ist alles gut, Mutter. Ich glaube, Gott ist hier bei uns. Er ist so klein, dass er in dieser Hütte Platz hat.*«

Im Dunkeln aber dachte sie weiter nach und fragte: *»Gott hat die vornehmen Leute reich gemacht: Warum sind sie nicht glücklich? Warum macht Gott den Bettler nicht gesund? Warum denn?«*

Die Mutter seufzte. »Ich weiß es nicht«, sagte sie leise. Dann setzte sie sich auf und fügte lauter hinzu: *»Die Menschen sind ungerecht, Laura! Wirst du kämpfen gegen die Ungerechtigkeit, wenn du groß bist? Gott braucht dich.«*

Das Kind nickte in der dunklen Hütte. Niemand sah es.

»Hörst du mich, Mutter – oder schläfst du?«, fragte Laura später. *»Ich werde kämpfen, ich werde ihm helfen, dem armen Gott«*, flüsterte sie. Dann schlief auch sie ein.

Am anderen Morgen schien die Sonne durch das Fensterloch. Es war offen, denn sie hatten es am Abend nicht zugedeckt. Das kleine Kreuz an der Wand gegenüber glänzte.

Im Fensterrahmen lag der große rote Apfel, den die alte Köchin dem Kind geschenkt hatte.

Regine Schindler: Ein Apfel für Laura. Aus: Religion für kleine Leute, © Verlag Ernst Kaufmann, Lahr 1991.

1. Stellt euch vor, Laura trifft ihre alte Freundin, das reiche Mädchen. Das Mädchen fragt sie: »Warum bist du einfach weggegangen? Und was hast du jetzt vor?« Überlegt euch, was Laura antworten könnte. Spielt den anderen die Szene vor.
2. Der Apfel ist ein wichtiges Zeichen in der Geschichte. Lasst ihn einmal erzählen, was er in dieser Geschichte erlebt hat.
3. Schneidet Äpfel aus farbigem Papier. Schreibt auf grüne Äpfel, worum ihr Gott bittet, wenn ihr an Laura, ihre Mutter oder das reiche Mädchen denkt. Schreibt auf rote Äpfel, was Laura tun könnte.
4. Lest das Gedicht von Max Bolliger. Beantwortet die Frage am Ende des Gedichts, wie man die Liebe, von der wir leben, teilen kann, um menschliche Not zu wenden.

Was du teilen kannst

Was du teilen kannst,
wenn du klein bist:
den Apfel und das Brot.
Wenn du größer bist:
Die Freude und die Not.
Dich selber?
Nie!
Aber die Liebe,
von der du lebst:
Weißt du wie?

Max Bolliger

Phantasiereise

Schließe deine Augen – achte auf deinen Atem ...

Stell dir vor, du machst eine Reise in ein fernes Land.
Du fährst mit der S-Bahn zum Flughafen, besteigst das
Flugzeug, bist viele Stunden im Flugzeug unterwegs und
landest auf einem Flughafen in Südamerika.
Es ist heiß und stickig.
Du siehst hohe Berge, Menschen, die anders aussehen als wir.
Du fährst im Bus durch die Stadt, siehst hohe Häuser und viele Menschen
auf der Straße.
Du kommst an den Rand der Stadt, du siehst heruntergekommene Häuser,
Hütten mit Wellblechdächern, staubige Wege, viel Schmutz und Müll.
Die Menschen nennen diese Gegend Elendsviertel, Favela.
Die Kinder laufen barfuß, manche betteln und spielen mit Blechdosen.
Du siehst dich um und merkst dir alles.
Du fährst dann mit dem Bus wieder zurück zum Flughafen und fliegst
wieder nach Deutschland.

Zur Phantasiereise kann ruhige Musik aus einem süd- oder mittelamerikanischen Land gespielt werden. Der Text sollte langsam und mit Pausen gesprochen werden.

1. Erzählt im Anschluss an die Phantasiereise von euren Eindrücken.
2. Notiert, was ihr bereits über Elendsviertel in Südamerika und die Not der Menschen dort wisst:

_____

_____

_____

_____

_____

_____

Kinder leben in Armut

farbige Vorlage
siehe S. 224

»UNICEF-Foto des Jahres 2008, Haiti«. © Alice Smeets

M 14d

Kinder haben Hunger

© UNICEF / HQ 02-0298 / Giacomo Pirozzi

M 15a   Josué Sanchéz: Die Speisung der Fünftausend

Hungertuch aus Peru von Josué Sanchéz, Die Speisung der 5000.

M 15b   Alemayehu Bizuneh: Misereor-Hungertuch aus Äthiopien

farbige Vorlage
siehe S. 224

Das äthiop'sche MISEREOR-Hungertuch von Alemayehu Bizuneh © MVG Medienproduktion, 1978.

Lehrer-Info zu den Hungertüchern

Josué Sánchéz malte die **»Speisung der Fünftausend«** für die Kirche in Chongos Alto (Peru) und mitten in Motive aus dem Alltag der Indios hinein. Menschen in traditionellen Ponchos mit typischen Hüten und Mützen, Erwachsene und Kinder, feiern am Rand eines Andendorfes ein Fest. Dazu gehören Harfe, Geige und Flöten. Jesus teilt im Festgewand das Brot nach allen Seiten aus. Seine Jünger geben es an die hungrige Menge weiter, u.a. an eine Mutter mit ihrem Kind vorne rechts im Bild. Auf der linken Bildseite ist zudem die Heilung des Gelähmten (Mk 2) dargestellt. Die Verknüpfung der beiden Szenen zeigt: Das Heil, das Jesus den Menschen verspricht, schließt satt werden, teilen, körperliche Heilung und seelisches Heil ein.

Interessant ist, dass das Bild dort, wo Jesus ist (in der Mitte und im Haus), am hellsten ist.

Alemayehu Bizuneh malt das **äthiopische Hungertuch** in der alten Tradition der Mönche, die in Äthiopien im 14. Jahrhundert begannen, die Bibel mit Bildern zu schmücken. Diese Malerei diente vor allem der katechetischen Unterweisung. Den biblischen Figuren sieht man die Tradition der Ikonenmalerei an, sie erscheinen aber dennoch in äthiopischen Alltagsgewändern. So malt auch Bizuneh das Hungertuch als »biblia pauperum« als Bilderbibel für uns moderne »Arme«. Er bringt die Botschaft aus Äthiopien, einem seit Jahrzehnten immer wieder von Hunger, Krieg und Bürgerkrieg heimgesuchten Land zu uns. Seine Gestalten wirken zunächst schlicht, nach innen gerichtet und typisiert. Bei genauerem Hinschauen sprechen die Figuren mit den großen Augen in den leuchtenden Farben den Betrachter direkt an.

Der Weg des Betrachters führt von außen nach innen: Er beginnt links oben bei der Kain-Geschichte (I) und führt spiralförmig über die Noah-Geschichte (II–IV), die Zachäus-Geschichte (V–VIII), den Berichten von Krankenheilungen Jesu (IX – hier sind Menschen unterschiedlichster Herkunft und mit verschiedensten Leiden dargestellt) zur Speisungsgeschichte (X). Alle Geschichten kreisen um das Schlüsselbild (XI) in der Mitte, auf dem Christus als der leidende Gottesknecht und »Keltertreter« dargestellt ist (Jes 63,1ff). Die Botschaft Jesu lässt es nicht zu, dass wir über seiner Leidensgeschichte die anonymen Leidensgeschichten der Welt vergessen, sondern will die Hoffnung wachrufen und zur Mitverantwortung für die Leidenden herausfordern.

Detail aus A. Bizunehs Hungertuch:

MISEREOR / www.misereor.de/aktionen/hungertuch/galerie.html

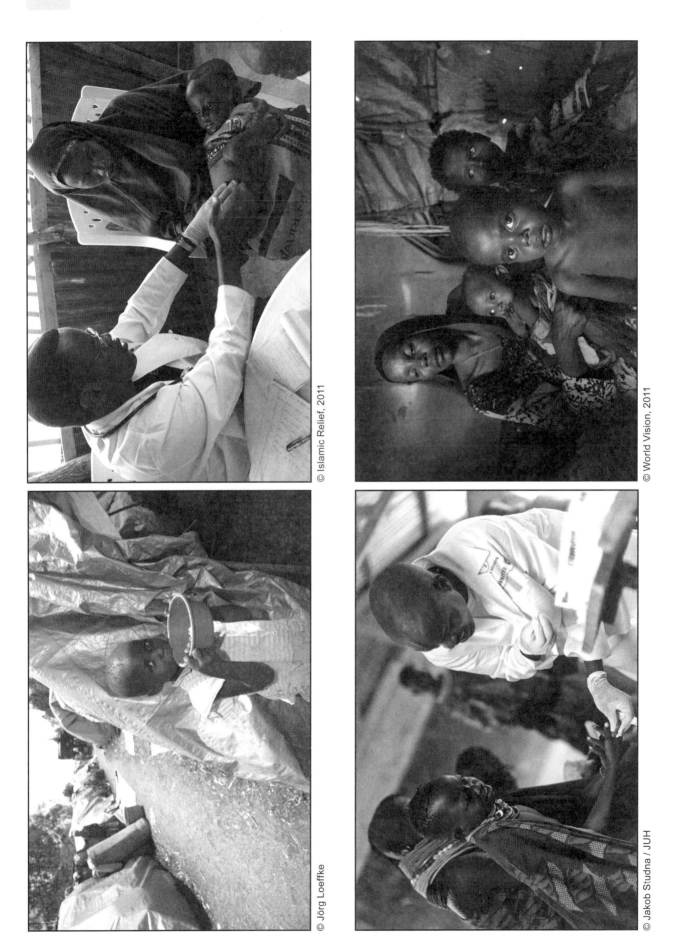

© Islamic Relief, 2011

© World Vision, 2011

© Jörg Loeffke

© Jakob Studna / JUH

Deine Welt. Meine Welt. Eine Welt – Als Kinder im gemeinsamen Haus der Einen Welt leben

209

© Help. 2011

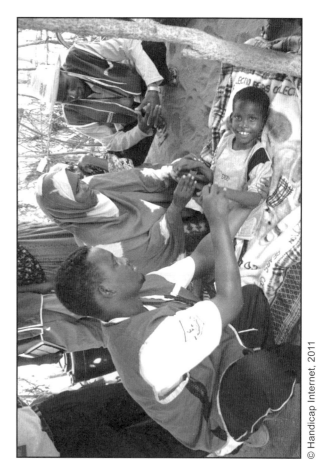

© Handicap Internet, 2011

© CARE

© ADRA, 2011

Deine Welt. Meine Welt. Eine Welt – Als Kinder im gemeinsamen Haus der Einen Welt leben

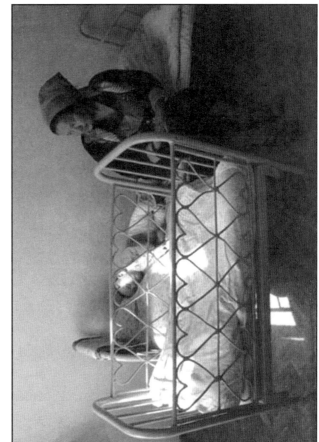

Deine Welt. Meine Welt. Eine Welt – Als Kinder im gemeinsamen Haus der Einen Welt leben

Projekt »Schule« – Eine Schule bauen und unterhalten

© picture-alliance/ausloeser-photographie.

In vielen Ländern Afrikas gibt es zwar die Schulpflicht, dennoch besuchen im Durchschnitt nur zwei von zehn Kindern eine Schule, vor allem, weil die Eltern die mit einem Schulbesuch verbundenen Kosten nicht aufbringen können. Darunter leiden besonders die Mädchen. Können die Mädchen aber eine Schule besuchen, einen Beruf erlernen und eigenes Geld verdienen, gebären sie weniger Kinder, sterben weniger Kinder und Mütter und besuchen auch ihre Kinder eine Schule. Sie lernen, mit der Umwelt verantwortlich umzugehen. Es ist also wichtig, dass Mädchen ausgebildet werden, da sie später Mütter werden, ihre Kinder erziehen und sehr viel Wissen über die Familie weitergegeben wird.

Das »Projekt Schule« unterstützt den Bau und die Unterhaltung von Schulen, in der mindestens die Hälfte der Schülerinnen und Schüler Mädchen sind. Mit Hilfe von Geldspenden wurden in den einzelnen Schulen mittlerweile mehrere Klassenzimmer, eine Küche, ein Brunnen und eine Latrine (WC) gebaut. Inzwischen werden an den einzelnen Schulen ca. 300 Kinder unterrichtet. 77 von ihnen sind Waisenkinder, denen durch Patenschaften der Schulbesuch ermöglicht wird. Mit nur 40 Euro kann ein Kind dort ein ganzes Jahr die Schule besuchen. Zusätzlich wurde an die Schulen eine Werkstatt angebaut. Hier werden junge Frauen nach der Schule ausgebildet und lernen nähen, Stoffe auf traditionelle Art färben und sticken. Die Sachen, die sie während der Ausbildung produzieren, werden auf dem Markt verkauft. Von dem Geld, das sie dabei verdienen, können sie sich später eine eigene Nähmaschine kaufen. So bekommen sie die Möglichkeit, später selbst für ihren Lebensunterhalt zu sorgen.

Das Geld für den Bau einer dieser Schulen kam unter anderem auch von Schülerinnen und Schülern einer Grundschule in Baden-Württemberg, die Kuchenverkäufe organisierten, bei einem Schulgottesdienst Geld sammelten und selbst gebastelte Dinge verkauften.

1. Warum ist es wichtig, dass die jungen Mädchen und Frauen in Afrika die Schule besuchen und eine Ausbildung erhalten?
2. Warum kann es »Hilfe zur Selbsthilfe« sein, wenn man von Deutschland aus Schulen in Afrika unterstützt?

Projekt »Mobile Krankenstation und Gesundheitsvorsorge«

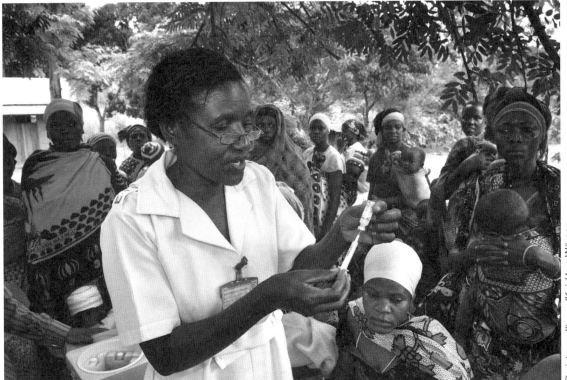

© picture-alliance/Kai-Uwe Wärner.

Catherine, eine junge Afrikanerin, hat in Deutschland eine Ausbildung zur Krankenschwester gemacht und lebt heute wieder in ihrem Heimatland Tansania. Sie war sehr erschrocken über die Zustände in den Dörfern. Aus Unwissenheit und mangelnder Sauberkeit werden die Menschen immer wieder kränker, als sie müssten. Catherine berichtet, dass die Menschen nicht wissen, dass man sich waschen muss, um weniger krank zu werden. Wunden, die nicht gesäubert und verbunden werden, eitern und werden immer größer. Wer dreckiges Wasser trinkt oder sich nicht die Hände wäscht vor dem Umgang mit Essen, der bekommt Durchfälle, die sogar zum Tod führen können.

Catherine fährt in die Dörfer und behandelt Kranke. Zusätzlich ist ihr besonders wichtig, drei bis vier angesehene Leute pro Dorf in einfacher Krankenversorgung auszubilden. Die Leute lernen bei ihr Verbände anlegen und Fieber und Blutdruck messen. Wichtig ist auch das Wissen über Säuglingsernährung und Sauberkeitserziehung. Diese von Catherine ausgebildeten Männer oder Frauen, geben ihr neues Wissen dann in den Dörfern weiter und behandeln die Kranken. So kommt es, dass von Besuch zu Besuch immer weniger Menschen krank sind, weil sie lernen, wie man Krankheiten vermeiden kann.

Nach abgeschlossener Ausbildung, erhält jedes Dorf einen Apothekenkasten, der im Dorf zentral aufgestellt wird, zu dem aber nur die ausgebildeten Personen einen Schlüssel haben. Der Apothekenkasten kostet ca. 70 Euro. Diese Box wird von Catherines Team alle drei Monate aufgefüllt und überprüft, ob alles noch verwendbar ist. So können die Dörfer auch in der Regenzeit, bei überschwemmten Straßen, sich selbst versorgen.

Das Projekt wird immer auf finanzielle Unterstützung angewiesen sein, da das Material immer wieder aufgebraucht wird und Catherines Team das Auto in Schuss halten muss, um zu den Dörfern zu kommen. Die Bewohner der Dörfer leisten zwar einen kleinen finanziellen Beitrag, dieser reicht jedoch nicht aus, um die Kosten zu decken.

1. Warum ist es wichtig, dass die Menschen etwas über Sauberkeit und Gesundheitsvorsorge erfahren?
2. Warum sieht sich die mobile Krankenstation als ein Projekt zur Selbsthilfe?

Lied: Viele kleine Leute

1. Vie-le klei-ne Leu-te an vie-len klei-nen Or-ten, die vie-le klei-ne Schrit-te tun,

2. kön-nen das Ge-sicht der Welt ver-än-dern, kön-nen nur zu-sam-men das Le-ben bestehn.

3. Got-tes Se-gen soll sie be-glei-ten, wenn sie ih-re We-ge gehn!

Text: Bernd Schlaudt 1989 nach einem afrikanischen Sprichwort. Kanon für 3 Stimmen: Bernd Schlaudt 1989

Zeichnung aus: Christian Butt, Evangelisch – Was ist das?, © Calwer Verlag, Stuttgart 2011.

Deine Welt. Meine Welt. Eine Welt – Als Kinder im gemeinsamen Haus der Einen Welt leben

Lernkarten

Biblische Geschichte mit Fehlern. Teil 1:
Findest du die Fehler? Markiere alles, was falsch ist!

Jesus macht 100 Leute satt

³⁴Als Jesus aus dem Boot stieg, sah er die vielen Menschen. Da ergriff ihn Verachtung, denn sie waren wie Schafe, die keinen Hirten haben. Darum sprach er auch nicht lange zu ihnen.
³⁵Als es Mittag wurde, kamen die Jünger zu Jesus und sagten: »Es ist schon 12 Uhr und die Gegend hier ist einsam. Schick doch die Leute weg!
³⁶Sie sollen hier in den nächsten Supermarkt gehen und sich etwas zu essen erbetteln.«
³⁷Jesus erwiderte: »Gebt ihr ihnen doch etwas zu essen!« Die Jünger sagten: »Da müssten wir ja losgehen und für 200 Euro Brot kaufen!«

Biblische Geschichte ohne Fehler. Teil 1
(Markus 6,34–37):

Jesus macht *5.000* Leute satt

³⁴Als Jesus aus dem Boot stieg, sah er die vielen Menschen. Da ergriff ihn ***Mitleid***, denn sie waren wie Schafe, die keinen Hirten haben. Darum sprach er ***lange*** zu ihnen.
³⁵Als es ***Abend*** wurde, kamen die Jünger zu Jesus und sagten: »Es ist schon ***spät*** und die Gegend hier ist einsam. Schick doch die Leute weg!
³⁶Sie sollen hier in ***die Höfe und Dörfer ringsum*** gehen und sich etwas zu essen kaufen.«
³⁷Jesus erwiderte: »Gebt ihr ihnen doch etwas zu essen!« Die Jünger sagten: »Da müssten wir ja losgehen und für 200 ***Silberstücke*** Brot kaufen!«

(Gute Nachricht Bibel)

Biblische Geschichte mit Fehlern. Teil 2:
Findest du die Fehler? Markiere alles, was falsch ist!

³⁸Jesus fragte sie: »Wie viele Brote habt ihr denn bei euch? Geht, seht nach!« Sie sahen nach und sagten: »30, und 100 Fische.«
³⁹Da ließ er die Jünger dafür sorgen, dass sich alle in Tischgemeinschaften im grünen Gras niedersetzten.
⁴⁰So lagerten sich die Leute, jeder für sich.
⁴¹Da nahm Jesus die 30 Brote und die 100 Fische, sah zum Himmel auf und sprach: »Wir wollen essen!« Er brach die Brote in Stücke und gab die Stücke den Jüngern und sprach: »Legt los!« Auch die Fische ließ er an alle austeilen.
⁴²Und sie aßen alle, einige bekamen viel, andere wenig.
⁴³Die Reste füllten sie in Körbe und warfen alles in den See.

Biblische Geschichte ohne Fehler. Teil 2
(Markus 6,38–43):

³⁸Jesus fragte sie: »Wie viele Brote habt ihr denn bei euch? Geht, seht nach!« Sie sahen nach und sagten: »***Fünf***, und ***zwei*** Fische.«
³⁹Da ließ er die Jünger dafür sorgen, dass sich alle in Tischgemeinschaften im grünen Gras niedersetzten.
⁴⁰So lagerten sich die Leute ***in Gruppen zu hundert und zu fünfzig***.
⁴¹Da nahm Jesus die ***fünf*** Brote und die ***zwei*** Fische, sah zum Himmel auf und sprach ***das Segensgebet***. Er brach die Brote in Stücke und gab die Stücke den Jüngern, ***damit sie sie an die Leute verteilten***. Auch die Fische ließ er an alle austeilen.
⁴²Und sie aßen alle, ***und wurden satt***.
⁴³***Sie füllten sogar noch 12 Körbe mit dem, was von den Broten übrig blieb. Auch von den Fischen wurden die Reste eingesammelt.***

(Gute Nachricht Bibel)

Kreuze die falschen Aussagen an!

☐ Viele Kinder sterben auf der Welt, weil es zu wenig Ärzte oder Medizin gibt.
☐ Einige Geschichten in der Bibel machen deutlich, dass wir miteinander teilen sollen.
☐ Alle Kinder dieser Erde werden satt.
☐ Einige Kinder in anderen Ländern müssen Geld verdienen, um zu überleben.
☐ Jedes Kind hat ein Zuhause und eine Schulausbildung.
☐ Straßenkinder gab es vor 100 Jahren, heute nicht mehr.
☐ Kinderarbeit gibt es nicht mehr.
☐ Entwicklungshilfen oder Spendenaktionen sind überflüssig.
☐ Jedes Kind hat ein Recht auf Gesundheit und medizinische Betreuung.

Lösung:

☐ Viele Kinder sterben auf der Welt, weil es zu wenig Ärzte oder Medizin gibt.
☐ Einige Geschichten in der Bibel machen deutlich, dass wir miteinander teilen sollen.
☒ Alle Kinder dieser Erde werden satt.
☐ Einige Kinder in anderen Ländern müssen Geld verdienen, um zu überleben.
☒ Jedes Kind hat ein Zuhause und eine Schulausbildung.
☒ Straßenkinder gab es vor 100 Jahren, heute nicht mehr.
☒ Kinderarbeit gibt es nicht mehr.
☒ Entwicklungshilfen oder Spendenaktionen sind überflüssig.
☐ Jedes Kind hat ein Recht auf Gesundheit und medizinische Betreuung.

Nenne fünf Beispiele, wie du dich für »Eine Welt« einsetzen kannst!

➤ _____

➤ _____

➤ _____

➤ _____

➤ _____

Beispiele:

➤ Ich gebe mein Wissen über die »Eine Welt« an andere weiter und interessiere sie dafür.

➤ Ich kaufe Lebensmittel aus fairem Handel.

➤ Ich unterstütze Brot-für-die-Welt-Aktionen.

➤ Ich erkundige mich in der Kirchengemeinde vor Ort nach Partnerschaftsprojekten und engagiere mich.

➤ Wir unterstützen ein Projekt durch eine Aktion (z.B. Benefizkonzert, Flohmarkt) und spenden das Geld.

Gestalte einen Satz aus Jesaja 65,17–22, der dir besonders gefällt in passenden Farben (Wasserfarben, Wachs- oder Holzmalstifte – keine Filzstifte!)
Präge dir diesen Satz ein!

Mögliche Sätze zum Einprägen:

➤ Denn siehe, ich will einen neuen Himmel und eine neue Erde schaffen, dass man der vorigen nicht mehr gedenken und sie nicht mehr zu Herzen nehmen wird.

➤ Man soll in ihm nicht hören die Stimme des Weinens noch die Stimme des Klagens. Es sollen keine Kinder mehr da sein, die nur einige Tage leben, oder Alte, die ihre Jahre nicht erfüllen.

➤ Sie werden Häuser bauen und bewohnen, sie werden Weinberge pflanzen und ihre Früchte essen. Sie sollen nicht bauen, was ein andrer bewohne, und nicht pflanzen, was ein andrer esse.

(Lutherbibel)

Stellt aus Abfallprodukten Spielzeug oder Instrumente her. Sprecht euch zu dritt ab, wer was macht!

Zum Beispiel ein Auto oder ein Puppenbett:

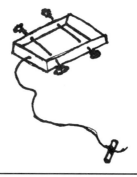 

Mögliche Materialien:

Draht, Konservendosen, Margarinedosen, Korken, Saft- oder Milchtüten, Stoffreste, Wolle, Garnrollen, Nägel, Holzreste, Gummibänder, ...

Weitere Bastelideen:

➤ Rasseln aus Bechern gefüllt mit kleinen Steinchen o.Ä.

➤ Trommeln

➤ Puppen aus Stoffresten

Lernkarte »Deine Welt. Meine Welt. Eine Welt« 7a	**Lernkarte »Deine Welt. Meine Welt. Eine Welt«** 7b

In der Zeitung liest du von einem Erdbeben in einem anderen Land. Du möchtest mehr über das Land und das Erdbeben erfahren.

Schreibe auf, wie du an diese Informationen kommst. Nenne verschiedene Möglichkeiten!

Möglichkeiten der Information:

➤ Sachbücher
➤ Lexikonartikel
➤ Bücherei
➤ Internet-Recherche
➤ Interview
➤ Zeitungsartikel

Lernkarte »Deine Welt. Meine Welt. Eine Welt« 8a	**Lernkarte »Deine Welt. Meine Welt. Eine Welt«** 8b

Erzähle kurz eine Geschichte, die zum Teilen ermutigt!

1. Könige 17 (Kurzfassung): Elia und die Witwe

Während einer Dürre schickt Gott den Propheten Elia zu einer Witwe nach Sarepta. Elia bittet die Witwe um Wasser und Brot. Die Witwe hat nur noch wenig Mehl und Öl, gerade genug, um für ihren Sohn und sich zu backen. Elia fordert sie auf, zuerst ein Brot für ihn zu backen, dann würden Mehl und Öl nicht wieder ausgehen, bis es wieder regnen wird. So geschieht es.

Lernkarte »Deine Welt. Meine Welt. Eine Welt« 9a	**Lernkarte »Deine Welt. Meine Welt. Eine Welt«** 9b

Beim Propheten Jesaja (Jesaja 65,17–22) verspricht Gott dem Volk Israel: »Ich will einen neuen Himmel und eine neue Erde schaffen!«

Nenne drei der Versprechen, die damit verbunden sind!

Versprechen in Jesaja 65,17–22:

➤ Alles wird neu. Der Himmel wird neu und die Erde wird neu.
➤ Alle Menschen werden haben, was sie zum Leben brauchen: Wohnung und Essen.
➤ Alle Not wird vergessen sein. Keiner muss mehr weinen. Niemand muss mehr schreien vor Schmerzen.
➤ Alles, wofür ein Mensch gearbeitet hat, wird ihm gehören. Niemand wird es ihm wegnehmen.
➤ Alle Menschen werden alt, so alt wie die riesigen uralten Bäume. Kein Kind muss mehr sterben.
➤ Erwachsene und Kinder werden miteinander leben und alt werden. Alle leben unter Gottes Schutz.

Gemälde von Paul Thumann (1872)

Allein durch die Schrift,
allein durch den Glauben,
allein durch Gnade.

Mit Martin Luther entdecken, dass wir vor Gott keine Angst zu haben brauchen

Im Haus Gottes und der Menschen Gemeinschaft erfahren

Tischgemeinschaft aller Menschen – Kirche weltweit

»Das Mahl« aus dem Misereor-Hungertuch »Hoffnung den Ausgegrenzten« von Sieger Köder © MVG Medienproduktion, 1996.

Ein schönes, fast eschatologisches Bild für die Tischgemeinschaft aller Menschen hat Sieger Köder gemalt. Menschen aus verschiedenen Nationen, Arme und Reiche an einem Tisch versammelt um Jesus Christus.

Kindergesichter unserer Welt

Rechte Kinderbilder:
Oben links: © imago-stock.com; *Mitte:*
© Anton_Ivanov/shutterstock.com;
rechts: © iofoto/shutterstock.com.
Unten links: ©Ami Parikh/shutterstock.
com; *Mitte:* © RStollner/shutterstock.
com; *rechts:* © Distinctive images/
shutterstock.com.

Zeichnung aus: Christian Butt, Evangelisch – Was ist das?, © Calwer Verlag,
Stuttgart 2011.

Rogier van der Weyden: Das Jüngste Gericht (Ausschnitt) © akg-images/Erich Lessing.

Lutherrose

Westfälischer Meister: Pfingsten

»UNICEF-Foto des Jahres 2008, Haiti«. © Alice Smeets

Das äthiopische MISEREOR-Hungertuch von Alemayehu Bizuneh © MVG Medienproduktion, 1978.